Hansjörg Becker (Hg.)

Psychoanalytische Teamsupervision

Vandenhoeck & Ruprecht
Göttingen · Zürich

Die Deutsche Bibliothek – CIP-Einheitsaufnahme

Psychoanalytische Teamsupervision / Hansjörg Becker (Hg.). –
Göttingen; Zürich: Vandenhoeck und Ruprecht, 1995
ISBN 3-525-45776-6
NE: Becker, Hansjörg [Hrsg.]

© 1995 Vandenhoeck & Ruprecht, Göttingen
Printed in Germany
Satz: Competext, Heidenrod
Druck und Einband: Hubert & Co.

Inhalt

Hansjörg Becker
Psychoanalyse und Teamsupervision. Einführende Bemerkungen 7

Britta Heberle
Zur Funktion des Settings in der psychoanalytischen Teamsupervision 26

Thomas Pollak
Zur Methodik und Technik psychoanalytischer Teamsupervision 51

Hansjörg Becker
Wie wirkt und was bewirkt psychoanalytische Teamsupervision? 79

Ulrich Ertel
Supervision und Betreuung 100

Michael Wolf
Stellvertretende Deutung und stellvertretende Leitung. Funktionen und Kompetenzen des psychoanalytischen Teamsupervisors 126

Hansjörg Becker
Angewandte Psychoanalyse in der Teamsupervision als Forschungsansatz. Zur Ethnopsychoanalyse psychiatrischer Institutionen 179

Die Autorin und die Autoren 231

HANSJÖRG BECKER

Psychoanalyse und Teamsupervision

Einführende Bemerkungen

Anmerkungen zur Methode

Wenn Psychoanalytiker ihre Methode außerhalb der ihnen geläufigen Standard-Situation (der Patient liegt auf der Couch, der Analytiker sitzt für diesen unsichtbar dahinter) anwenden, so neigen sie dazu, diese Tätigkeit als lediglich »psychoanalytisch orientiert« aufzufassen und sie nicht mehr als »eigentliche« Psychoanalyse zu deklarieren. Sobald innere oder äußere Umstände dazu zwingen, an dem gängigen Arrangement der Psychoanalyse Veränderungen vorzunehmen, haben sie oft das bedrückende Gefühl, nun eben nicht mehr richtige oder reine Psychoanalyse zu betreiben, sondern bloß eine ihrer minder bedeutsamen Anwendungen zu praktizieren. Der Begriff der »angewandten Psychoanalyse«, der in diesem Zusammenhang häufig gebraucht wird, ist freilich irreführend, da er suggeriert, es gäbe daneben noch eine andere, gleichsam »reine«, nicht durch Anwendungen verunreinigte Form der Psychoanalyse. SIGMUND FREUD hat mit der Metapher vom »reinen Gold der Analyse«, das er dem minderwertigen »Kupfer der Suggestion« (1919a, S. 193) gegenüberstellte, dieser Auffassung Vorschub geleistet. Tatsächlich wird häufig von der »eigentlichen« Psychoanalyse gesprochen, wenn die Anwendung der sogenannten Standard-Methode gemeint ist. Was immer man davon halten will, man muß doch anerkennen, daß auch diese Standard-Methode eben eine Anwendung der psychoanalytischen Methode ist. Die Gegenüberstellung von angewandter und »eigentlicher« Psychoanalyse ist also in dieser Form nicht sinnvoll. Besser wäre es, von der psychoanalytischen Methode und ihren verschiedenen Anwendungen zu sprechen, zu denen dann eben auch die klinische Standardsituation gehört. Man kann die herkömmliche Gegenüberstellung aber dann beibehalten – und wir werden in den folgenden Texten gelegentlich so verfahren –, wenn man sich darüber im klaren ist, daß die klassische psychoanalytische Situation, die klinische Dyade von Analytiker und Patient, unter den verschiedenen Anwendungsformen der Psychoanalyse vor allem aus einem Grund die »prima inter pares« oder, wie FREUD sagt, der »Mutterboden« der Methode ist, weil sie nämlich die größtmögliche Dichte und Intensität psychoanalytischer Erfahrung ermöglicht. Daraus aber eine Entwertung der anderen Formen der Anwendung als gewissermaßen minder psychoanalytisch abzuleiten, ist verfehlt. Diese Tendenz machte sich aber bereits im klinischen Rahmen bemerkbar, etwa bei der psychoanalytischen Behandlung von Psychosen oder Borderline-Störungen, wo die im Vergleich zu den Neurosen veränderte Ich-Struktur der Patienten eine Modifikation des Settings erforderte. Aber man »zog es vor, von einer ›Therapie auf analytischer Grundlage‹ zu sprechen oder andere Umschreibungen zu gebrauchen, statt von einer Analyse in einem nicht herkömmlichen Setting« (CODIGNOLA 1986, S. 74). Diese Neigung ist immer dort zu beobachten, wo die Psychoanalyse ihr Betätigungsfeld über die Neurosenbehandlung hinaus erweiterte, und sie führte schließlich dazu, daß die psychoanalytische Methode »auf einen engen und ihren eigenen Möglichkeiten entsprechenden Kreis beschränkt blieb« (ebd.).

Diese Entwicklung war folgenreich. Sie führte einerseits dazu, daß die Analytiker bis heute darüber streiten, worin denn nun die wesentlichen Merkmale und Essentials der »eigentlichen« Psychoanalyse bestehen; bislang freilich ohne befriedigende Antwort. Zum anderen, und dieser Aspekt der Sache ist schwerwiegender, konnten die Anwendungen der psychoanalytischen Methode am Rande und außerhalb des klinischen Rahmens nicht die Anerkennung erhalten, die notwendig wäre, um ihnen den Status legitimer Abkömmlinge der psychoanalytischen Methode zu sichern. Obschon ein bedeutender Teil der praktischen Tätigkeit der Psychoanalytiker eben diese klinischen und außerklinischen Anwendungen betrifft, werden die entsprechenden Erfahrungen in aller Regel nicht in den Prozeß der Theoriebildung einbezogen. Daraus ergibt sich eine aus der Methode selbst nicht zu begründende, aber dennoch hartnäckig praktizierte Herabsetzung der Anwendungen jenseits der Standardsituation. Dies trifft in besonderer Weise auf manche nichtklinischen Anwendungsbereiche zu, die, was ihr theoretisches Fundament betrifft, tatsächlich ein Schattendasein führen. Daraus resultiert dann, daß, wann immer theoretische Fragen aufgeworfen werden, die erforderlichen Konzepte aus dem klinischen Bereich entlehnt werden. Der Eindruck, die psychoanalytische Standard-Situation sei im Grunde, im Hinblick auf die Anwendung der Methode, die einzig relevante, wird dadurch noch weiter verstärkt.

Konträr zu dieser Tendenz ist es den hier versammelten Autoren, allesamt praktizierende Psychoanalytiker, ein Anliegen, die Psychoanalyse als Methode auch in der Supervision institutioneller Gruppen und professioneller Arbeitsteams konsequent anzuwenden. *Unter Teamsupervision wollen wir hier eine in Analogie zum Modell des psychoanalytischen Prozesses gedachte Interventionstätigeit beziehungsweise eine entsprechende Entwicklung verstehen, deren Gegenstand die unbewußten Arbeitsbeziehungen in einem professionellen Team sind.* Beratungsgruppe und Arbeitsteam sind identisch. In diese Definition der Teamsupervision sind alle Beziehungen und Beziehungsaspekte eingeschlossen, die sich mittelbar und unmittelbar auf die berufliche Tätigkeit beziehen und mit ihr affektiv oder assoziativ in einem Zusammenhang stehen. Im Gegensatz zu anderen Autoren wollen wir, was die *Methode* betrifft, nicht zwischen einem fallbezogenen Ansatz, etwa nach dem Muster der Balint-Gruppenarbeit, und einem mehr konfliktbezogenen, auf die unbewußte Gruppendynamik gerichteten Vorgehen unterscheiden, vielmehr sind beide Perspektiven Teil der psychoanalytischen, auf die unbewußten Beziehungen gerichteten Wahrnehmungseinstellung und der daraus resultierenden Disposition zu einer deutenden Aktivität.

Die äußeren Konditionen einer solchen Supervisionsarbeit erfordern entsprechende Rahmenbedingungen, die nach innen die Anwendung der Methode garantieren. *Britta Heberle* hat sich in ihrem Beitrag *Zur Funktion des Settings in der psychoanalytischen Teamsupervision* eingehend mit dieser Frage befaßt.

Sie untersucht dieses in der psychoanalytischen Literatur stiefmütterlich behandelte, im Grunde aber zentrale Konzept auf seine Möglichkeit hin, Bedingungen zu schaffen, die in der Mitarbeiter-Gruppe professioneller Teams einen Prozeß der systematischen berufsbegleitenden Reflexion ihrer Arbeit in Gang setzen und gegen den Sog des beruflichen Alltags abgrenzen können. Das Setting, obwohl von der Methode zu unterscheiden, ist dieser nicht äußerlich, sondern gehört zu ihren konstituierenden Bedingungen. Diese Auffassung HEBERLES ermöglicht eine Sicht, in der auch das Setting, obschon es Stabilität garantiert, seinerseits Abhängigkeiten vom Prozeß aufweist. Es ist nämlich nicht unabhängig von äußeren und inneren Gegebenheiten, sondern muß vielmehr auf diese eingestellt werden. Gleichzeitig sind die wesentlichen Erfordernisse der Methode im Auge zu behalten. Damit wird der Gefahr einer normativen Kodifizierung von Setting-Regeln und der damit in Zusammenhang stehenden allfälligen Tendenz zur Verwechslung von Setting und Methode vorgebeugt.

Das Augenmerk mehr auf die innere Dynamik des Supervisionsprozesses gerichtet, geht *Thomas Pollak* in seiner Arbeit *Zur Methodik und Technik psychoanalytischer Team-Supervision* den Fragen nach, die mit den besonderen Umständen psychoanalytischer Teamsupervision zusammenhängen. Was bedeutet es, wenn man in einem professionellen Arbeitsteam in einer Institution mit dem Unbewußten arbeitet? Welche Modifikationen der grundlegenden Regeln sind nötig, und welche Auswirkungen auf den Prozeß haben diese Veränderungen? Mit der Unterscheidung von »Gegenstand« und »Ort« der Supervision gelingt es POLLAK, sich der Frage zu nähern, wie es denn möglich ist, Arbeitsbeziehungen, etwa zwischen einem therapeutischen Team und seinen in der Supervision abwesenden Patienten, auf ihre unbewußte Dimension hin zu untersuchen. Diese Klärung ist auch deshalb bedeutsam, weil sich aus ihr zuverlässige methodische und technische Leitlinien ableiten lassen, die den Prozeß der Supervision so steuern können, daß er strikt auf die Arbeitsbeziehungen beschränkt bleibt und sich nicht unkontrolliert in Richtung auf eine persönliche Selbsterfahrung entwickelt. MICHAEL BALINT konnte dieses Problem für sich noch lösen, indem er Personen, die ihm als ungeeignet erschienen (»Neurotiker,

Besserwisser und apostolische Eiferer«), von der Mitarbeit in seinen Seminar-Gruppen kurzerhand ausschloß. Ein solches Vorgehen ist aber bei einer breiteren Anwendung der Methode im Rahmen der Teamsupervision nicht nur nicht möglich, sondern auch gar nicht wünschenswert, weil Teamsupervision darauf abzielt, alle dynamisch relevanten Vorgänge in einer Arbeitsgruppe zu beleuchten, und dies ist nur möglich, wenn tendenziell alle Mitglieder des Arbeitsteams daran teilnehmen. Es müssen also methodisch begründete Konzepte entwickelt werden, die die Frage klären können, wie es überhaupt möglich ist, daß unbewußte Beziehungen eines Teams zu seinen Patienten (und eben dies ist nach POLLAK der »Gegenstand« der Teamsupervision) sich an anderer Stelle, nämlich in der unbewußten Beziehung des Teams zum Supervisor, dem »Ort« der Supervision, erhellen lassen.

Auch in dem Beitrag von *Ulrich Ertel* über *Betreuung und Supervision* sind zentrale Aspekte der psychoanalytischen Methode angesprochen. ERTEL macht die interessante Feststellung, daß Arbeitsteams offenbar die unbewußte Neigung haben, den in ihrem Feld geläufigen Stil der Arbeitsbeziehungen, in dem von ihm untersuchten Fall den der Betreuung, in der Supervision spiegelverkehrt zu inszenieren, und zwar derart, daß nunmehr das Team vom Supervisior »betreut« werden möchte. Offensichtlich kommt es in der Supervision nicht nur zur Wiederholung von Aspekten der Beziehungen eines Klienten zu einem Betreuer, sondern auch zur Reproduktion von Struktureigentümlichkeiten des jeweiligen Arbeitsfelds. Bei der Frage, wie dieser Neigung zu begegnen sei, kommt ERTEL zu dem Schluß, daß nur die unmittelbare Anwendung der psychoanalytischen Methode eine angemessene, das heißt eine im Sinne der gemeinsamen Ziele der Supervisionsarbeit geeignete Antwort sei. Dies wird dann am Beispiel der Abstinenzregel und der Deutung ausgeführt. Wenn ERTELS Beobachtung zutreffend ist, daß nicht nur, wie man dies in der Balint-Gruppenarbeit voraussetzt, einzelne Interaktionen, etwa eine bestimmte Helfer-Klient-Beziehung, sich in der Supervisionsgruppe reproduzieren, sondern daß darüber hinaus der gesamte Abwehr-Stil einer bestimmten Berufsgruppe, einer psychosozialen Institution auf diese Weise kenntlich wird, so zeichnet sich damit eine bemerkenswerte

Forschungsperspektive ab, die über die systematische Untersuchung der typischen Einzel-Interaktionen hinausreicht.

Bei der Frage, ob denn die psychoanalytische Methode in dem außerklinischen Rahmen, über den wir hier sprechen, wirklich konsequent anzuwenden sei, kann gerade die Forschung ein wichtiger Prüfstein werden.

Läßt sich in der psychoanalytischen Teamsupervision eine dem berühmten FREUDschen Junktim zwischen Heilen und Forschen analoge Verknüpfung herstellen? Wie kann psychoanalytische Teamsupervision als Forschungsansatz begriffen werden? Dieser Frage habe ich mich in meiner Arbeit *Angewandte Psychoanalyse in der Teamsupervision als Forschungsansatz. Zur Ethnopsychoanalyse psychiatrischer Institutionen* praktisch zu nähern versucht. Voraussetzung für meine Überlegungen ist dabei der Blick auf die unbewußten Gruppenprozesse in der Teamsupervision, die zwar die klassische patientenzentrierte Sichtweise mit einschließt, darüber hinaus aber auch alle anderen arbeits- und institutionsbezogenen Konfliktpotentiale im Auge behält. Untersucht man nämlich, auf welche Weise die Abwehrbewegungen der Einzelnen von der Institution systematisch abgestützt werden – dies ist der ethno-psychoanalytische Blick –, so lassen sich Stile oder Modalitäten des Abwehr- und Bewältigungsverhaltens erkennen, die, so meine These, für eine ganz bestimmte Profession oder Institution charakteristisch sein können. Das Wesentliche dieses Ansatzes liegt aber nicht in den einzelnen Befunden, sondern vielmehr darin, daß sich aus ihnen und aus der Anwendung der Methodik Hypothesen und andere Schlußfolgerungen ableiten lassen, die ein breiter angelegtes Forschungsprogramm begründen, mit dessen Hilfe institutionsspezifische Abwehr- und Anpassungsvarianten systematisch untersucht werden können.

Alle bislang erwähnten Arbeiten haben gemeinsam, daß ihre Perspektiven und Befunde in großer Nähe zu den supervidierten Teams entstanden sind. Daher ist es nicht verwunderlich, daß sie in Stil und Handhabung ihres Gegenstands fast zwangsläufig eine gewisse Ähnlichkeit mit einem bestimmten Typus klinisch psychoanalytischer Arbeiten aufweisen, bei denen ebenso wie im Falle unserer Texte der enge Praxisbezug in Gestalt von Fallbeispielen einen Mittelpunkt bildet.

Davon hebt sich der Aufsatz von *Michael Wolf* über *Stellvertretende Deutung und stellvertretende Leitung. Funktionen und Kompetenzen des psychoanalytischen Teamsupervisors* deutlich ab, indem er Theorie und Praxis der Teamsupervision in einen größeren organisationspsychologischen und sozialwissenschaftlichen Rahmen stellt. Dadurch erhalten auch die übrigen Arbeiten wichtige zusätzlichen Bezüge, die über die unmittelbare psychoanalytische Situation zwischen Supervisor und Team hinausweisen und die sich aus der ausschließlichen on-line-Perspektive nicht ohne weiteres ergeben würden. Wolf beginnt seine Arbeit über die »Stellvertretende Deutung« in freimütiger Offenheit mit der ausführlichen Darstellung einer gescheiterten Supervision. Die so zutage getretenen Mängel, nicht nur in der Arbeit des Teams, sondern auch in den Interventionen des Supervisors, nimmt er dann zum Anlaß, nach den Funktionen und Kompetenzen des Psychoanalytikers als Team-Supervisor zu fragen, die dann im einzelnen an einem weiteren, gelungenen Fallbeispiel demonstriert werden.

Wolf analogisiert die Funktionen des Supervisors immer wieder mit denen des Analytikers in der psychoanalytischen Krankenbehandlung und, darüber hinaus, ganz allgemein mit den »mütterlichen« Funktionen entwicklungsfördernder Begleitung. Dieses dyadisch angelegte Beziehungsmuster wird dann durch die »väterliche« Strukturierungsfunktion des Supervisors erweitert. Die »triadisierende« Perspektive ist für die Arbeit in Gruppen und Organisationen vor allem deshalb besonders wichtig, weil hier die Neigung zu regressiven Abwehrbewegungen erheblich ist. Insofern, so die zentrale These dieser Arbeit, hat der Supervisor neben der Aufgabe der stellvertretenden Deutung auch die der stellvertretenden Leitung des Teams wahrzunehmen.

Das Interesse an der Supervision

Während Supervision noch vor wenigen Jahren ein seltenes Privileg, ein heiß begehrtes Wunsch-Ziel oder, umgekehrt, ein umstürzlerisches Unterfangen war, scheint sie nun in weiten Teilen des psychosozialen Sektors und des Gesundheitswesen mehr und mehr zur Selbstverständlichkeit und mancherorts schon zum Standard geworden zu sein. Supervision ist Bestandteil von Arbeitsverträgen und ein zusätzlicher Anreiz in Stellenanzeigen. Sie erfreut sich auch akademischer Ehren; so existiert etwa an der Gesamthochschule Kassel ein Postgraduate-Studiengang »Supervision«; Fachverbände und Weiterbildungscurricula sollen die Qualifikation von Supervisoren garantieren, auf dem berufspolitischen Terrain Felder abstecken und professionelle Standards formulieren. Fachzeitschriften, Handbücher und eine Fülle von Publikationen zum Thema Supervision runden das Bild ab. Welche Gründe lassen sich für diese Entwicklung finden?

Die Antwort fällt ganz verschieden aus, je nach der Ebene, die man betrachtet. Gesellschaftlich spielt vor allem die fortschreitende Arbeitsteilung eine Rolle. Mit ihr ist es auf ehemals homogenen Feldern zu einer Diversifikation, zu einer Ausdifferenzierung in verschiedene Teil-Gebiete gekommen. Im Fall des psychosozialen Sektors war diese Entwicklung verbunden mit einem enormen quantitativen Wachstum. POLLAK erwähnt in seiner Arbeit, daß sich die Zahl der im Sozialwesen Beschäftigten in der Zeit von 1950 bis 1990 insgesamt versechsfacht hat; und die Zahl der Mitarbeiter der Wohlfahrtsverbände übertrifft mit rund 750 000 diejenige der Automobilbranche! Mit diesem Größenwachstum und der damit einhergehenden grundlegenden Umstrukturierung des Sozial- und Gesundheitswesens war aber auch eine Veränderung der zentralen Ideologien und damit des Selbstverständnisses der einzelnen Professionen verbunden. Mitleid, Fürsorge und Opferbereitschaft als Orientierungsgrößen in den ehemals so genannten caritativen Berufen wurde abgelöst durch Werte wie Therapie, Solidarität und Empathie, aber auch Autonomie und Gesundheit. Die Bereitschaft zur Hingabe und Aufopferung wurde ersetzt durch professionelle Kompetenz. Infolge dieser Veränderungen haben ehemals homogene und kohärente Strukturen sich aufgelöst in ein Netzwerk unübersichtlicher, einander überlagernder psychosozialer Praxisfelder, deren Grenzen nach außen oft unklar, deren Aufgaben nach innen häufig mehr informell als offiziell definiert werden. Auf dieser Ebene bedeutet der Bedarf nach Supervision generell den Versuch, in einer unübersichtlichen Landschaft Markierungspunkte einzuführen. So gesehen ist der wachsende Bedarf an Supervision also die Folge eines mit dem Fortschritt einhergehenden Orientierungsverlustes. Die Säkularisierung von Seelsorge und Fürsorge beispielsweise setzte gegenläufige Entwicklungstendenzen frei, die sich schlagwortartig mit den Begriffen der »Professionalisierung« und der sozialstaatlichen »Bürokratisierung« umreißen lassen. Die neu erlangten Freiheits- und Gestaltungsspielräume bergen also infolge des mit ihnen verbundenen Orientierungsverlustes stets auch das Risiko der regressiven Erstarrung. Supervision wird nach unserer Erfahrung immer auch dann gesucht, wenn in einer Organisation dieses Problem erahnt worden ist und die Mitarbeiter sich entschlossen haben, nach neuen und flexibleren Orientierungen zu suchen.

Auf der Ebene der einzelnen Institutionen und ihrer Leitungsebenen bezieht sich der Wunsch nach Teamsupervision in der Regel auf professionelle Standards. Die vom *Bundesministerium für Arbeit und Sozialordnung* herausgegebene »*Psychiatrie-Personalverordnung (PsychPV)*«, in der die Tätigkeit von psychiatrischem Pflegepersonal detailliert beschrieben wird, verlangt Supervision beziehungsweise Balint-Gruppenarbeit in 14tägigem Rhythmus. Wir haben inzwischen die Erfahrung gemacht, daß Leiter und Verwaltungen psychiatrischer Einrichtungen von der Seite der Kostenträger bei den Pflegesatzverhandlungen dahingehend unter Druck gesetzt wurden, diese Forderung aus der PsychPV endlich zu realisieren. Auf dieser Ebene wird von der Supervision manchmal auch erwartet, daß sie die Aufgaben einer kontinuierlichen Fort- und Weiterbildung übernehmen könnte. Am ehesten akzeptiert und gewünscht ist nach unserer Erfahrung von seiten der Institutionen und ihrer Leitung in aller Regel der klientenorientierte Aspekt, das Modell der Balint-Gruppe; gegenüber den weitergehenden Möglichkeiten der Teamsupervision besteht gelegentlich noch ängstliche Zurückhaltung, sei es daß diese in der Unkenntnis der Arbeits- und Wirkungsweise von Supervision begründet ist, sei es, daß auf der Leitungsebene bewußte oder unbewußte Befürchtungen gehegt werden, Supervision könne Führungsaufgaben an sich reißen oder es könne zumindest zu einer Legitimationskrise der Institutionsleitung kommen. Dennoch wird von der Ebene der Institutionsleitungen her unserer Erfahrung nach Supervision, dort wo sie gesucht wird, in aller Regel wegen ihrer Fähigkeit geschätzt, Arbeitsstörungen in der jeweiligen Organisation oder Institution durch das Beheben von Professionalisierungs-Defiziten im Sinne der jeweiligen primären Institutionsziele zu beseitigen oder zu mildern.

Auf der Ebene der Teams sind die vordergründigen Anlässe, aus denen Supervision gesucht wird, zumeist Störungen der Kommunikation im Arbeitsteam, Spannungen zwischen verschiedenen, in »Lager« gespaltenen Mitarbeiter-Gruppen, eine beeinträchtigte Kooperation zwischen den verschiedenen Berufsgruppen oder Unstimmigkeiten in der Binnenhierarchie eines Teams.

Selbstverständlich überlagern sich die einzelnen Konfliktsphären, und es gehört schließlich zum Kennzeichen einer regelrechten Arbeitsstörung, daß Beeinträchtigungen in einem dieser Bereiche auch Störungen in den anderen begünstigen.

Oft ist die Suche nach Supervision ein letzter gemeinsamer Versuch, einen konstruktiven Weg aus der Krise zu finden. Aber nicht immer ist der Supervisions-Wunsch eines Teams auch die Folge einer schwerwiegenden Arbeitsstörung. Immer häufiger kommt es vor, daß einzelne Mitarbeiter schon in früheren Arbeitszusammenhängen die Vorzüge der Supervision zu schätzen gelernt haben und nun in ihrem neuen Team diesen Gedanken ins Spiel bringen und propagieren. Oder aber es entsteht eine regelrechte Bedarfs-Dynamik in dem Sinne, daß innerhalb eines bestimmten psychosozialen Sektors Supervision zunehmend zum Standard geworden ist und solche Teams, die noch nicht mit Supervision »versorgt« sind, sich im Hinblick auf ihr professionelles Selbstbewußtsein im Hintertreffen fühlen und nun, sozusagen aus Gründen der Gleichstellung, nach Supervision verlangen. Die Bedeutung von Supervision für das ganze Gefüge von solchen interpersonellen und organisatorischen Konstellationen, die man als Teams bezeichnet, ist allerdings zu komplex, um hier detailliert beschrieben zu werden. In meiner Arbeit über die Wirkungsweise von Teamsupervision *Wie wirkt und was bewirkt psychoanalytische Teamsupervision?* habe ich versucht, einige psychische und gruppendynamische Funktionen zu benennen, die ein Team konstituieren und auf die der Supervisionsprozeß bezogen werden kann.

Schließlich bleibt die Ebene der einzelnen Institutionsangehörigen, der Mitarbeiter einer Klinik, einer Beratungsstelle. Das Interesse an der Supervision nimmt hier die Gestalt »persönlicher« Wünsche an. Oft haben die Mitarbeiter die Erfahrung gemacht, daß sie in den professionellen Beziehungen zu ihren Klienten an Grenzen gestoßen sind. Es wird zunehmend als unbefriedigend erlebt, andere Menschen zu behandeln, zu pflegen oder zu betreuen, ohne ihre innere Lage auch verstehend zu begreifen. Gerade die Bereitschaft, sich den Klienten einfühlend zu nähern, bringt aber enorme psychische Belastungen mit sich. In einer kleinen, nicht veröffenlichten Untersuchung habe ich psychoanalytische Interviews mit psychiatrischen Krankenschwestern und -pflegern über ihre Arbeit geführt. Ich war sehr beeindruckt von der Heftigkeit, mit der diese meist jungen und sehr engagierten Menschen die innere Notlage ihrer Patienten erlebten. Gerade zu Beginn ihrer Arbeit in der Psychiatrie kam es oft zu schweren inneren Krisen, in denen die meisten, mit denen ich gesprochen habe, der Überzeugung waren, sie selbst seien psychisch krank! Es war, als seien sie von der bedrohlichen inneren Welt ihrer Patienten gewissermaßen angesteckt worden und als könnten sie das Beunruhigende nun nicht mehr bei den Patienten verorten, sondern müßten es, gleichsam als persönliches Kranksein, in sich selbst ertragen. Auch können im engen Kontakt mit psychisch Kranken eigene, längst bewältigte Konfliktneigungen wieder aktualisiert werden. Der persönliche Wunsch, daß Supervision dabei helfen möge, die pathogenen Einflüsse der Patienten auf die individuelle Psyche von den eigenen Konfliktneigungen der Mitarbeiter besser zu sondern, reflektiert also auch ein objektives Moment. Es handelt sich auch hier um die Folgen eines bedenklichen Professionalisierungs-Defizits, wenn in der täglichen Arbeit einerseits einfühlendes Verständnis erwartet wird, es andererseits aber an der dafür notwendigen professionellen Ausstattung mangelt. Es wäre zu bedenken, ob nicht die große Fluktuation von Mitarbeitern in manchen Bereichen, ein hoher Krankenstand und ähnliches auch Folgen dieser, gleichsam systematischen und spezifischen Überlastungen sind. Schließlich resultiert aber das Interesse an der Supervision auf dieser individuellen Ebene auch noch aus einer ganz anderen Quelle: Es ist das gewachsene Selbstbewußtsein bei den Angehörigen der psychosozialen Berufe, die mehr und mehr begriffen haben, daß ihre Fähigkeiten sich nicht in erster Linie aus der persönlichen Opferbereitschaft herleiten, sondern aus dem, was man berufliche Kompetenz nennt.

Die Funktion der Fallbeispiele

Sämtliche Arbeiten in diesem Band räumen der Darstellung von Fallbeispielen eine zentrale Stellung ein. Es handelt sich dabei um sogenannte Vignetten, ausgewählte Ausschnitte aus einem längeren Supervisionsverlauf, oder, gerade umgekehrt, um geraffte und verdichtete Zusammenfassungen längerer Zeitabschnitte. Verglichen mit einem »vollständigen« Supervisionsverlauf und seiner Dynamik – wenn sich so etwas überhaupt darstellen ließe –, sind unsere Beispiele wesentlich übersichtlicher und weniger komplex. Bisweilen mag es so erscheinen, als sollte mit diesen Beispielen etwas nachgewiesen werden; ob dieser Eindruck haltbar ist, wird noch zu klären sein. Das Rohmaterial, aus dem unsere Fallgeschichten zusammengestellt wurden, sind in aller Regel Protokolle, in denen die Autoren nach einer Supervisions-Sitzung ihre Eindrücke, Erinnerungen und Beurteilungen notiert oder diktiert haben.

Der Zeitpunkt der Protokollierung, Methode, Stil und Ausführlichkeit sind dabei von Person zu Person ganz verschieden und in keiner Weise festgelegt. Auch besteht bei der Protokollierung kein Anspruch auf buchhalterische Vollständigkeit; vielmehr orientiert man sich an der affektiven Dynamik im Verlauf einer Supervisionssitzung. Damit wird klar, daß nicht erst die Darstellung der Fallskizzen für die hier vorgelegten Texte, sondern bereits die Protokolle zwangsläufig einer gewissen Willkür in der Auswahl des Materials unterliegen. Um die verschiedenen Ebenen und vielfältigen Implikationen, die in diesem Geschehen verwoben sind, deutlicher zu machen, will ich zwei kurze Ausschnitte aus dem Protokoll einer Supervisionssitzung, so wie ich sie damals auf mein Tonband diktiert habe, wiedergeben. Ein besonderer Umstand, der speziell dieses Protokoll betrifft, liegt darin, daß ich ausnahmsweise etwa 15

Minuten zu früh zur Supervision kam und mir bereits vor der Sitzung einige Gedanken notierte:

»3. 12. 19..: Heute auf Station X., bin heute früher da und gehe schon in den Raum; das ist gegen meine Gewohnheit, nur weil es draußen regnet; es ist immer unbehaglich hier, riecht immer gleich, nach Asche, Schweiß, Haldol, Pisse, ... wahrscheinlich alles meine Einbildung ... Die Stühle stehen immer total wirr herum, und es fängt immer so an, daß einer nach dem anderen reinkommt und man sich auf diese total schiefen Stühle setzt; ich merke jetzt, daß es mich ankotzt, schon lange; immer das Gefühl, daß die Personen sich hier gar nicht aufeinander beziehen, auch nicht auf mich beziehen, so etwas Trostloses; man investiert in nichts und niemanden; eine Patientin, an die ich gleich denken muß, war einmal in einer Psychiatrie, sie konnte dort nie etwas essen; es war, so sagte sie, so lieblos hergerichtet, daß schon der Anblick mich gewürgt hat. Dann stelle ich zehn Stühle im Kreis, die anderen schaffe ich beiseite.«

Nach der Sitzung, auf der Rückfahrt diktiert, (Ausschnitt):
   »Bin überrascht von der Patientenvorstellung; die Patientin ist schon 2 Jahre in der Klinik, ein Jahr auf Station X., zur Zeit terrorisiert sie die ganze Station, indem sie unbeschreiblich große Mengen von Essen in noch unbeschreiblicherer, abstoßender Gier hinunterschlingt. Wenn der Essenwagen kommt, steckt sie förmlich den Kopf hinein. Dann reißt sie die Sachen auf, frißt die Butter als ganzes Stück, schlingt alles runter, das Brötchen in zwei Happen, den Salat mit den Händen, manchmal Fleisch und Suppe gleichzeitig, und während die Schwestern noch beim Austeilen des Essens sind, kommt sie zurück und fragt, ob noch etwas übrig ist.« ...

(Später): »Auf dem Weihnachtsmarkt gab sie Unmengen von Geld für Berge gebrannter Mandeln, für Zuckerwatte und Würste aus und schlang es in sich rein; die Sozialarbeiterin ekelte sich total, geriet auch in Wut über dieses Verhalten, aber sie meinte, sie hätte doch nicht einschreiten können, denn es sei ja nicht ihre Aufgabe, ihre Klienten zu bevormunden.« ... »Besonders an die Sozialarbeiterin gewandt (dabei habe ich daran gedacht, wie ich die Stühle zurecht gerückt hatte, also Ordnung geschaffen, Verantwortung für die Gruppe übernommen habe), sagte ich: ›warum eigentlich nicht? Warum können Sie in einer solchen Situation nicht einmal einschreiten, und Verantwortung für diese Patientin übernehmen?‹«

(Später, gegen Ende des Protokolls): »Immer wieder in der Sitzung und jetzt, beim Diktieren noch mehr, muß ich feststellen und mich wundern, wie es wohl dazu kommt, daß die Gruppe genau eine solche Falldynamik vorstellt wie die, mit der ich schon *vor* der Sitzung beschäftigt war.«

Ich habe dieses Protokoll zur Darstellung ausgewählt, weil es zunächst ein geläufiges, aber folgenreiches Mißverständnis nahelegt, dieses sich aber durch die besonderen Umstände leicht wieder beseitigen läßt. In dem letzten Absatz des Protokolls äußere ich mich, wie schon während der Supervisionssitzung, verwundert über die innere Kontinuität des affektiven Geschehens vor und während der Supervision. Ich kann mich auch daran erinnern, daß ich während der Sitzung manchmal leicht verwirrt war. Es ist ja ganz offensichtlich, daß die psychischen Inhalte, mit denen ich vor der Sitzung beschäftigt war (Ekel, Trostlosigkeit, Beziehungslosigkeit) in der Beziehung zur Patientin und in der Falldarstellung wieder auftauchten. Subjektiv war bei mir dadurch ein déjà-vu-ähnliches Gefühl entstanden, das aus der Ähnlichkeit meiner affektiven Erfahrung *vor* der Gruppensitzung mit dem emotionalen Klima *während* der Gruppensitzung rührte und das ich zunächst so interpretierte, als habe die Gruppe meinen inneren Zustand gleichsam erraten oder als habe ich einen besonders tiefen Draht zu dem unbewußten Gruppengeschehen.

Die wahrscheinlichste, weil in ihren Voraussetzungen sparsamste, Hypothese besagt aber lediglich, daß der Supervisor aus der Fülle des ihm dargebotenen Materials diejenigen dynamischen Zusammenhänge *ausgewählt* hat, die ihm auf Grund seiner eigenen inneren Präokkupation mit einem bestimmten Thema besonders nahe lagen. Auf die Annahme einer unbewußten Kommunikation zwischen Team und Supervisor kann dann vorläufig verzichtet werden. Allerdings muß man sich dann weiter fragen, ob die Auswahl der Fälle durch das Team und die innere Beschäftigung des Gruppenleiters mit diesem Team im Laufe der Zeit irgendwie konvergieren, ob also die Gruppe und ihr Leiter sich vielleicht unbewußt *in eine bestimmte Richtung* verständigen. Ich hoffe, daß nun deutlich geworden ist, daß bereits die Protokollierung der Fälle mit unbewußten Auswahlmechanismen in Zusammenhang steht. Diese Tendenz zur Selektion verstärkt sich noch weiter, wenn das Material dann für Falldarstellungen überarbeitet wird, die sich ihrerseits in den Kontext theoretischer Überlegungen einfügen sollen.

Damit dürfte aber feststehen, daß den Beispielen keine bewei-
sende Funktion zukommt, auch wenn von ihnen, infolge ihrer
Lebendigkeit und Bildhaftigkeit, manchmal so etwas wie eine
Evidenz des Anschaulichen auszugehen scheint.

Welchen Status haben also die Fallbeispiele? Zum einen
haben sie ganz eindeutig illustrative Funktionen. Mit ihnen soll
anschaulich gemacht werden, was Autorin oder Autor mit diesem
oder jenem theoretischen Gedanken gemeint haben. Insofern ist
der Begriff der *Vignette* ganz angemessen. Er stammt ursprünglich aus der Literatur und bezeichnet kleine literarische Kompo-
sitionen, die sich durch »Geschlossenheit, Subtilität und Fein-
heit« (Thomä u. Kächele 1988, S. 19; siehe auch Thomä u. Hohage
1981) auszeichnen; auch das Element der Verdichtung ist in ihm
enthalten. In der Fotografie bezeichnet die Vignette einen willkürlich hergestellten Ausschnitt aus einer an sich größeren
Aufnahme, wobei durch die Wahl des Rahmens, seine Größe,
Form und Gestaltung, ganz bestimmte Merkmale in den Vordergrund gerückt, andere dagegen völlig verdeckt werden. Und so
ist es auch im Falle der von uns hier ins Spiel gebrachten,
ausschnitthaft dargestellten Fälle: Der Rahmen, in diesem Fall
der theoretische Kontext, akzentuiert bestimmte Bedeutungen,
andere Aspekte, die ein konkreter Fall auch noch haben mag,
bleiben abgeblendet.

Damit lassen sie ganz bestimmte Gesichtspunkte der Theorie
hervortreten, ohne bloße Illustratoren zu sein. Fallvignetten
sollen etwas anschaulich machen, aber sie zeigen immer mehr
als das. Sie legen nämlich zugleich etwas von der Arbeitsweise
des Supervisors oder der Supervisorin offen, ganz unabhängig
davon, ob dies von ihm oder ihr beabsichtigt ist oder nicht. Damit
erschöpft sich aber im wesentlichen die Aufgabe, die die Darstellung solcher Vignetten zu erfüllen vermag. Sie können nicht
dafür herhalten, Zweifel auszuräumen oder theoretische oder
technische Konstrukte zu verifizieren. Aber ihre Qualität kann
erheblich verbessert werden, wenn sich die Technik der Protokollierung in Richtung auf mehr Verbatim-Aufzeichnungen
hin verschieben wird, was ein ganz wesentliches Desiderat für
die weitere Arbeit der Autorengruppe ist. Das Gedächtnis-Proto-
koll kann aber nicht abgeschafft werden, weil es unverzichtbare
subjektive Prozeß-Bestandteile enthält, wie beispielsweise das

inneren Erleben, die affektive Erfahrung und die gedanklichen Assoziationen des Supervisors, und diese in ihrer Funktion als Datenbasis für die Beurteilung eines psychoanalytischen Prozesses dem, was *expressis verbis* gesprochen wird, annähernd gleichrangig sind. Es ist, darauf sei noch einmal aufmerksam gemacht, eine Forderung der psychoanalytischen Methode, die diese Gewichtung geltend macht. Und damit sind wir wieder bei einem zentralen Anliegen dieses Buches angelangt: Es ist der Vorrang der Anwendung der psychoanalytischen Methode vor der Verwendung vorhandenen psychoanalytischen Wissens, welcher unseren Ansatz gegen vergleichbare andere abgrenzen soll.[1]

Die Autorengruppe

Das hier vorgelegte Buch ist im wesentlichen die Arbeit einer Gruppe. Eine Psychoanalytikerin und vier Psychoanalytiker, denen, neben ihrer klinischen Arbeit, eine gewisse Neugierde und ein Interesse für die unbewußten Vorgänge in Gruppen, Organisationen und gesellschaftlichen Institutionen zu eigen ist, kamen im Laufe ihrer Praxis als Psychoanalytiker, sei es durch Zufall, sei es aus Neigung, mehr und mehr in die Lage, von professionellen Arbeitsteams als Supervisoren zu Rate gezogen zu werden. Da wir aber neben der Ausübung dieser Tätigkeit, die uns allen ein willkommener Ausgleich zur Arbeit hinter der Couch ist, auch wissen wollten, was wir eigentlich tun, wenn wir institutionelle Teams kontinuierlich beraten, beschlossen wir vor etwa vier Jahren, uns regelmäßig zu treffen und uns gegenseitig unsere Supervisionen vorzustellen gerade so, wie dies bei der psychoanalytischen Behandlung von Patienten üblich geworden ist. Die Gruppe ist dabei ein Medium für den Austausch, ein Instrument zur Kontrolle, sie bietet Entlastung und oft eine notwendige Korrektur in schwierigen Situationen. Sie ist also eine Supervision ohne Supervisor, wobei in dem sich entwickelnden Gruppenprozeß gemeinsame Ideale und Wertvorstellungen

---

1 Zu diesem Thema siehe auch bei HEINRICH DESERNO (1990) und REIMUT REICHE (1990).

sowie methodische Gemeinsamkeiten gefunden und entwickelt werden, die diesen überflüssig machen oder ersetzen. Die Gruppenarbeit bestärkte uns mit der Zeit in der Überzeugung, daß es möglich sein müsse, die psychoanalytische Methode auch in dieser außerklinischen Situation, im Rahmen von Institutionen und Organisationen anzuwenden. Zunächst zentrierten sich unsere Sitzungen um Fallvorstellungen, um die Diskussion der unbewußten Psychodynamik in den Arbeitsteams während ganz bestimmter Supervisionssitzungen, wobei wir ein besonderes Augenmerk auf die Beziehungsangebote des jeweiligen Teams an den Supervisor legten. Später kamen dann immer mehr theoretische Fragestellungen dazu.

Nach etwa zwei Jahren der Zusammenarbeit traten Mitarbeiter einer psychiatrischen Klinik, in der einige Mitglieder aus unserer Gruppe, zum Teil schon seit langem, Teamsupervision durchführen, mit einem interessanten Vorschlag an uns heran. Es sollte auf einer Arbeitstagung über »Sozialpsychiatrie und Psychoanalytische Supervision« versucht werden, die psychoanalytischen Supervisoren mit den sozialpsychiatrischen Teams auf einem mehr öffentlichen Forum miteinander ins Gespräch zu bringen. Nach anfänglichem Zögern, das sich vielleicht von einem übertrieben ausgelegten Abstinenzprinzip ableitete, willigten wir in dieses Vorhaben ein und beteiligten uns als Referenten an der Tagung.[2] Das Experiment gelang schließlich, und wir waren beeindruckt von dem kritischen und zugleich in der Sache kompetenten Engagement der Teams und Mitarbeiter aus allen Berufsgruppen, mit der diese ihre Sicht auf die Supervision artikulieren konnten. Insgesamt konnten wir zur Kenntnis nehmen, daß wir mit der Supervision mehr bewirkt hatten, als wir bis dahin angenommen hatten, und ebenso, daß wir in den sozialpsychiatrischen Teams Kooperationspartner hatten, die sehr wohl in der Lage waren, ihre Kritik und Ansprüche in konstruktiver Weise zu formulieren.

2 Arbeitstagung »Sozialpsychiatrie und psychoanalytische Supervision« am 7. November 1992 in der psychiatrischen Klinik am Stadtkrankenhaus Offenbach. Unermüdlicher Organisator dieser Tagung war Oberarzt Dr. HARTMUT MÜLLER, dem an dieser Stelle für seine Initiative gedankt werden soll.

Diese Erfahrung ermutigte uns schließlich, unsere Auffassungen gründlicher zu konzeptualisieren, gesammeltes Material zusammenzutragen und in der hier vorgelegten Form zur Diskussion zu stellen. Nun folgte ein intensiver Prozeß, in dem latente Konzepte erstmals formuliert und überdacht werden mußten. Die einzelnen Manuskripte wurden in der Gruppe zur Diskussion vorgelegt, die in diesem Verfahren schließlich einen eigenen Stil äußerst präziser und zugleich konstruktiver Kritik entwickeln konnte. Die einzelnen Aufsätze wurden alle mehrmals überarbeitet, abgeändert und erneut diskutiert. Die Anregungen aus den Gruppendiskussionen wurden dann, wie ich hoffe, verarbeitet, ohne daß die Autoren ihren je eigenständigen Ansatz aufgegeben hätten. Ich vermute, ganz im Gegenteil, daß wir nämlich alle nach dieser Erfahrung nunmehr genauer wissen, was wir eigentlich sagen wollten.

Es ist übrigens gerade diese Dialektik von intellektueller Eigenständigkeit und wissenschaftlichem Gemeinsinn, die man sich an den Orten der institutionalisierten Wissenschaft wünschen möchte, die aber in den akademischen Einrichtungen eher selten zu finden ist. Vielleicht ist die Idee und die Praxis der Teamarbeit dort noch nicht weit genug vorgedrungen, vielleicht verhindern auch wissenschaftsspezifische institutionalisierte Abwehrmechanismen, die den persönlichen Erfolg des einzelnen Wissenschaftlers allzu einseitig fördern,die produktive Arbeit in Gruppen. Wie dem auch sei, in jedem Fall haben die Autoren dieses Bandes die Erfahrung gemeinsamer Produktivität gemacht, die, so hoffen wir, eine Grundlage für weitere zukünftige Projekte sein wird.

Ganz sicher haben wir aber auch von den professionellen Gruppen, mit denen wir nun schon Jahre zusammenarbeiten, vieles lernen können, so daß dieses Buch schließlich auch denen gedankt ist, die uns freimütig, manchmal auch geduldig, in jedem Fall aber mit viel Vertrauen an den Gedanken und Gefühlen, die sie bei ihrer Arbeit bewegen, haben teilhaben lassen.

Literatur

Bundesministerium für Arbeit und Sozialordnung (1990): Verordnung über Maßstäbe und Grundsätze für den Personalbedarf in der stationären Psychiatrie. Bonn.

CODIGNOLA, E. (1986): Das Wahre und das Falsche. Essay über die logische Struktur der psychoanalytischen Deutung. Frankfurt am Main.

DESERNO, H. (1990): Die Analyse und das Arbeitsbündnis. München/ Wien.

FREUD, S. (1919a): Wege der psychoanalytischen Therapie. GW, Band 12, S. 183-194.

REICHE, R. (1990): Geschlechterspannung. Frankfurt am Main.

THOMÄ, H. u. R. HOHAGE (1981): Zur Einführung einiger kasuistischer Mitteilungen. Psyche 35: 809-825.

THOMÄ, H. u. H. KÄCHELE (1988): Lehrbuch der psychoanalytischen Therapie, Band 2. Berlin/Heidelberg/New York.

BRITTA HEBERLE

Zur Funktion des Settings in der psychoanalytischen Teamsupervision

In der Psychoanalyse gibt es keine einheitliche Sprachregelung zur Verwendung des Begriffs *Setting*. Üblicherweise versteht man darunter die *äußeren Voraussetzungen* für den analytischen Prozeß, das heißt die Vereinbarungen über Personenkreis, Raum, Zeit, Honorar sowie – mehr oder weniger explizit – die grundlegenden Regeln der freien Assoziation und der Abstinenz, die das psychoanalytische Verfahren überhaupt erst ermöglichen. Ich möchte sie im folgenden die *inneren Voraussetzungen* nennen. Daneben kann allerdings eine Vielzahl weiterer Bedeutungen gemeint sein, die sich auf verschiedene Aspekte der analytischen Situation und der analytischen Haltung beziehen. Auch in der Literatur findet sich zu diesem Begriff ein weites Spektrum von Meinungen. Dessen Pole können zum einen durch die Beschränkung auf die rein äußeren Rahmenbedingungen und zum andern durch die weitgehende Gleichsetzung des Settings mit der analytischen Situation bezeichnet werden. Letztere Position scheinen am deutlichsten SANDLER et al. (1992) zu vertreten, wenn sie betonen, daß der Analytiker unbedingt für ein auch atmosphärisch angemessenes Setting sorgen muß, damit sich der analytische Prozeß entfalten kann. Der Blick in die Literatur zeigt im übrigen, daß zwar oft vom Setting die Rede ist, daß es aber, als ein Grundkonzept psychoanalytischer Praxis, letztlich stiefmütterlich behandelt wird: BRENNER (1955), LAPLANCHE und PONTALIS (1967) sowie GREENSON (1967) führen es gar nicht auf. THOMÄ und KÄCHELE (1985) behandeln zwar seine Bestandteile, ohne jedoch das Setting als Ganzes und in seinen differenten Bedeutungen zu erörtern.

Diesen Mehrdeutigkeiten, die für viele psychoanalytische

Begriffe zu konstatieren sind, soll in der vorliegenden Arbeit nicht weiter nachgegangen werden. Ich möchte vielmehr zeigen und anhand von Beispielen anschaulich machen, daß das Setting in der psychoanalytischen Teamsupervision – als originär psychoanalytischem Verfahren – einen wichtigen, methodisch begründeten Stellenwert hat und deshalb nutzbringend für das Verstehen in der Supervision verwandt werden kann. Ich gehe dabei von einem pragmatischen Setting-Begriff aus, der alle die Übereinkünfte und Empfehlungen umfassen soll, die ich vor Beginn einer Supervision mit dem Team treffe beziehungsweise ihm gebe und die ich detailliert beschreiben werde. Im wesentlichen beziehen sie sich auf die genannten äußeren und inneren Voraussetzungen, ohne die es keinen analytischen Prozeß geben kann.

Andere Konzeptionen von Teamsupervision, die für »methodische Offenheit« und Vielfalt plädieren, weisen entsprechend »offene« und wechselnde Rahmenbedingungen auf, die häufig vor allem in Krisenphasen praktiziert werden, wenn der Supervisionsprozeß stagniert. Damit werden die zur Stagnation führenden, nicht ausgetragenen Konflikte aber eher verschleiert statt aufgeklärt. Darüber hinaus wird auf ein wichtiges Erkenntnismittel verzichtet, weil nämlich Gruppenkonflikte, die das Team noch nicht verbalisieren kann, oftmals zuerst am Rahmen zum Ausdruck gebracht werden.

Diese zentrale Funktion des Rahmens soll uns im folgenden für die psychoanalytische Teamsupervision beschäftigen. Zuvor möchte ich kurz einige allgemeine Zusammenhänge zwischen Setting, Methode und Technik erörtern.

Einige Zusammenhänge zwischen Setting, Methode und Technik

Wenn Team und Analytiker oder Analytikerin zur Vereinbarung gemeinsamer Arbeit gelangen, treffen sie eine Reihe von Absprachen, die für beide Seiten verbindlich sind. Diese Absprachen im Hinblick auf das äußere Arrangement der Zusammenkünfte und auf spezifische Verfahrensregeln sind von Beginn an konstituierende Bestandteile der analytischen Situation. Ihre Kontinuität und Stabilität bedingen wesentlich, daß ein analytischer Raum entsteht, in dem unbewußte Vorgänge sich entfalten, sichtbar gemacht und verstanden werden können. Der Rahmen stellt zum einen die Voraussetzungen bereit, daß in geschütztem Raum über Fälle und Arbeitsprobleme (in der Supervision) oder die eigene Geschichte (in der Therapie) gesprochen werden kann. Sein festes und gleichbleibendes Gefüge ermöglicht es zum andern, die Vielschichtigkeit der in ihm sich entwickelnden Prozesse unter methodischen Gesichtspunkten zu betrachten. Als konstante Form für die oft unklaren und sich verändernden Inhalte der analytischen Beziehung und als Referenzpunkt, auf den sich Interventionen und Deutungen beziehen lassen, erleichtert er es zudem, in der Komplexität der unbewußten Abläufe die Orientierung zu behalten. Das Setting ist der Bezugsrahmen, auf den sich die analytische Beziehung immer wieder ausrichten kann und an dem sie sich abarbeitet. Weil es Grenzen setzt und Verzicht auferlegt, entzündet sich hier auch zuerst der Widerstand, für die Beteiligten sichtbar, hinterfragbar und damit bearbeitbar.

Rahmen und Regeln strukturieren die psychoanalytische Situation in einer für eine Gesprächssituation unkonventionellen, da asymmetrischen Weise. Während der eine Gesprächspartner möglichst freimütig alles sagen soll (sogenannte Grundregel), hält sich der andere weitgehend zurück, erteilt weder die erwarteten Ratschläge noch Handlungsanweisungen und beantwortet oft nicht einmal Fragen, die er aber selbst durchaus stellt. Und während der Analytiker – vor dem Hintergrund von Methode und Technik – weiß, warum er sich so verhält, »weiß« das sein Gesprächspartner nicht. Selbst wenn es ihm erklärt würde, verstünde er es kaum, weil dieses Wissen so nicht vermittelt werden kann. FLADER und GRODZICKI (1978) stellen diesen Zusammenhang ausführlich dar und arbeiten am Beispiel der Grundregel überzeugend heraus, wie das analytische Setting, als dessen Kernstück sie die Grundregel betrachten, darauf abzielt, vertraute Kommunikations- und Interaktionsmuster systematisch zu verweigern. Weil sich der Analytiker nicht komplementär verhält, resultieren bei seinem Gesprächspartner Irritation und Verunsicherung im Hinblick auf die Bedeutung der eigenen

Erzählung. Dies trägt dazu bei, daß neue Perspektiven und Bedeutungsräume eröffnet und damit für die Analyse zugänglich gemacht werden. Der analytische Prozeß wird also unter anderem dadurch in Gang gesetzt und gefördert, daß soziale Alltagsregeln durch die Regeln des Settings verändert und zum Teil außer Kraft gesetzt werden.

Aus dem Gesagten folgt, daß zwischen Setting, Methode und Technik der Psychoanalyse vielfache Interdependenzen und Überschneidungen bestehen. Sie sind überhaupt nur theoretisch voneinander zu trennen. Daß dies so ist, hat auch historische Gründe. Denn das Setting hat sich in enger Wechselbeziehung zu Methodik und Technik entwickelt und differenziert. So sei daran erinnert, daß seine Bestandteile durch FREUD schrittweise eingeführt, allmählich schärfer definiert und dann zunehmend methodenimmanent begründet wurden, was CREMERIUS (1984) für die Abstinenzregel sehr genau nachgezeichnet hat. DE SWAAN (1978), der diese Zusammenhänge aus soziologischer Sicht untersucht, spricht von den »konkreten, alltäglichen und praktischen Aspekte(n) des psychoanalytischen Berufs«, die zudem die »soziale Matrix (seien), aus der der Kern des psychoanalytischen Wissens stammt«; das Setting sei »eine ebenso große Neuerung wie jede andere, die Freud machte«. Neben den Regelungen bezüglich Geld, Zeit, Diskretion und anderen bezieht er sich insbesondere auf die Regeln der freien Assoziation und der Abstinenz – zugleich Grundelemente analytischer Methodik und Technik –, die für ihn wesentlich zum Setting gehören.

Faßt man die Technik als der Methode nachgeordnet auf, was auch heißt, daß man sie mit methodischen Einzelschritten gleichsetzen kann, dann erscheint es mir sinnvoll, das Setting als methodisches Konzept zu bezeichnen, und seine diversen Regelungen als Techniken.

Zu Inhalten und Zielen der Teamsupervision

Geht man von den skizzierten Zusammenhängen aus, daß sich Methode und Setting wechselseitig bedingen, so stellt sich für die Teamsupervision die Frage, welches Setting aus dieser spezifischen Anwendung der Psychoanalyse abgeleitet werden kann. Oder mit anderen Worten, welche Voraussetzungen zu schaffen sind, um sie zu ermöglichen. Dazu will ich zunächst die Teamsupervision im Hinblick auf ihre Inhalte und Ziele näher beleuchten, um sodann – darauf basierend – meine Auffassung eines zweckmäßigen Settings zu beschreiben, wie sie sich auf Grund eigener Praxis herauskristallisiert hat.[1]

Psychoanalytische Teamsupervision befaßt sich mit den unbewußten psychischen Prozessen in einem Arbeitsteam. Da sich psychisches Geschehen in Beziehungen organisiert und nur darüber überhaupt erkennbar wird, liegt es nahe, die Beziehungsthematik ins Zentrum der Supervisionsarbeit zu stellen. Und da es um Supervision, das heißt um Reflexion beruflicher Praxis, und nicht primär um Selbsterfahrung geht, liegt es weiter nahe, eine grundsätzliche Fokussierung auf die *Arbeitsbeziehungen* eines Teams vorzunehmen. Hier kann man *drei Beziehungsebenen* unterscheiden: 1. die Beziehungen des *Teams zu seinen Klienten/Patienten,* 2. die Beziehungen der *Teammitglieder untereinander,* 3. die Beziehungen des *Teams zu Personen und Gruppen in der Institution.*

Gegenstand der Supervision sind zwar alle drei Beziehungsfelder, wobei jedoch meines Erachtens die Arbeit mit Patienten/ Klienten Vorrang hat, weil deren Behandlung und Betreuung die institutionelle Aufgabe ist, zu deren Bewältigung das Team sich konstituierte. Der Supervisor sollte auch dann an dieser zentralen Beziehungsdimension orientiert bleiben, wenn Konflikte der anderen Ebenen in den Vordergrund drängen und bearbeitet werden. Verliert er sie aus dem Auge, kann er sich leicht in »Beziehungsgeschichten« verwickeln, die ihm den Blick auf die zugrunde liegende Dynamik verstellen. So habe ich es erlebt,

---

1 Meine Erfahrungen stammen größtenteils aus der Arbeit mit Teams im stationären, teilstationären und ambulanten sozialpsychiatrischen Bereich.

daß Teammitglieder über viele Sitzungen die Konflikte untereinander zum Thema machten, um zu verhindern, daß Enttäuschung und Ohnmacht in der Arbeit mit den Klienten zur Sprache kamen. WELLENDORF (1986) stellt ähnliche Überlegungen
an, wenn er schreibt, daß sich der Supervisor bei seiner Arbeit in
einer Institution auf ein Drittes, nämlich die institutionelle Aufgabe, beziehen muß. Gerate sie aus dem Blick, könnten andere
Konflikte – beispielsweise zwischen Leitung und Mitarbeitern –
leicht zu »Selbstläufern« werden, und der Supervisionsprozeß
komme zum Erliegen. Es wäre sicher interessant, die vielfältigen
Verwicklungen, in die Supervisoren und Supervisorinnen immer
wieder geraten, daraufhin einmal genauer zu untersuchen.

Methodisch und technisch gesehen lehnt sich die Supervision
im Hinblick auf die Arbeit mit den Klienten an die Balint-
Gruppenarbeit an. Und zwar in dem Sinne, daß die Einfälle der
Gruppenmitglieder und die Dynamik des Gruppengeschehens
zum Verständnis der Dynamik des Klienten herangezogen werden. Ein wesentlicher Unterschied zu Balint-Gruppen (weitere
s.u.) besteht allerdings darin, daß alle Gruppenmitglieder mit
dem vorgestellten »Fall« unmittelbar zu tun haben, was einen
dichteren und komplexeren Gruppenprozeß bedingt. Der Supervisor hat dabei nur indirekt an der Beziehung zum Patienten teil,
die in den Erzählungen des Teams und in dessen aktueller
Beziehung zum Supervisor in Erscheinung tritt. Seine Aufgabe
ist es, die durch das Team vermittelten Übertragungs- und
Gegenübertragungsphänomene im Feld der Team-Patient-Be-
ziehung zu interpretieren und auf die Person des Patienten zu
zentrieren (ARGELANDER 1980). Ein Ziel der Supervisionsarbeit
kann jetzt genauer benannt werden: es soll die unbewußte Übertragungsbeziehung zwischen Patient und Team beziehungsweise dessen einzelnen Mitgliedern aufgedeckt und verstanden
werden, um den Patienten differenzierter wahrnehmen und sich
ihm gegenüber adäquater verhalten zu können. Als ein weiteres,
eng damit verknüpftes Ziel könnte man in Anlehnung an BALINT
(1955) formulieren: Sensibilität und Aufmerksamkeit der Gruppenmitglieder sollen entwickelt werden, sowohl für die unbewußten Mitteilungen der Patienten als auch für die eigenen
gefühlsmäßigen Reaktionen und für den Einfluß, den das eigene
Verhalten auf das Beziehungsgeschehen mit den Patienten hat.

31

Wie bereits angedeutet, unterscheiden sich Arbeitsteams erheblich von Balint-Gruppen, die ausdrücklich keine präformierten Gruppen sind und deren Teilnehmer außerdem eine vergleichbare berufliche Sozialisation und Berufspraxis aufweisen. Die Beziehungsverhältnisse in Behandlungsteams sind wesentlich komplexer. Denn es gibt nicht nur sehr heterogene berufliche Identitäten und ganz verschiedene Beziehungen der einzelnen Mitarbeiter zu denselben Patienten, sondern auch langjährige Arbeitsbeziehungen untereinander, unterschiedliche Aufgaben und Stellungen in der Hierarchie und wechselseitige Abhängigkeiten innerhalb der Institution, um nur einige Punkte herauszugreifen. An diesen Unterschieden und Machtgefällen entfaltet sich eine eigene Dynamik, die den Supervisionsprozeß im Vergleich zu Balint-Gruppen kompliziert. Der Supervisor trifft also in einem institutionellen Team auf vielschichtige und konfliktreiche Beziehungsstrukturen, die sich mit den Beziehungen des Teams zu seinen Patienten und zum Supervisor überlagern und die er entsprechend seinen Arbeitszielen handhaben muß.

Nach meiner Erfahrung sind die jeweils aktuellen Konfliktebenen, welche die Arbeit mit den Patienten behindern können, nicht immer leicht auszumachen. Zumal auch die Fallvorstellung Ausdruck teaminterner oder institutioneller Konflikte sein kann, die anstelle des »Falls« zu bearbeiten wären. KUTTER (1981) beschreibt das gleiche Problem aus seiner Arbeit mit Supervisionsgruppen an der Universität, wo es ebenfalls darum ging, zwischen Reaktionen der Gruppe auf den Fallbericht, gruppeninternen Konflikten und Konflikten der Gruppe mit der Institution zu unterscheiden. Ein erfahrener Gruppenleiter – so KUTTER – könne gar nicht anders, »als auch in der Supervisionsgruppe den Gruppenprozeß wahrzunehmen«.

Bezieht der Supervisor das Gruppengeschehen nicht nur mit Blick auf den »Fall« sondern auch als Mitteilung über den inneren Zustand der Gruppe in seine Verstehensbemühungen mit ein, ergibt sich die Notwendigkeit, gruppenanalytische Sichtweisen zu beachten. Erst sie ermöglichen im Grunde, auch die soziale Realität und das institutionelle Umfeld eines Teams, das heißt das gesamte Netzwerk verschiedenartigster Beziehungsdimensionen, die auf die Bewältigung der institutionellen Aufgabe einwirken, im Supervisionsprozeß zu berücksichtigen. Die

Methode der Gruppenanalyse nach Foulkes (1974, 1978), der die Dynamik und Komplexität von Gruppenprozessen eingehend untersucht und beschrieben hat, kann insofern auch für die Teamsupervision nutzbringend angewandt werden. Mit seinem Konzept der Anwendung der Foulkesschen Methode auf die Balint-Gruppenarbeit hat Gfäller (1986) hierzu einen anregenden Beitrag geleistet. Anders als die rein fallzentrierte Teamsupervision bezieht diese Konzeption von Supervision die Arbeit mit den Patienten, teaminterne Konflikte und den institutionellen Hintergrund gleichermaßen in die Analyse ein.

Da ich dem Arbeitsauftrag des Teams, das heißt der Behandlung und Betreuung seiner Klienten, auch in der Supervisionsarbeit Priorität einräume, schlage ich vor, die Beziehungen im Team und in der Institution immer dann auf ihren unbewußten Gehalt zu untersuchen, wenn sie die tägliche Arbeit mit den Klienten erschweren und behindern. Dazu bedarf es nicht erst spektakulärer Krisen und massiver Schwierigkeiten. Auch alltägliche und oft banal erscheinende Kooperations- und Kommunikationsprobleme sind bedeutsam. Hier strebt die Supervision ja gerade an, mehr Bewußtsein für diese oft unvermeidlichen Alltagsstörungen zu entwickeln und dadurch zu einer breiteren Palette sinnvoller Konfliktlösungsstrategien zu verhelfen. Mit zunehmender Konfliktfähigkeit des Teams wird sich auch dessen Handlungsspielraum im Arbeitsfeld vergrößern.

Setting und Institution

Ich komme nun auf meine Frage zurück, welches Setting aus den bisherigen Feststellungen zur Teamsupervision sinnvoll abgeleitet werden kann. Dazu fasse ich meine Überlegungen noch einmal zusammen: Team-Supervision, wie ich sie auffasse und praktiziere, ist eine Anwendung der psychoanalytischen Methode im Sinne systematischer berufsbegleitender Reflexion der Arbeit von Teams mit Patienten/Klienten in Institutionen. Diese Definition impliziert Fall- und Gruppenarbeit unter Einbeziehung des institutionellen Hintergrunds. Darin enthalten ist ein Fortbildungskonzept (nicht als explizite Weiterbildung gedacht, sondern im Sinne der Erweiterung professioneller Kompetenz), auch um bestimmte Professionalisierungsdefizite zu kompensieren.

Nach dieser Konzeption ist für das Setting der Teamsupervision zu postulieren, daß die beteiligten Personen ein Psychoanalytiker oder eine Psychoanalytikerin und die Mitglieder eines Arbeitsteams sind, auf dessen komplexe Struktur hingewiesen wurde. Auch wenn es selbstverständlich zu sein scheint, sei an dieser Stelle angemerkt, daß der Analytiker in der Institution, in der er Supervision erteilt, nicht anderweitig engagiert sein darf. Die Institution macht es schon dem externen Supervisor nicht immer leicht, seine Arbeit aus ihrer Dynamik herauszuhalten, was aber unabdingbare Voraussetzung ist, will er den institutionellen Kontext mitanalysieren.

Im Vergleich zum Setting von Balint- oder anderen Supervisionsgruppen liegen bestimmte Bedingungen von vornherein fest, auf deren Gestaltung der Gruppenleiter keinen Einfluß hat. So kann er die Gruppenteilnehmer nicht aussuchen hinsichtlich Motivation und Eignung für die analytische Arbeit, die den Supervisionsprozeß unterstützen und das Erreichen der Supervisionsziele begünstigen könnten. Nicht alle Mitarbeiter eines Teams bringen die Bereitschaft mit, die unbewußten Aspekte ihrer Arbeitsbeziehungen zu reflektieren. Auch wenn sie an der Supervision teilnehmen, tun sie es doch nicht immer überzeugt, was natürlich deren Wirksamkeit als Fortbildungsverfahren einschränkt. Selbst BALINT zeigte sich nach langjähriger Erfahrung mit seinen Fallseminaren recht ernüchtert. Er ging schließlich davon aus, daß die Ziele der Gruppenarbeit sich nur mit einem begrenzten Personenkreis verwirklichen lassen, den er immer sorgfältiger auswählte.

Daß die Zusammensetzung vor allem stationärer Teams oft wenig Kontinuität aufweist, weil das Personal häufig wechselt, ist ein weiterer Umstand, der das Fortbildungsziel begrenzt. Die Vorgaben der Institution – professionell inhomogene, in der Zusammensetzung inkonstante Gruppen, die sich mit dem Supervisor meist nur in einem Zwei- bis Vier-Wochen-Rhythmus treffen – schränken insofern die Möglichkeiten des Gruppenleiters ein, optimale Rahmenbedingungen im Sinne der genannten Aufgaben und Ziele zu schaffen. Damit Fortbildungselemente überhaupt wirksam werden können, halte ich es für nötig, lange Zeiträume für die Teamsupervision zu planen, um wenigstens darüber eine gewisse Kontinuität zu schaffen. Dies vergrößert allerdings für den Supervisor die Gefahr, daß er ganz allmählich seinen objektivierend-distanzierten Blick auf die institutionellen Verhältnisse und ihre Abwehrstrategien verliert. Er kann mit der Zeit selbst zu einem Teil der Institution werden, ohne es zu merken. Das möchte ich an einem Beispiel zeigen:

In einem stationären Team war ich nach etwa 4 Jahren diejenige, die am längsten dabei war, sozusagen die »Gruppenälteste«. Dieser Umstand war mir zunächst nicht bewußt. Ich realisierte ihn erst, als man über eine Team-Legende sprach, in der frühere Mitarbeiter in ihrem Kampf gegen »böse« Vorgesetzte und Verwaltungsbeamte sehr idealisiert wurden. Nur ich hatte diese Zeit miterlebt und konnte somit Hintergründe und Entstehung der Legende aufklären und »zurechtrücken«, was ich spontan tat. Das Team hörte aufmerksam und interessiert zu. Erst im nachhinein fiel mir auf, daß ich, statt die Bedeutung der Legende im Hier und Jetzt zu analysieren, ein Stück Team- und Institutionsgeschichte korrigiert und tradiert hatte, gleichsam als die Älteste, die noch wußte, wie es gewesen war. Damit hatte ich meine analytische Haltung zugunsten einer Position aufgegeben, in der ich unbewußt mit der Institution identifiziert war, während es mir bewußt um die Richtigstellung eines Sachverhalts ging. Man kann mein Verhalten natürlich auch unter dem Blickpunkt der Abstinenzverletzung sehen und fragen, warum ich mir in dieser Phase der Supervision nicht versagen konnte, die scheinbar allwissende Supervisorin zu sein.

Die Institution ist von Anfang an bestrebt, den Supervisor ihrem Gefüge einzupassen, um zu verhindern, daß er ihre Strukturen hinterfragt und stört. Schon bei seiner Auswahl spielt dieser Aspekt eine nicht unwesentliche Rolle, wenn beispielsweise vorausgesetzt wird, daß er mit der institutionellen Aufgabe vertraut ist und möglichst eigene Erfahrungen in den entsprechenden Arbeitsfeldern hat. Darin drückt sich unter anderem die Erwartung aus, daß er sich mit der Institution identifizieren kann oder – mit anderen Worten – daß er sich ihren Bedingungen anpaßt.

Auch über das Setting können Institutionen versuchen, den Supervisor und seine Arbeit »einzusozialisieren«, wenn sie über die genannten Vorgaben hinaus den Rahmen und manchmal

Aufgaben und Ziele der Supervision mitbestimmen wollen. Um so entscheidender ist in solchen Fällen, daß der Supervisor seine die Methode und damit deren Rahmen betreffende Kompetenz geltend macht. Nur er als Experte kennt nämlich die für die Anwendung der Methode erforderlichen Bedingungen und ist auch allein dafür verantwortlich. Läßt er seine prinzipielle Zuständigkeit, das Setting vorzuschlagen und auszuhandeln, über die institutionellen Unabänderlichkeiten hinaus beschränken, *engt* er selbst seine *Erkenntnis- und Einflußmöglichkeiten ein.* Darauf wird später zurückzukommen sein.

Zuvor möchte ich jedoch genau beschreiben, welche Absprachen zum Setting und welche Informationen ich vor Beginn einer Supervision empfehlenswert und wichtig finde. Ich treffe diese Abmachungen mit dem jeweiligen Team, mit dem ich ja auch das Arbeitsbündnis eingehe und das insofern aus psychoanalytischer Sicht mein Verhandlungspartner ist. Das Team klärt seinerseits mit Vorgesetzten und Trägern die Frage psychoanalytischer Supervision ab (die ich natürlich zu erläutern bereit bin) und kümmert sich um die Regelung der Bezahlung.

Das Vorgespräch
und die Vereinbarungen zum Setting

Im Vorgespräch frage ich zunächst nach, welche Vorstellungen über Supervision jedes Mitglied hat und welche Erwartungen daraus resultieren. So kann ich mehr über die bewußten Hintergründe für den Wunsch nach Supervision erfahren und auch Hinweise auf verborgene Motive erhalten. Die »offizielle« Begründung für die Nachfrage, die – wie zu erwarten – meist auf Probleme mit der Klientel Bezug nimmt, sagt nämlich noch nichts aus über deren unbewußte Dimension. Schwierige Gruppenkonstellationen und Konflikte im Team oder in der Institution können ein starkes unbewußtes Motiv für die Nachfrage bilden, was sich oft erst allmählich im Verlauf einer Supervision erschließt. Dies setzt allerdings voraus, daß der Supervisor den Supervisionswunsch als Thema der Analyse im Auge behält.

Dann lasse ich mir ausführlich die Arbeitssituation des Teams schildern: Aufgabenbereiche und Aufgabenteilung, Stellung und Funktion in der Gesamtinstitution. In diesem Kontext versuche ich auch immer, etwas über die Geschichte des Teams und über die berufliche Sozialisation seiner Mitglieder zu erfahren. So erhalte ich Hinweise auf Rivalitäten in der Gruppe und in der Institution, auf Beziehungen zu Vorgesetzten und Verwaltungen, auf berufliche Identitäten und auf manche Gruppenphantasien. Alle diese bewußten und unbewußten Informationen sind das Material, aus dem der Supervisor erste Vorstellungen und Erkenntnisse über latente Motive für die Nachfrage und über das komplexe Beziehungsgefüge eines Teams in einer Institution gewinnt. Zweck und Ziel des Vorgesprächs sind insofern denen des psychoanalytischen Erstinterviews in der Therapie vergleichbar. Nur geht es hier nicht um das Erfassen des Persönlichkeitsbilds eines Menschen mit seinen psychischen Störungen, sondern um das Erfassen einer Gruppe in ihren Arbeitszusammenhängen und mit ihren »Arbeitsstörungen«, was verwirrender und komplizierter ist.

Erst danach skizziere ich mein Konzept und schlage die Rahmenbedingungen vor, die das Team teilweise bereits kennt. Zeitpunkt, Frequenz und Honorar sind nämlich meist schon vorab erfragt und verhandelt, denn die Einladung zu einem Vorgespräch erfolgt in der Regel nur dann, wenn hierüber Konsens besteht. Auch das Arbeitsinteresse des Teams ist in der Regel benannt. Nach meiner Erfahrung gilt die Nachfrage in den meisten Fällen primär fallbezogener Supervision. Hier knüpfe ich an und lege dar, daß auch aus meiner Sicht die Arbeit mit den Patienten Vorrang im gemeinsamen Nachdenken hat. Darüberhinaus befasse sich aber Teamsupervision, wie ich sie verstehe, auch mit Konflikten und Strukturen im Team sowie mit den Arbeitsbeziehungen zu anderen Gruppen, Abteilungen und Vorgesetzten in der Gesamtinstitution.

Ich würde erwarten, daß man über eines dieser Themen spricht, das zu Beginn der Supervision und nicht im vorhinein bestimmt werden sollte. Der Anfang jeder Sitzung stehe für Vorschläge und die Diskussion darüber zur Verfügung. OVERBECK (1990) nennt dies »die institutionalisierte Themenfindungs-Phase«, die für »den Gruppenleiter reiche Möglichkeiten (enthält), mit ›Störungen‹ und latenten Problemen auf der Station in Berührung zu kommen und einen Eindruck vom aktuellen Zustand des Gruppen-Ichs zu haben«, was meinen Erfahrungen weitgehend entspricht. Auch ohne wie sie eine feste Zeit anzuberaumen (die erste Viertelstunde), hat es sich praktisch doch immer so ergeben, daß der Einigungsprozeß in ungefähr dieser Zeit zustande kommt. Sein Ablauf kann eindrücklich illustrieren, wie die Gruppe ein Problem löst und Entscheidungen trifft, wie teamintern Macht ausgeübt und Hierarchien praktiziert werden, welche Cliquenbildungen es gibt und welche heimlichen Verschwörungen, wenn zum Beispiel ein Mitglied mit seinen Vorschlägen wiederholt keine Resonanz in der Gruppe findet. Die Widerstände des Teams, sich mit bestimmten Vorschlägen zu befassen, seien es Patienten oder Probleme der Kooperation im Team beziehungsweise mit Vorgesetzten, weisen auf unbewußte Konflikte hin, die in aller Regel mit den institutionellen Verhältnissen zu tun haben.

In der Praxis läuft die Entscheidungsfindung am häufigsten darauf hinaus, daß ein Patient vorgestellt wird, wobei natürlich jedes Thema, auf das man sich einigt, auch Abwehrcharakter haben kann. Teaminterne und institutionelle Konflikte bleiben oft ausgespart, bis sie sich derart aufdrängen, daß es gar nicht mehr anders geht, als sie zum Thema zu machen. Dann sind aber die Arbeitsfähigkeit und der Zusammenhalt der Gruppe oft schon deutlich gefährdet. Dann sind oft schon Spaltungsprozesse wirksam, zum Beispiel in Form von Sündenbockbildung, die vor Angst und Aggressionen in der Gruppe schützen sollen. Sie sind jetzt weitaus schwieriger und manchmal nicht mehr rechtzeitig zu bearbeiten, wenn nämlich die Sündenbockdynamik, wie ich es erfahren habe, agiert wird und zu personellen Konsequenzen führt (Kündigung, Versetzung), ehe der Supervisor reagieren kann. Probleme im Team und mit der Institution sollten deshalb thematisiert werden, bevor die Gruppendynamik sich derart zuspitzt. Eine wichtige Funktion des Gruppenleiters ist, diese unbewußten Konflikte rechtzeitig aufzuspüren und zu benennen. Weil sie dem Team bewußt nicht zugänglich sind, inszeniert es sie oft spontan in der beschriebenen Eingangsphase, die deshalb von Anfang an Hinweise auf latente Probleme in der Gruppe geben kann.

Als *Grundregel* empfehle ich, daß das gewählte Thema im freien, möglichst assoziativen Gruppengespräch behandelt werden soll. Alle Erfahrungen und Erlebnisse, alle Gedanken und Gefühle im Hinblick auf den Patienten oder auf das Thema seien bedeutsam. Auch Einfälle und Phantasien, die vom jeweiligen Thema wegführten, die wenig professionell und deshalb vielleicht peinlich erschienen, könnten und sollten geäußert werden. Überhaupt gehe es nicht darum, sich als professionell kompetent zu erweisen, auch nicht um die Beurteilung professionellen Handelns im Sinne des »richtig« oder »falsch«. Vermeintliche oder auch wirkliche Behandlungsfehler könnten ein aufschlußreiches Indiz für noch unverstandene Zusammenhänge sein. Hier füge ich meist an, daß wohl jeder solche Fehler kenne und daß es wichtig sei, hier darüber sprechen zu können, ohne Kritik und Konsequenzen befürchten zu müssen. Diese modifizierte Grundregel (BECKER 1991), die den assoziativen Gedankengang auf Arbeitszusammenhänge beschränkt, zielt in Verbindung mit der Abstinenz des Supervisors auf die beschriebene Verweigerung kongruenter Verhaltensmuster ab (FLADER u. GRODZICKI), die ermöglichen soll, daß die Gruppe ihr Verhalten im Arbeitsfeld und ihre professionelle Handlungsroutine hinterfragt. Nur so wird es ihr mit der Zeit gelingen, neue Wahrnehmungs- und Sichtweisen in der Arbeit zu entwickeln.

Zur *Abstinenz* merke ich an, daß ich keine Empfehlungen und Ratschläge hinsichtlich Diagnosestellung und Behandlung gebe. In der Supervision könnten Zusammenhänge aufgeklärt und besser verstanden werden, es würden aber keine fachlichen Entscheidungen getroffen. Damit erkenne ich ausdrücklich Autonomie und Entscheidungskompetenz des Teams an, was die Gleichberechtigung der Supervisionspartner betont und zugleich die Fähigkeit der Gruppe anspricht, aktiv mitarbeiten und das Erarbeitete eigenverantwortlich umsetzen zu können. Wünsche nach Belehrung, Rat und Handlungsanweisungen können sowohl Ausdruck deprimierend-belastender Erfahrungen mit Patienten sein als auch kollegiale und dann oft Hierarchiekonflikte zur Ursache haben. Dazu ein Beispiel, an dem mir außerdem wichtig ist zu zeigen, daß auch für die Supervision gilt, was STONE für die Therapiesituation formulierte: »daß es ohne Abstinenz keine Analyse gibt« (1981a, zit. n. CREMERIUS 1984, S. 788).

So kam es in der Anfangszeit einer Supervision in einem stationär-psychiatrischen Team immer wieder vor, daß ich – nach durchaus produktiver Arbeit – unverhofft gefragt wurde, wie man sich nun konkret verhalten solle. Ob dieser Patient nicht mehr Freiheiten bräuchte, jener weniger Medikamente, ob man einen dritten nicht besser entlasse. Die Überlegungen dazu waren gut begründet. Um so weniger verstand ich, warum das Team in der Ausführung fast hilflos erschien, alles beim alten ließ und mir Druck machte. Vermutlich geködert durch die engagierte Mitarbeit der Gruppe und deren großes Interesse an Psychotherapie, ließ ich mich in die Diskussion von Fachfragen und aktuellen Entscheidungen verwickeln, was mich vom Verständnis der unbewußten Szene des Teams nur weiter entfernte. Erst nachdem mir dies klar geworden war und ich strikt abstinent blieb, konnte die Analyse der Teamsituation voranschreiten. Sie ergab schließlich, daß man die psychoanalytische Supervisorin unbewußt an die Stelle des neuen, angeblich »biologistischen« Oberarztes (der nicht an der Supervision teilnahm) zu setzen und sie gegen diesen auszuspielen versuchte. Dabei wurde deutlich, wie sehr die Gruppe die psychotherapeutische Dimension idealisierte und die Überzeugung teilte, als einziges Team in einer Großklinik für psychotherapeutische Ansätze zu kämpfen. Diese verschworene Gemeinschaft sah sich durch den neuen Oberarzt bedroht, der zum Außenfeind deklariert wurde, auf den man in der Folge auch viele innere Konflikte verschob. Die Supervisorin sollte als die bessere Oberärztin die Pseudosolidarität der Gruppe festigen helfen und durch eindeutige Stellungnahmen Munition gegen den ungeliebten Oberarzt liefern.

Am Ende des Vorgesprächs komme ich auf *die äußeren Rahmenbedingungen* zurück, die mit dem institutionellen Rahmen des Teams abzustimmen sind. Ich vereinbare feste Zeiten in regelmäßigen Abständen, zu denen sich das Team, so vollständig wie möglich, mit mir trifft. Bei stationären Teams hat sich die Zeit um den Schichtwechsel als günstig erwiesen, weil nur dann die Teilnahme aller Team-Mitglieder grundsätzlich möglich ist. Als *Ort* bitte ich um einen möglichst ruhigen, ungestörten Raum. Ich schlage eine vierzehntägige *Sitzungsfrequenz* und eine *Sitzungsdauer* von eineinhalb Stunden vor, die ich günstig und zweckmäßig finde und die sowohl meinem Berufsalltag als auch der Arbeitssituation vieler Teams angemessen sind. Ich habe zwar auch Supervisionen übernommen, die in einem Vier-Wochenrhythmus stattfinden, weil das – meist aus finanziellen Gründen – nicht anders ging. Hierbei ist allerdings damit zu rechnen, daß der Supervisionsprozeß nur schleppend in Gang kommt, weil das notwendige offene Gruppenklima viel langsamer entsteht. Um so wichtiger ist in solchen Fällen die Konstanz der Mitglieder, die jeweils gewährleistet war, weil es keinen Schichtdienst gab.

Schließlich bespreche ich die *Schweigepflicht,* die für Supervisor und Team gleichermaßen verbindlich ist. Sie ist für ein Team, das ja auch zwischen den Sitzungen engen Kontakt hat und weiter gemeinsam die Patienten betreut beziehungsweise in den Konflikten steckt, über die in der Sitzung gesprochen wurde, nicht einfach zu handhaben. Denn natürlich muß über bestimmte Inhalte der Supervision im Berufsalltag kommuniziert werden. Daß man Differenzen und Streitpunkte nicht außerhalb der Sitzungen fortsetzen und weiter austragen soll, ist oft nicht ganz einzusehen. Gruppeninterne und institutionelle Konflikte können aber eskalieren, wenn Teammitglieder die Grenzen der Supervisionssituation nicht beachten, wenn sie zum Beispiel auf Vorstellungen kritisch Bezug nehmen, die im Schutz der Sitzung geäußert wurden. Oder wenn sie das dort Besprochene auf anderen Beziehungsebenen agieren, etwa die Einsichten über die Dynamik eines Patienten im Konflikt mit einem Vorgesetzten. Auch in Gespräche mit Klienten/Patienten darf das in der Supervision Erarbeitete nicht unmittelbar übernommen werden. Der Supervisor kann nur versuchen, diesen Komplikationen zu begegnen, indem er für ein Klima sorgt, das die Kommunikation darüber ermöglicht, so daß diese »Grenzphänomene« in den Supervisionsprozeß einbezogen werden können.

Zuletzt schlage ich 3 Probesitzungen vor. So kann das Team meine Art der Supervision kennenlernen und sich auf Grund eigener Meinung und Überzeugung entscheiden.

Rahmenkonflikte – Ursachen und Bedeutungen

Es wurde bereits darauf hingewiesen, daß der Rahmen eine wichtige strukturierende Funktion hat. Innerhalb seiner Grenzen laufen die Teamsitzungen weitgehend unstrukturiert ab, denn die Gruppenmitglieder sollen sich ja so spontan und freimütig wie möglich und ohne eine bestimmte Absicht zu verfolgen, zum jeweiligen Thema äußern. Das kann natürlich nur in einer Atmosphäre wechselseitigen Vertrauens gelingen, zu der die Verbindlichkeit des Settings einen wesentlichen Beitrag leistet. BALINT (1955) hat diesen Aspekt treffend beschrieben: »Was wir brauchen, ist eine emotionell freie und freundliche Atmosphäre, in der wir die Erfahrung ertragen können, daß recht oft unser tatsächliches Benehmen völlig von dem abweicht, was beabsichtigt war, und wenig mit der Vorstellung übereinstimmt, die wir uns immer davon gemacht haben«. Wichtig sei ein Klima, in dem Fehler gemacht und ertragen werden können, in dem die Gruppenmitglieder »dumm« sein dürfen und gleichzeitig Kritik an ihrer sogenannten »Dummheit« annehmen können, in dem jeder Teilnehmer einschließlich des Gruppenleiters »fähig ist, einen Stoß auszuhalten, wenn er einmal an der Reihe ist« (BALINT 1955). Auch der Gruppenleiter ist ein Lernender und wird nur aufgrund seiner »Vertrautheit mit dem Unbewußten und mit dem Phänomen der Übertragung« (BALINT 1968) als Leiter akzeptiert. Er hat diese Funktion also nicht kraft einer Stellung in der Hierarchie der Institution, sondern weil das Team ihn aussucht.

Mit dessen Anfrage beim Supervisor finden zugleich Vorabsprachen über das Setting statt: Zeit, Ort, Personenkreis und Honorar werden ausgehandelt und für das Vorgespräch vereinbart. Damit ist ein vorläufiger Rahmen bestimmt, in dem der psychoanalytische Supervisor sämtliche Mitteilungen (verbaler und averbaler Art) als Kommunikation im Rahmen der Supervision behandelt und zum Gegenstand analytischer Betrachtung macht. Diesen Vorgang soll ein Beispiel verdeutlichen:

Vor längerer Zeit wurde ich gefragt, ob ich die Supervision eines Tagesstättenteams, das psychiatrische Patienten betreut, übernehmen könnte. Die Ärztin, die mich im Auftrag des Teams anrief, informierte mich kurz über dessen Situation. Die Gruppe bestand seit wenigen Monaten und hatte in dieser Zeit die Tagesstätte aufgebaut. Fast alle Mitarbeiter kannten sich aus der Klinik, zu der die Tagesstätte gehörte. Die meisten hatten nur wenig und manche gar keine Erfahrung im ambulanten sozialpsychiatrischen Bereich. Nachdem man die Anfangsschwierigkeiten nach Meinung aller recht gut gemeistert hatte, gab es jetzt eine Reihe ziemlich unklarer Probleme, die das Arbeitsklima beeinträchtigten und Zweifel an der Qualität der Arbeit aufkommen ließen. Der Wunsch nach Supervision, der vom ganzen Team geteilt wurde, war durch einen Mitarbeiter angeregt worden, der an einer früheren Arbeitsstelle psychoanalytische Supervision kennengelernt und hilfreich gefunden hatte. Alle übrigen Teammitglieder hatten keine Supervisionserfahrung. Soweit meine telefonischen Informationen. Wir vereinbarten einen Termin für ein Vorgespräch, das in der Tagesstätte stattfinden sollte wie später gleichfalls die Supervision. Ich schlug als Zeitdauer die von mir auch sonst praktizierten eineinhalb Stunden vor und fügte hinzu, daß ich die Teilnahme sämtlicher Mitarbeiter erwarten würde.

Als ich zur verabredeten Zeit in die Tagesstätte kam, waren die Mitarbeiter noch bei der täglichen Teambesprechung. Sie begrüßten mich freundlich und interessiert, rückten zusammen, boten mir einen freien Stuhl an und fuhren in ihrer Teambesprechung fort. Der Psychologe sagte entschuldigend, daß sie einen »Nachhang« aus der Teamsitzung hätten. Es gehe um einen besonderen Problemfall, über dessen Aufnahme oder Abweisung sie uneins seien; das müßten sie aber unbedingt jetzt noch entscheiden. Der »Problemfall« beschäftigte dann das Team während der ersten Viertelstunde des Vorgesprächs.

Ich war überrascht über diesen Beginn, wollte nicht direktiv intervenieren, indem ich auf Einhaltung der Zeit drang, und wartete zunächst ab. Ich hörte der Diskussion zu – es ging wirklich um einen extrem schwierigen Patienten, der in der Tagesstätte kaum haltbar schien – und versuchte, die latente Bedeutung dieses bemerkenswerten szenischen Auftakts zu ergründen.

Die Mitarbeiter machten sich die Entscheidung nicht leicht. Ernsthaft und engagiert stritten sie über das Für und Wider der Aufnahme und über die Nachteile für den Patienten im Falle der Ablehnung. Immer deutlicher hörte ich dabei heraus, wie belastet und unter Druck die meisten sich fühlten. Fast alle arbeiteten mehr und länger als früher, aber ohne das Gefühl, je fertig zu sein. Ernüchterung und Enttäuschung nach offenbar hohen Erwartungen in der Aufbauphase klangen an, wurden aber nicht ausgesprochen. Bisher war kein Patient abgewiesen worden, was natürlich nicht durchzuhalten war. Es gab bereits mehr Patienten als Behandlungsplätze und mehr Aktivitäten und Angebote der Mitarbeiter, als deren Kapazitäten entsprach. Der Austausch untereinander, vor allem notwendige Absprachen und Informationsweitergaben, kam oft zu kurz. Es gab viele »Nachhänge«, mit denen sich alle unwohl fühlten, sich aber irgendwie arrangiert zu haben schienen. In der Gruppe herrschte eine Atmosphäre unterschwelliger Gereiztheit, die in deutlichem Kontrast stand zum betont rücksichtsvollen, fast übervorsichtigen Umgang miteinander.

Auch ich fühlte mich in meiner Rolle immer unwohler und zunehmend unter Druck, zumal – bis auf gelegentliche fragende Seitenblicke zu mir – keine Anstalten gemacht wurden, sich auf mich und unser Gespräch zu beziehen. Ich spürte zum einen die Aufforderung, mit Ratschlägen zu einer Entscheidung zu verhelfen und zwar – so meine Phantasie – in der Richtung, daß auch ich eine Ablehnung des Patienten vertretbar fände und billigen würde. Zum andern hatte ich aber das unangenehme Gefühl, als Supervisorin überflüssig zu sein und nicht ernst genommen zu werden. Zumindest ein Teil der Gruppe schien mich und unsere Verabredung vergessen zu haben, was mich auch zunehmend ärgerlich machte. Ich sagte mir zwar, daß das Team einen Konflikt, der sicher ein wichtiges Motiv für den Wunsch nach Supervision war, gleichsam hautnah inszenierte, fragte mich aber auch, ob es nicht ein Fehler gewesen war, abzuwarten. Da die Gruppe offenbar Schwierigkeiten hatte, eigene und fremde Ansprüche zu begrenzen, wäre es vielleicht wichtig gewesen, die Grenzen der Supervision von Beginn an deutlich zu machen. Während mir diese Gedanken und Fragen durch den Kopf gingen und die Irritation wuchs, fiel mir schließlich meine Tendenz auf, im Abwägen und Gewichten all dieser Eindrücke und Überlegungen zu verharren. War auch ich bereits zu vorsichtig geworden?

Die Situation änderte sich erst, als ich nicht mehr bereit war, mich zu »arrangieren«, und schließlich intervenierte, indem ich dem Team mein Verständnis der unbewußten Szene mitteilte. Ich sagte in etwa, daß man ganz konkret ein Problem mit der Zeit darstelle, wenn die »Nachhänge« bis in unser Gespräch reichten. Der bisherigen Diskussion hätte ich entnommen, daß sich alle unter Zeitdruck und sehr belastet fühlten, aber wie ohnmächtig, etwas dagegen zu tun. Ich solle nun der Gruppe in der Supervision zeigen, wie diese Probleme zu lösen seien, das heißt wie man Zeit und Kräfte besser einteile und wie man sich gegen die Ansprüche von Patienten und Mitarbeitern klarer abgrenzen könne. Danach entspannte sich das Klima und es entwickelte sich ein angeregtes Gespräch, in dem die Mitarbeiter des Teams viele Schwierigkeiten recht offen thematisierten.

Mit diesem Beispiel möchte ich illustrieren, daß der Rahmen, indem er die psychoanalytische Situation absteckt und somit formal definiert, eine Grundbedingung ist, um überhaupt klären und entscheiden zu können, ob bestimmte Phänomene und Verhaltensweisen der Supervisionsbeziehung und ihren impliziten Übertragungen und Gegenübertragungen zuzurechnen sind. Werden die in seinen Grenzen und mit seinen Festlegungen gewonnenen Erkenntnisse im Feld der Arbeitsbeziehungen und institutionellen Aufgaben des Teams interpretiert, können sie der

Aufklärung von Spannungen und Konflikten dienen, welche die tägliche Arbeit behindern und dadurch ja in der Regel das Bedürfnis nach Supervision wecken.

In unserem Beispiel vereinbarte die Supervisorin die äußeren Rahmenbedingungen der Gesprächssituation, die – als technisches Prinzip – den Aufbau des Gesprächs strukturieren und – methodisch betrachtet – den Bezugsrahmen bereitstellen, dessen sie notwendig bedarf, um Äußerungen und Interaktionen als Ausdruck der unbewußten Dynamik der Supervisionsbeziehung aufzufassen. Mit Hilfe des psychoanalytischen Konzepts des Settings konnte sie den »Nachhang« als an sie gerichtete Mitteilung hören, obwohl man im herkömmlichen Sinn gar nicht zu ihr sprach, sondern sie eher links liegen ließ. Entscheidend dabei war, daß sie das Verhalten des Teams nicht als Affront auffaßte, sondern als szenische Darstellung eines unbewußten Gruppengeschehens verstand, in der Konflikte des Teams und deren Bewältigungsversuche zum Ausdruck kamen.

Die subjektive Bedeutung der Szene wurde natürlich erst im anschließenden Gruppengespräch mit den Informationen und Daten zur Geschichte des Teams, zu seiner Stellung in der Institution und zu seinen Aufgabenbereichen genauer verstehbar. Ich will das hier nur kurz umreißen: Die neue Einrichtung war das Aushängeschild einer großen Klinik. Die Mitarbeiter des Teams fühlten sich diesem Anspruch sehr verpflichtet, was noch dadurch verstärkt wurde, daß für einen Teil von ihnen die Arbeitsbedingungen günstiger waren, da es weder Schicht- noch Nachtdienst gab. Außerdem fanden die meisten ihre jetzigen Aufgabenbereiche im Vergleich zur stationären Arbeit interessanter. Auf gemeinsamen Klinikkonferenzen hatten manche Teammitglieder den Eindruck, von früheren Kollegen komisch angesehen und reserviert behandelt zu werden. Bemerkungen wie »ihr habt's ja nun so viel leichter ... keine Akutpsychiatrie mehr ... fehlt einem da nicht was« waren gefallen und zwiespältig aufgenommen worden. Ich entnahm diesen Berichten, daß es eine unbewußte Gruppenphantasie zu geben schien, die in etwa so lauten könnte: Wir sind zwar privilegiert, aber niemand muß uns das neiden, denn wir arbeiten hart und unermüdlich dafür und lehnen keinen Klinikpatienten ab, auch wenn unser Soll längst überschritten ist. Es gibt sicher weitere interessante Bedeutungen der Mitteilungen des Teams, auch im Hinblick auf dessen Erwartungen an die Supervision, auf die ich im Rahmen dieser Arbeit aber nicht näher eingehen kann.

Der Ausschnitt dient vielmehr dazu, die Eingangsszene weiter zu erhellen und zu verdeutlichen, daß ein vordringliches Problem der Gruppe der überladene Arbeitsrahmen war. Dieser Umstand war ihr nicht bewußt. Erst indem sie mir ihre Aktivitäten beschrieben, die manchen Abend einbezogen, und erst durch meine Fragen schien auch den meisten Mitarbeitern aufzufallen, wieviele Termine und Angebote es gab. Bemerkenswert an diesem Beispiel ist, daß das Team den unbewußten Konflikt mit der Institution in der Gestaltung seiner Rahmenbedingungen agierte und am Rahmen der Supervision aktualisierte. Die Supervisorin war hier vordringlich in ihrer Funktion gefragt, ein angemessenes Setting zu schaffen und aufrechtzuerhalten, aber eben nicht dadurch, daß sie erzieherisch auf dessen Einhaltung bestand, sondern daß sie seine Verletzung zu verstehen versuchte und interpretierte.

Am Setting kommen Gruppenkonflikte dann handelnd zum Ausdruck, wenn sie auf andere Weise nicht lösbar erscheinen. Sie verdienen besondere Beachtung und Bearbeitungspräferenz, weil sie zentrale Aspekte der analytischen Situation und der Supervisionsbeziehung betreffen und deshalb die Gruppenarbeit grundsätzlich in Frage stellen können. Für den Gruppenleiter folgt daraus, daß er Randereignisse und Störungen, die das Setting tangieren, sorgfältig registrieren und mit der Gruppe auf ihren Bedeutungsgehalt untersuchen muß. Wie unser Beispiel zeigt, können rahmenbezogene Konflikte ein Hinweis auf noch nicht verbalisierbare Probleme mit der Institution und den institutionellen Verhältnissen sein.

Erfahrungen und Schwierigkeiten mit Klienten oder Patienten können natürlich gleichfalls Ursache von Verletzungen des Settings sein, was eine weitere Vignette veranschaulichen soll.

In einer Teamsupervision fiel auf, daß kaum ein Mitarbeiter einer Station mit psychiatrischen und neurologischen Langzeitpatienten pünktlich kam. Die Teammitglieder trafen nach und nach ein oder fehlten, und kaum jemand sagte etwas dazu. Nur manche entschuldigten sich, wobei es immer gute Gründe gab, meist institutioneller Natur: Schicht- und

Nachtdienste, Chef-, Oberarzt-, Konsiliararzt-Termine, unaufschiebbare Dinge mit Patienten, ein dringendes Telefonat etc. Manchmal fand man auch keine Vertretung für die Station, was zu einer längeren Debatte darüber führen konnte, wer denn nun zurückbleiben und die Aufsicht übernehmen sollte. Das erfuhr die Supervisorin aber erst im nachhinein, weil dann nämlich die Gruppe geschlossen zu spät kam. In solchen Fällen stand sie vor verschlossener Tür, unsicher, ob das Team die Supervision nicht vielleicht ganz vergessen hatte. Dies alles erzeugte in ihr das Gefühl, in ihrer Arbeit entwertet zu werden, sich vergeblich anzustrengen und zu versagen.

Die zugrunde liegende Dynamik, die erst allmählich aufgedeckt werden konnte, hing mit ausgeprägten Gefühlen von Entwertung und Insuffizienz auf seiten der Mitarbeiter zusammen, die diese in der Arbeit mit ihren Patienten erlebten, sich aber nicht bewußt machen durften, weil sie die Arbeit sonst unerträglich gefunden hätten. Fast unerträglich hatte auch manchmal die Supervisorin den oft schleppenden Sitzungsbeginn und die Minimalanwesenheit der Gruppe gefunden. Sie hatte den Impuls, sich ebenfalls zu verspäten, um nicht immer warten zu müssen und sich hängen gelassen zu fühlen. Wichtig war aber auch hier, daß sie am Setting festhielt, selbst pünktlich kam und den Rahmen nicht einfach den Gegebenheiten anpaßte, um eine schwierige Situation zu vermeiden. Dann hätte sie wie das Team agiert und auf ein wichtiges *Erkenntnismittel* verzichtet, eben die eigene gefühlsmäßige Reaktion, die mit der Zeit bewirkte, daß der unbewußte Gruppenprozeß verstanden werden konnte. Die Arbeit daran führte schließlich dazu, daß der Rahmen auch für das Team mehr Verbindlichkeit bekam.

Beide Beispiele unterstreichen, daß der Rahmen aus methodischen Gründen nicht ohne weiteres verändert werden darf. Führt der Supervisor einen Settingwechsel herbei, was für Krisen in der Supervision beschrieben wird, dann gibt er in der Regel unbewußten Wünschen oder Ängsten des Teams nach, die er erfüllt beziehungsweise mitabwehrt, deren Bedeutung im Arbeitsfeld er so aber nicht verstehen kann. Er spielt dann nur in der Inszenierung der Gruppe mit, ohne der »Grenzgänger« (WELLENDORF 1986) zu bleiben, der er notwendig sein muß, um den Stellenwert der komplexen und oft schwer durchschaubaren Konflikte einschätzen zu können, mit denen man ihn konfrontiert und für die implizit oder explizit seine Hilfe erwartet wird. Als »Grenzgänger« muß er zwar mitspielen, dann aber wieder in die Beobachterposition wechseln, aus der allein die Inszenierung beurteilbar ist. Das Setting kann dabei eine wichtige Orientierungshilfe sein, denn der feste Bezugsrahmen ist die Achse im oft unklaren und sich ständig verändernden analytischen Prozeß, die als Konstante aufgesucht werden kann, um Bedeutungen zu klären.

Für das Team grenzt der Rahmen die Gruppenarbeit vom Berufsalltag mit seinen gewohnten Aktivitäten und Verhaltensstilen ab. Je klarer und eindeutiger die Abgrenzung ist, um so erkennbarer wird auch für die Teammitglieder, daß sie eine Grenze überschreiten. Um so eher gelingt es ihnen, sich dem spezifischen Reflexions- und Gruppenprozeß zu öffnen, der sie in der Supervision erwartet und der ja in deutlichem Kontrast steht zu Handlungsbedarf und Hierarchien in der Alltagssituation. Ein separater Sitzungsraum, der gegen Störungen von außen abschirmt, kann vom Druck der Stationsrealität entlasten und die erwünschte Einstellungsänderung unterstützen.

Abschließende Bemerkungen

Alle bisherigen Überlegungen stellen heraus, daß das Setting ein grundlegender Bestandteil der psychoanalytischen Methode ist, der Supervisions- oder Behandlungsrahmen, aus dem Schritt für Schritt der analytische Raum entsteht, den die beteiligten Personen – sei es im supervisorischen oder im therapeutischen Prozeß – jeweils neu schaffen. In diesem Prozeß, der in der Supervision auf Veränderung des Teams abzielt, dessen Arbeitsfähigkeit gefördert und differenziert und manchmal auch erst wiederhergestellt werden soll, kommt der *Etablierung des Rahmens als Strukturprinzip für Veränderung* von Anfang an große Bedeutung zu. »Struktur« und »Veränderung« sind keine Gegensätze, sondern stehen in kontinuierlicher Wechselbeziehung, auch was die Funktionen des Rahmens betrifft. Sozialisatorische, professionelle, psychische Entwicklungsprozesse erfolgen ja in der Regel durch Identifizierung und Auseinandersetzung mit geltenden Normen, Werten und Regeln, das heißt mit bestehenden Strukturen, die sich ihrerseits in diesem Prozeß sukzessive verändern und neu organisieren können. Auf das Setting bezogen heißt dies, daß Anpassung an und Auseinandersetzung mit seinen Strukturen zentrale Elemente im supervisorischen Prozeß darstellen und daß die Auseinandersetzung mit den Rahmenbedingungen, beginnend mit ihrer Vereinbarung, ein Veränderungspotential enthält.

Fürstenau (1986) meint meines Erachtens dasselbe, wenn er darauf hinweist, daß das Aushandeln des Rahmens die erste wichtige Chance des Gruppenleiters sei, auf die zukünftigen Gruppenmitglieder einzuwirken. Bereits die Akzeptanz des Rahmens sei der erste Veränderungsschritt, weil sich darin die Bereitschaft der Klienten ausdrücke, sich auf weitere Veränderungen durch die Arbeit innerhalb des Rahmens einzustellen. Zuzustimmen ist im übrigen seiner These, daß Vorschlagen und Aushandeln *angemessener Rahmenbedingungen* ein unverzichtbares *Einflußinstrument* des Gruppenleiters sind.

Angemessen bedeutet in dem Zusammenhang auch, daß das Settingkonzept des Supervisors nicht zu starr sein darf: es sollte flexibel genug gehandhabt werden, um den spezifischen Arbeitsbedingungen und der sich verändernden Verfaßtheit des Teams Rechnung zu tragen. Der Rahmen und damit die Rahmenbedingungen sollten zweckmäßig sein, was auch heißt, daß sie auf das Supervisionsziel bezogen bleiben müssen.

Als Repräsentant des Settings steht der Supervisor somit vor der schwierigen Aufgabe, je nach Situation flexibel oder unbeugsam genug zu reagieren, um den Fortgang des Supervisionsprozesses zu garantieren.

Literatur

Argelander, H. (1980): Die Struktur der »Beratung unter Supervision«. Psyche 1980: 54-77.

Balint, M. (1955): Psychotherapeutische Ausbildung des praktischen Arztes. Psyche 9: 370-389.

BALINT, M. (1968): Die Struktur der »Training-cum-Research«-Gruppen und deren Auswirkungen auf die Medizin. Jahrbuch Psychoanalyse 5: 131.

BECKER, H. (1991b): Teamsupervision in der psychiatrischen Klinik – Methoden und Praxis. Psychiatrische Praxis 18: 167-172.

BRENNER, C. (1955): Grundzüge der Psychoanalyse. Frankfurt 1967.

CREMERIUS, J. (1984): Die psychoanalytische Abstinenzregel. Vom regelhaften zum operationalen Gebrauch. Psyche 38: 769-800.

FLADER, D. und W. D. GRODZICKI (1978): Hypothesen zur Wirkungsweise der psychoanalytischen Grundregel. Psyche 32: 545-594.

FOULKES, S. H. (1974): Gruppenanalytische Psychotherapie. Frankfurt am Main 1986.

FOULKES, S. H. (1978): Praxis der gruppenanalytischen Psychotherapie. München/Basel.

FÜRSTENAU, P. (1986): Die Bedeutung von Rahmenbedingungen und rahmenbezogenen Konflikten in der Gruppenarbeit (Kurzdokumentation). Gruppenpsychotherapie und Gruppendynamik 21: 363-381.

GFÄLLER, G. (1985): Team-Supervision nach dem Modell von S. H. Foulkes. In: PÜHL, H. und SCHMIDBAUER, W. (Hg.): Supervision und Psychoanalyse. München.

GREENSON, R. R. (1967): Technik und Praxis der Psychoanalyse. Stuttgart 1981.

KUTTER, P. und J. K. ROTH (1981): Psychoanalyse an der Universität. München.

LAPLANCHE, J. und J. B. PONTALIS (1967): Das Vokabular der Psychoanalyse. Frankfurt am Main 1977.

OVERBECK, A. (1990): Die Entfaltung eines therapeutischen Raumes auf kinder- und jugendpsychiatrischen Stationen mit Hilfe der bifokalen Team-Supervision. psychosozial 13: 7-17.

SANDLER, J., DARE, C. und A. HOLDER (1992): The patient and the analyst. Revised and expanded by J. Sandler and A.U. Dreher. London.

SWAAN, A. DE (1978): Zur Soziogenese des psychoanalytischen »Settings«. Psyche 1978: 793-826.

STONE, L. (1981 a): Notes on the noninterpretative element in the psychoanalytic situation and process. J.Am.Psa.Ass. 29: 89-118.

THOMÄ, H. und H. KÄCHELE (1985): Lehrbuch der psychoanalytischen Therapie 1. Berlin/Heidelberg/New York.

WELLENDORF, F. (1986): Supervision als Institutionsanalyse. In: PÜHL, H. und W. SCHMIDBAUER (Hg.): Supervision und Psychoanalyse. München.

Thomas Pollak

Zu Methodik und Technik
psychoanalytischer Teamsupervision

Supervision im Sinne von Anleitung, Beratung, Überprüfung
einer beruflichen Tätigkeit durch einen »Fachmann« ist zunächst keine Domäne der Psychoanalyse. Jedes praktische Erler-
nen eines Berufes geschieht – zumindest ab einer bestimmten
Stufe gesellschaftlicher Arbeitsteilung – innerhalb von berufsspezifischen Hierarchien, indem beispielsweise ein Schreiner-
meister einen Lehrling oder ein Oberarzt einen Assistenzarzt
anleitet. Dabei wird normalerweise vorausgesetzt, daß die
fachliche Qualifikation und der Rahmen alltagssprachlicher
Kommunikation ausreichen und keine spezielle Methodik erforderlich ist. Auch die Leitungsfunktionen innerhalb von Institutionen werden üblicherweise methodisch nicht problematisiert.

Mit der Entwicklung sozialstaatlicher Strukturen in modernen Industriegesellschaften ist ein breiter psychosozialer Sektor
enstanden: psychosoziale Funktionen, die traditionellerweise
von Familie, Schule, religiösen und politischen Institutionen
mehr oder weniger gut erfüllt wurden, werden als Dienstleistungen definierbar, die von zunehmend spezialisierten Berufsgruppen
erbracht werden sollen.[1] In diesem Bereich ist in den letzten
Jahren ein wachsender Bedarf an einer Supervision zu verzeich-
nen, die nicht so sehr der berufsinternen Anleitung dienen soll als
vielmehr einer methodischen Reflexion der beruflichen Praxis.

---

1 In der Bundesrepublik hat sich zwischen 1950 und 1990 die Zahl der im
  Sozialwesen Berufstätigen von 65.000 auf 443.500 mehr als versechsfacht, und die gegenwärtige Zahl der hauptamtlichen Mitarbeiter der
  Wohlfahrtsverbände übertrifft mit 750.000 diejenige der Automobilbranche (Erler 1993).

Eng verflochten damit sind Entwicklungstendenzen innerhalb des Gesundheitswesens, die im Bereich der psychiatrischen und psychosomatisch-psychotherapeutischen Institutionen in den vergangenen Jahrzehnten zu einer breiten Auffächerung und Differenzierung geführt haben (HASELBECK 1991, SCHEPANK 1988). Sie haben ihrerseits den Bedarf an Supervision anwachsen lassen.

BARDÉ hat in seinem »Versuch eines systematischen Überblicks« (1991) über Supervision die Ungeklärtheit ihrer methodischen Grundlagen dargestellt und das Fehlen einer eigenständigen Theorie der Supervision konstatiert.

Die vielfältigen methodischen Konzeptionen von Team-Supervision bilden ein breites Spektrum, an dessen einem Pol man jene Verfahren ansiedeln könnte, die sich im Rahmen bewußter Konzepte, Motive und Argumente bewegen. Beispielsweise mag die Effizienzsteigerung eines Betriebes, die bessere Ausnutzung der vorhandenen Kapazitäten als Supervisionsziel vorgegeben sein: also etwa die Reduktion der krankheitsbedingten Ausfälle der Mitarbeiter oder die bessere Bettenbelegung in einem Krankenhaus. Der Supervisor ist in diesem Fall ein Experte, der aufgrund seiner Außenposition das Team und je nach Arrangement fallweise auch leitende Mitarbeiter der Institution berät. Psychoanalytische Konzepte können in diesem Rahmen wie andere Konzepte, zum Beispiel systemische oder verhaltenstherapeutische, wahlweise einbezogen werden, aber mehr im Sinne einer Palette nützlichen Wissens, als daß sie das Supervisions-Verfahren methodisch bestimmten (ZECH 1992). Auf einem dieser Konzeption entgegengesetzten Pol sehe ich die psychoanalytische Team-Supervsion angesiedelt. Ich halte sie für ein genuin psychoanalytisches Verfahren. In der Praxis gibt es vermutlich viele Zwischenstufen auf diesem Spektrum, je nach Team, Supervisor und Aufgabenstellung (PÜHL 1990b).

Ich möchte im folgenden eine psychoanalytische Methodik der Team-Supervision zur Diskussion stellen.

Modifikationen der psychoanalytischen Methode in der Supervision

Psychoanalytische Supervision ist von ihrer Aufgabenstellung her grundsätzlich auf ein thematisches Feld bezogen: auf die berufliche Tätigkeit des Supervisanden.

Methodisch handelt es sich bei dieser Beschränkung auf einen Themenbereich insofern um eine folgenreiche Einschränkung, als die Grundregel der freien Assoziation als ein Kernstück psychoanalytischer Methodik gerade darauf abzielt, jede thematische Beschränkung des Gedankengangs möglichst zu vermeiden. BECKER (1991b) spricht von einer *modifizierten psychoanalytischen Grundregel:* nicht alle Einfälle des Supervisanden sollen zur Sprache kommen, sondern nur solche, die die Arbeit betreffen. Auf der Seite des Analytikers entspricht dem eine *Modifikation seiner Aufmerksamkeit:* ist sie in der analytisch-therapeutischen Situation möglichst »gleichschwebend« (FREUD 1912e), das heißt möglichst wenig vorstrukturiert, so unterliegt sie hier derselben thematischen Fokussierung wie die Grundregel.

Damit ist eine systematische Ordnung eingeführt, die das Verhältnis von Primär- und Sekundärprozeß in der analytischen Arbeit verändert. In der psychoanalytischen Behandlung übernimmt der Primärprozeß mit der freien Assoziation eine Lotsenfunktion, die der Entfaltung der Übertragungs-Gegenübertragungs-Beziehung zwischen Analysand und Analytiker dient. In der Supervision soll der Sekundärprozeß eine gewisse Führung übernehmen, damit die Beziehungsdynamik zwischen Supervisand und Supervisor in den Hintergrund treten kann. Würde die unbewußte Dimension aber ganz außer acht gelassen, wäre das Psychoanalytische des Verfahrens gegenstandslos.

Daraus resultiert ein zentrales methodisches Problem: Wenn sich der Supervisand zu frei seinen Einfällen überläßt beziehungsweise die Aufmerksamkeit des Analytikers zu »gleichschwebend« ist, bewegt sich die unbewußte Dynamik des Supervisionsgeschehens in Richtung Therapie, und Bedürfnisse, in einen therapeutischen Prozeß einzutreten, können von beiden Seiten zum Zuge kommen. Wenn der Supervisand seine Einfälle zu systematisch filtert beziehungsweise der Analytiker seine Aufmerksamkeit ausschließlich den berufsbezogenen Inhalten zuwendet, bewegt sich das Supervisionsgeschehen in Richtung Fallbesprechung; dann wird diskutiert und argumentiert, aber es entsteht kein Raum, in dem unbewußte Prozesse und Mitteilungen erkannt werden könnten. Psychoanalytische Supervision erfordert demnach, die schwierige Balance zwischen diesen gegensätzlichen Prozessen zu halten. Hieraus läßt sich eine *modifizierte psychoanalytische Technik* der Supervision ableiten. Zuvor soll aber der Frage nachgegangen werden, aus welchen Quellen sich das Unbewußte eines Teams zusammenfügt.

Das Unbewußte eines Teams

Ein Team läßt sich als eine Gruppe mit einem gemeinsamen Arbeitsfeld definieren. Mit dem Begriff des Unbewußten eines Teams soll ein methodisches Konstrukt eingeführt werden: Es sei damit das Unbewußte der Team-Mitglieder und der von ihnen gebildeten Gruppe bezeichnet, *soweit* es das gemeinsame Arbeitsfeld und die Beziehungen innerhalb dieses Arbeitsfeldes betrifft.

Das Team kann nämlich als eine Gruppe aufgefaßt werden, die schon vor jeder aktuellen Begegnung mit dem Klienten oder Patienten einen eigenen unbewußten Habitus aufweist, der ihre Reaktionen spezifisch färbt.[2] Dieses habituelle Unbewußte stellt ein komplexes Netz an Beziehungen, Gefühlen und Phantasien dar, das sich aus drei Quellen speist: aus der *berufsspezifischen Sozialisation* der einzelnen Team-Mitglieder, aus der *gemeinsamen Team-Geschichte* und aus der *Stellung des Teams in seinem institutionellen Umfeld*.

Die *berufliche Ausbildung* läßt sich als ein Prozeß auffassen, in dem nicht nur fachliche Fähigkeiten erworben werden, sondern auch gelernt wird, berufstypische Ängste und Konflikte zu bewältigen. In den psychosozialen Berufen gehört dazu auch die

2 Zu dem hier angesprochenen Aspekt der Gegenübertragung vgl. Smirnoff (1988).

Definition der professionellen Beziehung zum Klienten. Bestimmte Wahrnehmungs- und Verhaltensstile, die den gesellschaftlichen Erwartungen an die Berufsrolle entsprechen, werden sozialisatorisch eingeübt und tragen zu der unbewußten beruflichen Identität bei. Werden diese Wahrnehmungs- und Verhaltensweisen bezweifelt oder behindert, mobilisiert dies Angst und Aggression: Der Betreffende fühlt sich in seinem gewohnten Umgang mit der Arbeitssituation bedroht.

Es wäre sicher lohnend, diese berufsspezifischen habituellen Abwehr- und Anpassungsvorgänge systematisch zu untersuchen.[3] Es liegt auf der Hand, daß es immer dann zu Auseinandersetzungen in einem Team kommt, wenn für eine konkrete Situation die beruflichen Strategien einander zu sehr widersprechen. Wo der eine Mitarbeiter aus dem Abwarten, Zuhören, Verstehenwollen seine Identität bezieht, ist der andere für entschlossenes Handeln, während für einen Dritten das Verhindern von Machtausübung wesentlich ist.

Als zweite Quelle des habituellen Unbewußten des Teams habe ich die *gemeinsame Team-Geschichte* genannt. Man könnte auch von einem »Mythos« des Teams sprechen. Hierzu zählen zum Beispiel Verklärung und Heroisierung der Gründungszeit des Teams; frühere Mitarbeiter können eine Idolstellung erlangen. Diejenigen, die mit der betreffenden Person noch zusammengearbeitet haben, fühlen sich als der eigentliche Kern des Teams, der das Banner der richtigen Auffassung weiterträgt. Auch vergangene Leistungen des Teams, etwa die langfristige Behandlung eines schwierigen Patienten, können solche idolbildende Funktionen übernehmen. Eine besondere Bedeutung für die Team-Geschichte haben alle personellen Veränderungen, da sich das gesamte Beziehungsgefüge der Gruppe jeweils neu konfiguriert.

Schließlich ist noch die *Stellung des Teams innerhalb der Institution* zu berücksichtigen. Hierher gehören die Beziehungen zu Vorgesetzten und übergeordneten Instanzen, aber auch zu Behörden, Verwaltungen und so weiter. Rivalitäten zwischen

---

3 BECKER hat diese Forschungsperspektive sowohl für die Balintgruppe (1991a) als auch für die Team-Supervision (1991b) entwickelt.

den Teams einer Institution oder auch zwischen ganzen Institutionen sind häufig anzutreffen. Ein Beispiel wäre die Phantasie eines Stations-Teams, das beste oder schlechteste Team der ganzen Abteilung zu sein. Eine andere Phantasie lautet, daß das Team von allen Seiten bekämpft wird und einsam und tapfer auf seinem Posten aushält, um die Rechte der ihm anvertrauten Klienten zu schützen. Derartige Gruppenideale zeigen den großen Idealitäts-Druck, unter dem Teams häufig stehen.

Aus diesen drei Quellen entwickelt das Team eine psychische Organisation, um die Arbeitsanforderungen zu bewältigen. Es entsteht eine Art geheimer Gruppenkodex mit ungeschriebenen Gesetzen und Gruppentabus. Jedes neue Mitglied wird im Zuge des Gruppengeschehens in diesen unbewußten Kodex eingeführt, der auch den Umgang mit der teaminternen Hierarchie und Arbeitsteilung regelt. Vor allem Berufsanfänger bekommen es mitunter schmerzlich zu spüren, wenn sie eines der Tabus verletzen.

Die habituelle Team-Identität wird in einem kontinuierlichen Prozeß den Arbeitsanforderungen und den gruppendynamischen Verhältnissen angepaßt. Oft spielen familiäre Phantasien eine tragende Rolle. Kämpfe um Macht, Anerkennung oder Zuneigung, Entwicklung von Cliquen – alle diese Elemente des Lebens einer Gruppe tragen zu der unbewußten Team-Konfiguration bei.

Beispiel 1: In der Team-Supervision einer teilstationären Einrichtung stellt eine junge Gestaltungstherapeutin, die Berufsanfängerin ist und erst seit einigen Monaten an der Einrichtung arbeitet, zum erstenmal ein Problem ihrer Arbeit vor. Dem Team gehören als weitere Mitarbeiter an: eine Krankenschwester, eine Sozialpädagogin, ein Psychologe und ein Arzt. Das Problem, über das die Gestaltungstherapeutin berichtet, besteht darin, daß sich an den von ihr durchgeführten Aktivitäten fast ausschließlich männliche Patienten beteiligen und sie sich von diesen Männern bedrängt fühle. Sie fühle sich nicht körperlich bedroht, sondern es handle sich um die Atmosphäre. Sie habe den Eindruck, etwas nicht richtig in den Griff zu bekommen. Bei mehreren Unternehmungen wie zum Beispiel beim gemeinsamen Café-Besuch oder beim gemeinsamen Kochen sei eine quasi-private Situation entstanden. So habe ein Patient sie abends gefragt: »Was kochen wir denn morgen?«, und es habe in ihren Ohren geklungen, als frage er sie wie seine Ehefrau.

Im Laufe der Sitzung stellt sich heraus, daß die Gestaltungstherapeutin sich vor allem den beiden anderen Mitarbeiterinnen gegenüber sehr unterlegen fühlte, die beide über eine größere Berufserfahrung verfügen und auch schon länger an der Einrichtung tätig sind. Der einzige Punkt, in dem sie mit diesen beiden »Rivalinnen« konkurrieren konnte – die in ihren Augen die »mütterlichen« Positionen im Team fest in ihren Händen hielten –, war ihr jüngeres Alter und ihr gutes Aussehen. Je unterlegener sie sich fühlte, desto mehr wünschte sie, in den Augen der Patienten wertvoller zu sein als jene. Diese Dynamik innerhalb des Teams traf auf entsprechende Bedürfnisse der Patienten. Die Gestaltungstherapeutin konnte sich um so schlechter dagegen abgrenzen, je mehr sie unbewußt darauf angewiesen war.

Ein weiterer Aspekt ergab sich aus der Team-Geschichte. Die Stelle für Gestaltungstherapie war davor von einem Mann besetzt gewesen, der im Team eine stark väterliche Position eingenommen hatte und dessen Weggang bei den anderen Mitarbeitern Trauer, vor allem aber Wut hervorgerufen hatte: er hatte etwas »Besseres« gefunden, und das zurückbleibende Team, namentlich die beiden Frauen, hatte sich entwertet gefühlt. Zudem hatte sich das Team unter den Bewerbern auf einen Mann als Nachfolger geeinigt, den wiederum besonders die beiden Mitarbeiterinnen favorisiert hatten. Dieser Bewerber war aber von der Chefärztin der Einrichtung abgelehnt worden. Die Gestaltungstherapeutin war also bei ihrem Arbeitsantritt doppelte zweite Wahl: sie sollte sowohl den langjährigen Mitarbeiter als auch den bevorzugten Nachfolger ersetzen.

In dieser Situation kam es zu einer Umverteilung der Teamaufgaben. Wie in der Supervision deutlich wurde, waren für die Tätigkeiten des Arztes, des Psychologen und des früheren Gestaltungstherapeuten berufsspezifische Aufgaben beziehungsweise klar strukturierte Zeiten des Behandlungsprogramms vorgesehen. Die beiden Frauen waren hingegen überwiegend für sogenannte Außen- und Freizeitaktivitäten zuständig, die als Aufgabe nicht sehr beliebt waren. Genau diese Tätigkeiten wurden nun der neuen Gestaltungstherapeutin zugespielt. Zum einen wurde damit ein Problem der Arbeitsteilung des Teams dem schwächsten Mitglied aufgebürdet. Zum anderen enthielt diese Umverteilung auch einen Aspekt der Rache, die aus der Enttäuschung über den Weggang des früheren Gestaltungstherapeuten und über die Ablehnung des bevorzugten Bewerbers stammte und an der Nachfolgerin ausgetragen wurde. Wenn sie schon mit einer Frau vorlieb nehmen sollten – so könnte man den unbewußten Gedanken des Teams formulieren –, dann sollte diese auch die unangenehmen »weiblichen« Aufgaben weitgehend übernehmen.

So kam es, daß die Gestaltungstherapeutin am häufigsten mit den Patienten Schwimmen ging, Café-Besuche und Essensabende organisierte und mit einer gewissen Unvermeidlichkeit in die von ihr berichteten Situationen geriet. Das von ihr vorgestellte Problem wäre ohne die Berücksichtigung der Team-Dynamik gar nicht als Team-Problem erkennbar gewesen.

Der Gegenstand der Supervision: die unbewußte Beziehung zwischen Team und Patient [4]

Die unbewußte Beziehung zwischen Team und Patient ist eine Übertragungs-Gegenübertragungs-Beziehung. Die Gegenübertragung[5] des Teams kann als eine vom Patienten induzierte, *für ihn charakteristische* Reaktion gesehen werden: unter diesem Blickwinkel gibt die Gegenübertragung des Teams auf einen Patienten Aufschluß über die Übertragung und die unbewußte Erlebniswelt des Patienten. Die Gegenübertragung kann aber auch als eine *für das Team charakteristische* Reaktion auf einen Patienten aufgefaßt werden: unter diesem Blickwinkel gibt sie Aufschluß über das Unbewußte des Teams.

Von der Gegenübertragung eines Teams zu sprechen ist allerdings insofern eine Vereinfachung, als ein Team nicht umstandslos als psychodynamische Einheit betrachtet werden kann. Auch der Patient entfaltet ja in der Regel keine durchgängige Übertragungsbeziehung zum Team als Ganzes, sondern unterschiedli-

---

4 Wegen des häufigen Bezugs zum klinischen Bereich verwende ich im weiteren der Einfachheit halber nur mehr den Terminus *Patient;* gemeint ist stets die Person, auf die sich die berufliche Tätigkeit richtet. – Richtet sich die Tätigkeit des Supervisanden nicht direkt auf Personen, steht die unbewußte Bedeutung des Arbeitsgegenstandes im Zentrum der Supervision: etwa die Bedeutung eines Produkts oder einer Werbekampagne, bei einer politischen Institution die Bedeutung eines Programms oder einer Abstimmung usf.

5 Auf eine ausführlichere Diskussion des Begriffs der Gegenübertragung und seiner Geschichte in der psychoanalytischen Theoriebildung wird hier verzichtet. SANDLER u.a. (1992) führen 11 Bedeutungen im gegenwärtigen analytischen Sprachgebrauch auf.

che Übertragungsfacetten gegenüber einzelnen Team-Mitgliedern. Dementsprechend setzt sich die Gegenübertragung des Teams aus Reaktionen auf diese Facetten zusammen, indem sich einzelne Mitarbeiter in ganz unterschiedlicher Weise mit dem Patienten oder seinen Übertragungsobjekten identifizieren. Insbesondere Spaltungsprozesse, die von der Dynamik eines Patienten ausgehen, können die Integrationskraft des Teams – und der Supervision – auf eine harte Probe stellen.

Der Ort der Supervision: die unbewußte Beziehung zwischen Team und Supervisor

Die unbewußte Beziehung zwischen Team und Supervisor läßt sich wiederum als eine Übertragungs-Gegenübertragungs-Beziehung im Rahmen eines Gruppenprozesses betrachten. Innerhalb dieser Beziehung möchte ich drei Dimensionen unterscheiden:

1. Die Dimension der *privaten*[6] Übertragungen der Gruppe auf den Supervisor und zwischen den Gruppenmitgliedern sowie der *privaten* Gegenübertragung des Supervisors auf die Teilnehmer.
2. Die Dimension der Übertragung des Teams als *Gruppe* auf den Supervisor als *Gruppenleiter* mit der entsprechenden Gegenübertragung des Supervisors auf das jeweilige Team.
3. Die Dimension der Gegenübertragung des Teams auf den Patienten, die in der Supervision in spezieller Weise erscheint und auf die der Supervisor seinerseits mit einer *Gegenübertragung zweiter Ordnung* (DANTLGRABER 1977) reagiert.

Diese drei Dimensionen berühren und überlagern einander in komplexer Weise; ihre methodische Unterscheidung ermöglicht indes eine genauere Charakterisierung des Supervisions-Verfahrens:

---

6 BALINT (1966c) unterscheidet in diesem Zusammenhang eine »öffentliche« von einer »privaten« Übertragung.

Die *private* Dimension der unbewußten Beziehungen ist nicht Gegenstand der Supervision.

In der zweiten Dimension handelt es sich um den *Gruppen-prozeß in der Supervision,* für den die Dynamik des habituellen Unbewußten des Teams den entscheidenden Bezugspunkt darstellt. Die Dichte der Gruppenstruktur eines Teams hängt auch davon ab, wie dicht die Gemeinsamkeit des Arbeitsfeldes ausgeprägt ist: Mitarbeiter einer psychosozialen Einrichtung, die einzeln einer ambulanten Tätigkeit nachgehen und sich einmal pro Woche in einer Besprechung sehen, einander aber ansonsten kaum begegnen, bilden eine entsprechend lockerere Gruppe als ein Stationsteam, in dem die Mitarbeiter einen großen Teil ihrer Arbeitszeit gemeinsam verbringen.

Dies beeinflußt die Rolle der unbewußten Gruppenmatrix (FOULKES 1974) im Supervisionsprozeß. Je mehr ein Team in seiner Arbeit als Gruppe handelt, desto mehr tritt auch in der Team-Supervision der Gruppenprozeß in den Vordergrund (GFÄLLER 1991).

Die dritte Dimension ist Ausdruck der methodischen Voraussetzung der Supervision: daß nämlich die unbewußte Beziehung zwischen Team und Patient in die Supervisionssituation transponiert wird, dort sichtbar werden kann. Dieses Phänomen ist auch in der Einzelsupervision sowie in Balintgruppen beobachtbar und wird verschiedentlich als *Spiegelphänomen* (KUTTER und ROTH 1981, KUTTER 1990) oder *psychischer Resonanzeffekt* (LOCH 1964) bezeichnet. BECKER (1991a) und BARDÉ (1991) haben darauf hingewiesen, daß dieser Transpositionsvorgang zwischen Behandlungs- und Supervisionssituation bislang theoretisch nicht ausreichend geklärt ist. BALINT (1955d) ging bei der von ihm begründeten Gruppenkonferenz-Methode mit einer gewissen Selbstverständlichkeit davon aus, daß sich die in der Arbeitssituation entstandene Gegenübertragung notwendigerweise in der Gruppenkonferenz zeigt, sofern der Teilnehmer über seine affektive Beteiligung möglichst frei und spontan berichten kann. Er sah den Bericht eines Gruppenteilnehmers als einen Text an, der dem manifesten Text eines Traumes vergleichbar sei. Die Kommentare des Berichtenden sowie die der übrigen Teilnehmer sollten wie freie Assoziationen behandelt werden. Damit parallelisierte BALINT die von ihm begründete Gruppenkonferenz in diesem Punkte stark mit der analytischen Situation, und die meisten Leiter von Balint- und Supervisionsgruppen sind ihm seither darin, zumindest theoretisch, gefolgt.

In Anlehnung an ARGELANDER (1970a) möchte ich hier eine *szenische Funktion des Ich* des Supervisanden annehmen, die von der Dynamik seiner unbewußten Beziehung zum Patienten initiiert wird und diese Transposition bewirkt: Sofern in der Supervision ein entsprechender psychoanalytischer Raum zur Verfügung steht, manifestiert sich die unbewußte Behandler-Situation mit einer Regelhaftigkeit, die den Manifestationen der »Szene« im psychoanalytischen Erstinterview (ARGELANDER 1970b) und generell der Übertragung in einem psychoanalytisch strukturierten Rahmen vergleichbar wäre. Der Begriff der Transposition[7] soll hervorheben, daß es sich nicht um eine einfache Spiegelung oder Abbildung handelt, sondern um eine spezielle Form der Inszenierung der Gegenübertragung auf einem anderen Schauplatz.

In der Balintgruppe ist es der einzelne Teilnehmer, der mit dem Bericht über seine Arbeit eine solche Transposition vornimmt, eine Szene in der Gruppe sichtbar werden läßt. In der Team-Supervision besteht schon vor dem Bericht eine gemeinsame Kenntnis über die Arbeitssituation. Infolgedessen ist die Transposition dichter und unmittelbarer, die Szene wird gemeinsam gestaltet.

Beispiel 2: In einer psychiatrischen Abteilung beginnt die Sitzung mit einer längeren Phase der Suche, indem 4 Vorschläge zur Patientenvorstellung gemacht werden. Den ersten Vorschlag macht der Psychologe; er möchte einen Patienten S. vorstellen, mit dem er gerade eine schwie-

---

7 In der Musiklehre bezeichnet Transposition die Versetzung einer Melodie in eine andere Tonart: dadurch verändert sich der Klangcharakter, die Tonfolge selbst bleibt jedoch erhalten. – KESTENBERG verwendet den Begriff Transposition in einem ganz anderen Zusammenhang: Ursprünglich benannte sie damit einen Vorgang, bei dem sich Kinder von Holocaust-Opfern in die traumatische Realität der Eltern hineinversetzen (1982). Später hat sie den Begriff zu einem allgemeinen metapsychologischen Konzept erweitert, mit dem normale und pathologische Vorgänge des »Überlebenskomplexes von Generationen« erfaßt werden können (1989).

rige Situation in der Therapiegruppe zu bewältigen hatte. Nach mehrfachen Erörterungen, welcher Patient denn am dringlichsten sei, kommt die Gruppe auf den Vorschlag für Herrn S. zurück. Daraufhin will der Psychologe den Raum verlassen, um Unterlagen über den Patienten zu holen, die er noch nicht durchgesehen habe, obwohl er das noch vor der Supervision hatte tun wollen.

In dieser Situation reagiert der Supervisor ungewöhnlich gereizt und sagt, wenn jetzt die Supervision weiter verzögert werde, schlage er vor, das Team zum Thema zu machen, da sich die Gruppe offensichtlich nicht zu einer Patientenvorstellung entschließen könne.

Es folgt eine kurze Debatte über Team-Probleme und darüber, daß eine Teilnehmerin den Supervisor bei der letzten Sitzung als zu scharf empfunden habe. Nach einer Weile kehrt das Thema doch wieder zu Herrn S. zurück, der nun vorgestellt wird.

Der Psychologe bemerkt, daß die ganze Situation wohl auch mit ihm selbst zu tun habe. Dann berichtet er über die beunruhigende Szene in der Therapiegruppe. Herr S. habe plötzlich voller Erregung den Raum verlassen, nachdem er vom Therapeuten und den anderen Gruppenmitgliedern aufgefordert worden war, mehr über seine familiären Schwierigkeiten zu erzählen. Der sehr verunsicherte Psychologe war ihm nachgegangen, um ihn zur Rückkehr in die Gruppe zu bewegen. Der Patient hatte dies aber abgelehnt und heftig bekundet, daß er allein sein wolle und sich nicht so unter Druck setzen lasse. – Eine ähnliche Situation wird aus der Bewegungstherapie berichtet, wo sich Herr S. auch sehr ablehnend verhält, so daß der Bewegungstherapeut sehr vorsichtig geworden ist.

Nach einer Pause fragt der Supervisor, was der Psychologe mit dem Satz gemeint habe, die Situation habe mit ihm selbst zu tun. Sichtlich bedrängt, verlegen und den Tränen nahe antwortet dieser mit einigem Zögern, daß er sich mit dem Gedanken an eine Kündigung trage, dies aber eigentlich gar nicht habe aussprechen wollen und auch nicht weiter darüber reden wolle.

Die Supervision wendet sich thematisch nun wieder Herrn S. zu. Aus seiner Anamnese wird berichtet, daß er als Kind von einem fremden Mann gezwungen worden sei, sich nackt auszuziehen. Was dann weiter geschehen sei, wisse er nicht. Jetzt fällt dem Bewegungstherapeuten ein, daß eine der ersten Übungen, an denen Herr S. in der Bewegungstherapie teilgenommen hatte, darin bestand, Nähe und körperliches Anfassen zuzulassen. Er habe sich sehr bemüht, Herrn S. zur Teilnahme zu bewegen, wogegen dieser heftig protestiert hatte.

Alles in allem wird zunehmend deutlich, daß Herr S. eine traumatische Kindheitssituation in der Behandlung unbewußt erlebt und darstellt; offensichtlich hat er die Situation in der Therapiegruppe – die den Anlaß zur Vorstellung in der Supervision gab – als Zwang zur Entblößung erlebt und mußte deshalb den Raum verlassen.

An diesem Protkollausschnitt ist zu sehen, wie sich die unbewußte Szene des Patienten – von einem Mann zur Entblößung gezwungen zu werden – zunächst innerhalb der Behandlung manifestiert: Sowohl in der Gruppentherapie als auch in der Bewegungstherapie erlebt Herr S. (in seiner unbewußten Übertragung), daß er zu einer ihm unerträglichen Bloßstellung gezwungen werden soll. Der Psychologe und der Bewegungstherapeut fühlen sich verunsichert, da der Patient so reagiert, als hätten sie ihm Gewalt angetan. Möglicherweise haben sie, unter dem Einfluß der Übertragung, ihrerseits mit mehr Druck als üblich auf den Patienten reagiert; in dieser Gegenübertragungsreaktion fühlen sie sich (unbewußt) schuldig. Diese Dynamik gestaltet nun die Szene in der Supervision: hier ist es der Supervisor, der den Psychologen am Verlasssen des Raumes hindert und ihn in gewisser Weise bloßstellt. In der Behandlungssituation bestand eine komplementäre Gegenübertragung (RACKER 1968) oder Rollenübernahme (SANDLER 1974): Der Psychologe und der Bewegungstherapeut handelten und fühlten sich gegenüber dem Patienten bis zu einem gewissen Grad so, wie jener fremde Mann damals im Erleben des Kindes erschienen sein mag. Durch die Transposition in die Supervision wird daraus eine konkordante Gegenübertragung: der Psychologe ist jetzt mit dem Patienten identifiziert und fühlt sich durch die Frage des Supervisors unter Druck gesetzt. Dieser steht in diesem Falle gegenüber dem Psychologen in der *komplementären Gegenübertragung zweiter Ordnung*.

Die ursprünglich vom Patienten als Kind erlebte Szene erscheint in der Behandlung als Übertragungs-Gegenübertragungs-Beziehung zwischen Patient und Team; in der Supervision erscheint die gleiche Szene zwischen Team und Supervisor: als Ausdruck der *transponierten* Gegenübertragung des Teams, auf die der Supervisor mit einer *Gegenübertragung zweiter Ordnung* reagiert.

Der psychoanalytische Prozeß der Supervision besteht somit darin, die Beziehung zwischen Team und Patient im Raum der Beziehung zwischen Team und Supervisor zu analysieren. Damit dieses *szenische Verstehen* (LORENZER 1970) stattfinden kann, muß der Raum der Supervision gegenüber der privaten Dimension des Prozesses gleichsam abgedunkelt werden bis auf einen Lichtkegel, in dessen Fokus das »virtuelle« Bild der Arbeitssituation des Teams erscheint. Je nach Feineinstellung kann der Lichtkegel mehr den Patienten oder das Team[8] fokussieren. Mit anderen Worten, der Analytiker muß – um in dieser Metapher zu bleiben – eine Beleuchtungskunst, eine spezifische Lichtregie entwickeln.

Zur Technik psychoanalytischer Team-Supervision

In den vorangehenden Abschitten habe ich versucht, die *Modifikation der psychoanalytischen Methode* und den Begriff des *Unbewußten eines Teams* darzulegen sowie Gegenstand und Verfahren der Team-Supervision methodisch genauer zu bestimmen. Einige Konsequenzen, die sich daraus für die psychoanalytische Technik ableiten lassen, sollen im folgenden näher betrachtet werden.

In der Tradition der psychoanalytischen Technik-Diskussion kommt der Deutung eine zentrale Stellung zu, während alle anderen Interventionsformen als sekundär angesehen werden; stützende oder strukturierende Interventionsformen galten seit EISSLER (1953) als *Parameter,* die aus der Psychoanalyse eine modifizierte Psychoanalyse beziehungsweise eine Psychotherapie machten. Diese *normative Kodifizierung* (BLARER u. BROGLE 1983) einer »reinen« psychoanalytischen Technik wird insbesondere durch die Befunde von WALLERSTEIN (1988) relativiert, nach denen auch die vermeintlich »reinen« Psychoanalysen viel mehr an stützenden Komponenten enthalten, als bislang im allgemeinen angenommen wurde.

8 Die Abbildung des Supervisanden, hier des Teams, wird von KUTTER (1990) als indirektes Spiegelphänomen bezeichnet; häufig wird dies auch als Selbsterfahrungs-Aspekt der Supervision benannt (OVERBECK 1990, PÜHL 1990a). BECKER (1991b) spricht davon, daß die Fallvorstellungen als *Kommentar* zum unbewußten Gruppengeschehen aufgefaßt werden können.

In den technischen Konzepten für die Behandlung von Patienten mit frühen Störungen, namentlich Borderline-Störungen, spielen stützende und strukturierende Elemente neben der Deutung eine große Rolle (KERNBERG 1975). Sie dienen dort dazu, eine zu starke Regression der Patienten zu vermeiden, weil diese sowohl die Behandlung sprengen als auch die Realitätsbewältigung der Patienten gefährden könnte.

In der Supervision muß die Interventionstechnik ebenfalls darauf ausgerichtet sein, eine zu starke Regression zu vermeiden, allerdings nicht, weil die regressiven Tendenzen an sich zu bedrohlich wären, sondern weil sie den Charakter des Supervisionsprozesses, seine Orientierung an der realen Arbeitsaufgabe der Teilnehmer, gefährden.

Die psychoanalytische Supervisionstechnik kann daher eine Reihe von nichtdeutenden Interventionen aufweisen, die der Erhaltung der Ich-Aktivität dienen, wie beispielsweise Erklärung und Begründung für das Vorgehen des Analytikers in der Supervision; fachliche Klarifikationen; Diskussion anderer Behandlungs- und Supervisionsbeispiele aus der Praxis des Analytikers; Rückfragen zur Klärung der Realität; aktiveres Eingreifen, wenn die Arbeitsorientierung durch die unbewußte Dynamik der Gruppe bedroht ist.

Die Auswahl des Materials

Je systematischer sich ein Team auf die Supervision vorbereitet, desto verdeckter bleibt die unbewußte Dynamik. Obwohl es oft vorkommt, daß vorher das Thema oder der vorzustellende Patient abgesprochen wird, sollte daraus keine feste Regel gemacht werden. Nach meiner Erfahrung ist es günstig, wenn am Beginn der Sitzung ein Spielraum bleibt, so daß über das Thema noch entschieden werden kann. Mitunter findet auch eine Suchbewegung in den ersten Minuten statt, die schon charakteristisch für das sein kann, was die Gruppe unbewußt beschäftigt. Wenn sich beispielsweise die Teilnehmer eine halbe Stunde lang nicht einigen können, über welchen Patienten gesprochen werden könnte; wenn kein Patient schwierig oder interessant oder wichtig genug erscheint beziehungsweise niemand genug über einen

Patienten zu wissen glaubt, kurzum wenn das Team massiv zögert, über einen Patienten zu sprechen, kann sich dahinter ein Team-Problem verbergen.

Da die Beziehung zwischen Team und Patient den Gegenstand der Supervision darstellt, können beide Ausgangspunkte dieser Beziehung in den Mittelpunkt rücken. Meines Erachtens ist allerdings der Patientenbehandlung ein Vorrang einzuräumen. Das Team selbst sollte nur dann zum Thema gemacht werden, wenn Konflikte und Probleme innerhalb des Teams seine *Arbeitsfähigkeit* beeinträchtigen. Wird andernfalls das Team zu häufig zum Hauptthema der Sitzung, so besteht die Gefahr, daß es nicht mehr als eine um ein gemeinsames Arbeitsfeld konfigurierte Gruppe in der Supervision erscheint, sondern eine davon lösgelöste Gruppendynamik entfaltet.[9]

Unter diesem Vorbehalt sollte die Auswahl des Materials von dem ausgehen, was an der Oberfläche zu finden ist (FREUD 1905e). Direkte Einfälle der Mitarbeiter oder die konkrete Schilderung einer problematischen Arbeitssituation ermöglichen meistens einen guten Einstieg.

Widerstand und Regression im Gruppenprozeß

In der Anfangsphase einer fortlaufenden Supervision steht meist ein Widerstand im Vordergrund, den man als »klassischen« Widerstand gegen das Unbewußte ansehen kann: Die Berührung mit abgewehrtem Material, sowohl im Blick auf den Patienten, aber speziell im Blick auf das Team selbst, erzeugt Angst. Innerhalb der prinzipiell offenen Entscheidung zwischen Team und »Fall« kann natürlich jeweils das eine Thema eingesetzt werden, um das andere zu vermeiden.

---

9 BALINT war ein entschiedener Gegner davon, innerhalb der von ihm entwickelten Gruppenkonferenz-Methodik gruppendynamischen Aspekten mehr Beachtung zu schenken, und in den 50er Jahren entfachte darüber ein theoretischer Streit an der Tavistock Clinic (NEDELMANN 1989). Allerdings hatten die damaligen Teilnehmer stets voneinander unabhängige Arbeitsfelder.

Hinzu kommt, daß die Motivation der Supervisionsteilnehmer sehr unterschiedlich ausgeprägt sein kann, zumal die nicht-akademischen Berufsgruppen mit psychoanalytischem Denken meist wenig vertraut sind. Anders als bei Behandlungen, wo die persönliche Motivation zur Therapie ein Gegengewicht zum Widerstand bildet, will ja der Teilnehmer die Supervision als Unterstützung seiner Arbeit erfahren können; er ist daher nicht ohne weiteres auf ein – wenn auch modifiziertes – psychoanalytisches Verfahren eingestellt.

In der entgegengesetzten Richtung kann sich ein regressiver Widerstand entwickeln, der sich gegen die Ich-Anstrengung der Supervisionsarbeit richtet:

Beispiel 3: In der Supervision einer neueröffneten psychiatrischen Abteilung kam es häufig dazu, daß das Team über seine eigenen Probleme sprechen wollte. In mehreren Sitzungen gingen die emotionalen Wogen sehr hoch, es konnte kaum mehr ein gemeinsames Verständnis erarbeitet werden, und die Konflikte wurden sehr persönlich ausgetragen. Nach dem Eindruck des Supervisors spielte dabei der Machtkampf zwischen einer Oberärztin[10] und einem Psychologen eine große Rolle; für die Beteiligten schien es nicht nur um die institutionelle Hierarchie, sondern auch konkret um die Machtverteilung zwischen Mann und Frau zu gehen. Material, das in den Sitzungen aus Patientenbehandlungen auftauchte, etwa das Thema der Kastrationsangst, wurde sofort auf die Ebene der Beziehungen im Team gezogen und für die Austragung dieses Konfliktes verwendet. Nach mehreren Sitzungen dieser Art und einigen vergeblichen, auf die Arbeitssituation bezogenen Deutungsversuchen entschloß sich der Supervisor, hier eine Grenze zu ziehen; er deklarierte den Konflikt als nicht in der Supervision lösbar und und nicht in die Supervision gehörig; die endlose Fortsetzung dieses Konfliktes lenke die Gruppe vielmehr von ihren Arbeitsaufgaben ab.

Unter psychoanalytischen Gesichtspunkten kann eine solche Intervention sehr verschieden beurteilt werden. Einerseits handelt es sich um einen Konflikt innerhalb des Teams, der durch die Arbeit ausgelöst wird; insoweit ist die Supervision der angemes-

10 Den allgemeinen Problemen, welche die Teilnahme von hierarchisch vorgesetzten Mitarbeitern an der Supervision aufwirft, wird hier nicht weiter nachgegangen. Sie berührt aber stets die Frage der Vertraulichkeit.

sene Ort, ihn zur Sprache zu bringen, sofern er die Arbeitsfähigkeit des Teams beeinträchtigt. Überwiegt andererseits die persönliche Dimension das Gruppengeschehen so sehr, daß ein Rückbezug auf die Arbeitssituation nicht mehr möglich ist, dann wird die Supervision sozusagen mißbräuchlich zum therapeutischen Ort. Die Grenze ist fließend. In dem angeführten Beispiel sah der Supervisor darin einen Widerstand gegen die Arbeitsorientierung.

Unbewußte Wünsche und Konflikte, die nicht primär aus dem beruflichen Feld stammen, können generell das Supervisionsgeschehen von seinem Gegenstand abbringen, wenn sie den Gruppenprozeß dominieren. Derartige Gruppenphänomene sind in einem bestimmten Ausmaß ubiqitär. Je nach Gruppenkonzept können sie als Ausdruck familialer Beziehungsstrukturen oder mit BION (1961) auch als Ausdruck einer archaischen Regressionsneigung von Gruppen aufgefaßt werden, die in jeder Gruppe die Arbeitsorientierung stören können. Im Falle der psychoanalytischen Team-Supervision werden sie insofern spezieller gefördert, als die psychoanalytische Methodik selbst auf eine gewisse »Öffnung« gegenüber dem Unbewußten angewiesen ist.

Beispiel 4: In einem Stationsteam wird nach anfänglicher Unschlüssigkeit über den Suizid einer Frau berichtet, die sich während eines Aufenthalts in Griechenland, ihrer Heimat, erhängt habe. Sie war die Freundin eines Patienten, der gegenwärtig auf der Station behandelt wird. In der Sitzung sind die Teilnehmer damit beschäftigt, daß der Patient nicht habe trauern können; mehrere Team-Mitglieder hatten sich sehr unsicher und unbehaglich gefühlt und nicht gewußt, wie sie sich gegenüber dem Patienten verhalten sollten, als dieser die Nachricht vom Tod der Freundin erhalten hatte und darüber sprechen wollte. Es erhebt sich die Frage, was denn eine angemessene Reaktion auf eine solche Nachricht sei. Nach und nach kristallisiert sich heraus, daß es nicht so sehr der Patient war, der nicht trauern konnte, sondern daß die Team-Mitglieder sich – unbewußt – die ganze Sache hatten vom Leibe halten wollen. Sei es, daß sie kaum etwas darüber wußten oder wissen wollten, sei es, daß sie Phantasien entwikkelten, es sei gar kein Suizid gewesen, ja vielleicht sei die Betreffende gar nicht tot, oder vieleicht sei sie auch umgebracht worden. An diesem Punkt sagt einer der Pfleger, er sei überrascht, was man alles verdränge. Er hätte nie gedacht, daß man sich in der Supervisionssitzug mit dem Tod dieser Frau beschäftigen würde und daß es überhaupt eine Bedeutung für das Team habe. Aber jetzt sei ihm etwas dazu eingefallen: Ein Freund von ihm habe sich erhängt, und damals habe er sich sehr schuldig gefühlt.

An einer solchen Stelle mögen die Teilnehmer dahin tendieren, sich dieser sehr persönlichen Mitteilung verstärkt zuzuwenden. Ließe man hier den Assoziationen – oder auch einem langen Schweigen – einen nicht weiter strukturierten Spielraum, könnte sich allmählich ein Gruppenprozeß ausbilden, der sich um den privaten lebensgeschichtlichen Zusammenhang des Pflegers zentrierte. Damit würden Übertragungen begünstigt, die deutbar wären in bezug auf die Gruppe und speziell in bezug auf den Analytiker. Derartige Deutungen würden die Übertragungen verstärken (BALINT 1955d, GILL 1982). Auf diese Weise verwandelte sich die Supervision schrittweise in eine analytische Gruppentherapie.

Die psychoanalytische »Lichtregie« bedarf hier einer Technik der Abblendung, um allfälligen Therapie-Bedürfnissen zu begegnen und die Aufmerksamkeit behutsam auf die Arbeitssituation zurückzuführen.

Die Deutung der Gegenübertragung des Teams auf den Patienten

Indem ein Team über einen Patienten spricht, konstelliert sich in der Supervisionssitzung eine Situationsgestalt, eine Stimmung, ein Gruppenzustand: langes Schweigen, Trauer, Mißmut, Albernheit, Aufteilung in zwei sich streitende Parteien oder ähnliches. Während der Analytiker zunächst mit gleichschwebender Aufmerksamkeit dem Team zuhört, entsteht aus seinen Wahrnehmungen und Empfindungen ein hypothetischer Eindruck, eine vorläufige Annahme über unbewußtes Geschehen in der Sitzung. In dieser vorläufigen Idee des Analytikers sind mehrere Fäden verknüpft, die er künstlich aufknüpfen muß, um nur einen bestimmten Faden für die Deutung zu verwenden: Er muß alle Fäden, die sich auf ihn selbst und auf die Anwesenden als *private Personen* beziehen, zurückstellen und aus der formulierten Deutung heraushalten, auch wenn sie für seine Deutungsidee, für das Entstehen der Deutung im Kopf des Supervisors, eine

Rolle gespielt haben. Das heißt die verschiedenen Phänomene, die in der Supervisionssitzung zutagetreten, werden für die Deutungsfomulierung danach abgetastet und ausgewählt, inwieweit sie als *Gegenübertragung* des Teams auf den Patienten verstanden werden können.

Beispiel 5: Das Team einer psychotherapeutischen Abteilung berichtet über einen Patienten, der allseits Ärger und Ablehnung weckt. Die Team-Mitglieder machen ihrem Ärger Luft und schildern eindringlich das unmögliche und empörende Verhalten des Patienten. Es entsteht eine gesteigert aggressiv-mißmutige Atmosphäre, in der sich der Supervisor zunehmend hilflos, ohnmächtig und wütend auf das Team fühlt; diese Gefühle machen ihm zugleich ein schlechtes Gewissen. – In dieser Situation formuliert der Supervisor die Frage, ob sich das Team nicht hilflos und schuldig gegenüber dem Patienten fühlt. Die Teilnehmer sind zunächst überrascht von dieser Frage, danach ändert sich die Atmosphäre, und es kommen erstmals Dinge aus der Lebensgeschichte des Patienten zur Sprache, die ein gewisses Verständnis für sein Verhalten erwecken.

Dieses Beispiel zeigt die einfachste und häufigste Form, in der sich die Arbeitssituation in der Supervisionssitzung reproduziert: Das Team identifiziert sich mit dem Patienten und behandelt den Supervisor so, wie es sich selbst vom Patienten behandelt fühlt. Der Supervisor wiederum ist mit dem Team identifiziert. Indem er seine eigene Reaktion auf das Team als Ausdruck dieser transponierten Identifikationen erkennt, kann er sie deuten: Er *bezieht* seine Reaktion gegenüber dem Team – als Gegenübertragung zweiter Ordnung – *zurück* auf die Reaktion des Teams gegenüber dem Patienten (ARGELANDER 1980).

Die Verhältnisse sind allerdings nicht immer auf den ersten Blick überschaubar:

Beispiel 6: Die Ärztin einer Tagesklinik leitet die Vorstellung eines Patienten A. in der Supervision mit den Worten ein, es bestünde ein Konflikt im Team darüber, ob die Behandlung dieses Patienten, der bald entlassen werden soll, als erfolgreich angesehen weden kann. Sie finde zwar, daß die Behandlung, gemessen an der Ausgangslage und der Erkrankung des Patienten, ein guter Erfolg sei, aber es gäbe da duchaus andere Stimmen im Team. – Nach einer Weile des Schweigens sagt eine Krankenschwester, es gäbe überhaupt keinen Konflikt, und alle würden den Patienten sehr mögen, er habe auch etwas Liebenswertes. Es bestehe allerdings eine gewisse Unterschiedlichkeit in der Auffassung von Regeln; beim Verstoß gegen das bestehende Alkohol- und Haschischverbot sei mit dem Patienten vielleicht nicht so rigoros umgegangen worden, wie es sonst im Team zumindest theoretisch vereinbart sei. Die Ärztin protestiert und weist darauf hin, daß Herr A. einmal verwarnt worden sei – wie es bei jedem anderen Patienten auch gehandhabt werde –, und danach habe er sich nicht mehr bei einem Verstoß erwischen lassen. Der Sozialarbeiter stellt fest, daß er Herrn A. nicht so recht ermahnen oder zurechtweisen kann, wenn dieser beispielsweise in der Werkstatt einen halben Tag früher Schluß macht und sich dann nachmittags ausführlich mit ihm über seine Probleme unterhalten will. Er empfinde zwar Ärger über die mangelnde Disziplin von Herrn A., aber durch dessen charmante Art werde ihm der Wind aus den Segeln genommen. Er denke aber, daß bei der Ärztin überhaupt kein Ärger über Herrn A. aufkomme.

An dieser Stelle bemerkt der Supervisor, daß es sich um einen Konflikt zwischen dem Prinzip der Zuwendung und des Verstehens einerseits und der Realitätsordnung mit Pflichten und Terminen andererseits zu handeln scheine.

Daraufhin sagt der Psychologe, daß er normalerweise mehr dieses realistische Prinzip im Team und gegenüber den Patienten vertrete, aber bei Herrn A. fühle er sich dieser Aufgabe irgendwie enthoben. Im weiteren Verlauf der Sitzung verdichtet sich der Eindruck, daß das ganze Team sich so fühlt, als habe es den Patienten zu milde behandelt. Die Ärztin scheint damit zufrieden zu sein, in den anderen aber meldet sich ein Unbehagen, daß Herr A. nach der Entlassung möglicherweise Schiffbruch erleidet und daß ihm etwas mitzugeben versäumt wurde.

Der Supervisor bringt das auf die Formel, daß dem Team in der Behandlung dieses Patienten offenbar das »väterliche Prinzip«[11] nicht verfügbar gewesen sei. Wenn dies zutreffe, finde sich vielleicht eine Wurzel dafür in der Lebensgeschichte von Herrn A.

Nach dieser Intervention geht ein Schmunzeln durch die Teamgruppe. Die Ärztin berichtet, daß der Vater des Patienten in dieser Familie tatsächlich eine absolute Außenseiterposition einnehme. Zu den Familiengesprächen sei nur die Mutter gekommen, der Vater habe sie zwar mit dem Wagen hingebracht, sei aber – nach Darstellung der Mutter – viel zu uninteressiert und feindselig gegenüber dem Sohn, um an solchen Gesprächen teilzunehmen. Im Laufe der Behandlung war zunehmend deutlich geworden, daß die Mutter wohl von Anfang an eine Art verschwörerische Einheit mit dem Sohn gebildet hatte, gegenüber der

11 Es soll hier nicht die Zuordnung von psychoanalytischem Lust- und Realitätsprinzip zu Mutter- und Vaterrolle befürwortet werden, wie der zitierte Protokollausschnitt vielleicht nahelegen könnte.

der Vater als böser und feindlicher Eindringling erschien. Der Vater habe den Sohn als »nicht existent« betrachtet und ihm später auch das Haus verboten. Das Team bezweifelte zwar diese »Verteufelung« des Vaters, aber auf einer unbewußten Ebene schien sich diese Konstellation zu wiederholen: Die Ärztin war mit der Mutter des Patienten identifiziert und erlebte das übrige Team als Gegner, der ihre »gute Behandlung« des »Sohnes« anzweifelte. Die übrigen Team-Mitglieder wiederum fühlten sich unbehaglich, wenn sie der verständnisvollen Nähe zwischen diesen beiden etwas anderes hinzufügen wollten: Sie mußten, wie am Anfang der Supervisisonssitzung geschehen, betonen, daß auch für sie der Patient etwas Liebenswertes habe und daß sie ihm ebensowenig feindselig gesonnen seien wie die Ärztin.

Es stellte sich auf diesem Wege auch heraus, daß die Mutter zusammen mit dem Sohn dessen psychische Erkrankung massiv verleugnete. Dies war vermutlich einer der unbewußten Gründe dafür, daß die Ärztin mit der Behandlung zufriedener war als das übrige Team und daß dieses seine Zweifel nicht recht zu äußern wagte, um nicht in die Ecke des »bösen Vaters« gedrängt zu werden.

In diesem Beispiel ist der Supervisor nicht so deutlich in die Supervisions-Szene verwickelt wie etwa in *Beispiel 2* und *5*. Die Sitzung beginnt mit einem Konflikt im Team über die Beurteilung einer Patientenbehandlung. Im weiteren Verlauf stellt sich dem Supervisor die Situation im Team als Konflikt zwischen väterlichen und mütterlichen Standpunkten dar. Darin vermutet er eine Gegenübertragungsreaktion des Teams auf den Patienten und *bezieht* sie fragend *zurück* auf die Familiengeschichte des Patienten. In der Folge kann die Team-Konstellation als komplementäre Gegenübertragung erkannt werden. Die Transposition von der Arbeitssituation in die Supervision hat hier keine Veränderung der Identifikationen bewirkt: Sowohl in der Behandlung als auch in der Supervision besteht derselbe Konflikt und sind dieselben Mitarbeiter mit dem mütterlichen beziehungsweise väterlichen Übertragungsobjekt des Patienten unbewußt identifiziert. Aber erst die Supervision stellt den psychoanalytischen Raum zur Verfügung, in dem diese Gegenübertragung als Familiensituation des Patienten *inszeniert* und verstanden werden kann.

Die Entscheidung, ob eher dem teambezogenen oder dem patientenbezogenen Blickwinkel in der Deutung der Gegenübertragung des Teams nachgegangen werden sollte, ist nicht systematisch begründbar. Von den angeführten Beispielen wird in *Beispiel 1* die *Team-Dimension* beleuchtet, während in den *Beispielen 2, 5* und *6* die Wirkung der *Dynamik des Patienten* im Mittelpunkt steht. Auch in Beispiel 1 hätte der Supervisor vermutlich in den Lebensgeschichten mancher Patienten Anhaltspunkte dafür finden können, warum sie die Gestaltungstherapeutin in der beschriebenen Weise in Verlegenheit brachten; mit einer solchen Blickrichtung hätte er aber die aufgezeigte Team-Problematik verfehlt. Umgekehrt ließe sich für das Beispiel 2 fragen, welche teaminterne, vom Patienten unabhängige Dynamik dazu geführt hat, daß der Psychologe sich so stark mit dem Patienten identifiziert und unter Druck gesetzt fühlt, daß er zwar zögert, über seine Kündigungsabsicht zu sprechen, sie aber dann doch mitteilt; oder ob das Team dazu neigt, zuviel Druck auf Patienten auszuüben, weil es sich selbst unter Druck gesetzt fühlt – und so fort. Auch im Beispiel 6 könnten patientenunabhängige Faktoren maßgeblich an dem Behandlungskonflikt beteiligt sein, etwa eine hierarchische Dominanz der Ärztin.

Da es sich stets um eine Verzahnung zwischen dem Unbewußten des Patienten und dem des Teams handelt, oszilliert der Prozeß zwischen diesen Polen. So bleibt es der *szenischen Evidenz* (ARGELANDER 1970b) im Blick des Analytikers überlassen, welche Richtung er akzentuiert.

Ich befürworte einen Vorrang der patientenbezogenen Deutung der Gegenübertragung aus dem gleichen methodischen Grund, der auch bei der Wahl des Sitzungsthemas der Patientenvorstellung den Vorrang einräumt: nur so kann der »rote Faden« der professionellen Orientierung aufrechterhalten und vermieden werden, daß die Eigendynamik des Teams zuviel Gewicht bekommt.

Die Parallele zwischen dem psychoanalytischen Prozeß in der Supervision und dem in der Behandlung läßt sich nunmehr präzisieren: In der therapeutischen Situation analysiert der Analytiker die Übertragung des Analysanden sowie die eigene Gegenübertragung und *bezieht* die so erkannte Szene *zurück* auf die Lebensgeschichte des Analysanden. In der Supervision analysiert der Analytiker die transponierte Gegenübertragung des Teams sowie die eigene Gegenübertragung zweiter Ordnung und *bezieht* die so erkannte Szene *zurück* auf die Arbeitssituation; in einem zweiten Schritt kann sie auf die Lebensgeschichte des Patienten oder auf die Geschichte des Teams bezogen werden.

Die genannten Schritte laufen allerdings oft sehr rasch und nicht immer bewußt ab; selbst wenn sie dem Analytiker bewußt werden, ist es nicht in jedem Falle erforderlich, sie dem Team zu explizieren. Dann scheinen Team und Supervisor gemeinsam und ungestört auf die Arbeitssituation zu blicken, und die methodische Komplexheit des Verfahrens bleibt gleichsam im abgedunkelten Hintergrund.

Die Richtigkeit einer Deutung – hier ist die Lage wieder der analytischen Situation sehr ähnlich (FREUD 1937d) – ergibt sich nicht so sehr aus Zustimmung oder Ablehnung der Supervisanden, sondern aus der Wirkung der Deutung: Manchmal ändert sich die Atmosphäre, vor allem aber bringen die Teilnehmer neue Einfälle mit bestätigendem Material. Eine sicherere Bestätigung bringt allerdings nur die Wirkung auf die Arbeitssituation beziehungsweise auf den Fortgang der Behandlung.

Voraussetzungen für den psychoanalytischen Prozeß in der Team-Supervision

Vergleichbar dem Setting in der klinischen psychoanalytischen Behandlung ist die psychoanalytische Supervision an einige Voraussetzungen gebunden:

– *regelmäßige Sitzungen unter Teilnahme möglichst aller Team-Mitglieder:* Sie bilden die Grundvoraussetzung für die Entwicklung eines kontinuierlichen Gruppengeschehens.

– *Vertraulichkeit:* Die Teilnehmer müssen sicher sein, daß weder vom Supervisor noch von anderen Teilnehmern etwas an Dritte weitergegeben wird. Für den Supervisor betrifft dies insbesondere Mitteilungen an die Vorgesetzten des Teams. Zwischen den Team-Mitgliedern selbst ist eine strikte Vertraulichkeit insofern nicht gegeben, als ja diverse Inhalte der Supervision Bestandteile der alltäglichen Kommunikation im Arbeitsfeld darstellen. Hier ist die Errichtung einer Binnengrenze zwischen Supervision und Arbeitsfeld erforderlich, die dazu dienen soll, daß das in der Supervision Erarbeitete nicht umstandslos in die Alltagskommunikation übernommen wird. Dies gilt sowohl für den Umgang der Team-Mitglieder untereinander als auch gegenüber den Patienten. – Die Errichtung dieser Binnengrenze ist abhängig von der Gruppenkultur und der Haltung des Teams gegenüber der Supervision und kann speziell bei Konflikten verletzt werden. Ohne eine solche Grenze kann andererseits nicht jene möglichst angstfreie Atmosphäre entstehen, die den psychoanalytischen Raum erst ermöglicht.

– *Entscheidungs-Abstinenz:* Ein psychoanalytischer Prozeß kann sich in der Supervision nur entfalten, wenn in ihr keine fachlichen Entscheidungen getroffen werden. Oft steht das Team unter starkem Entscheidungsdruck und möchte eine Entscheidung oder zumindest eine Empfehlung erarbeiten. Soweit der Supervisor unvermeidlich Wertvorstellungen vermittelt, gibt er auch Entscheidungsrichtungen vor. Je mehr er sich aber in die Diskussion von aktuell zu treffenden Entscheidungen verstricken läßt, desto weniger kann sich die unbewußte Szene des Teams zeigen.

– *Motivation und Arbeitsbündnis:* Die Teilnehmer müssen ein Mindestmaß an Bereitschaft mitbringen, die unbewußte Dimension ihrer Beziehungen im Arbeitsfeld zu reflektieren. Nach der hier vorgestellten Konzeption ist nur das Team im psychoanalytischen Sinne der Bündnispartner des Supervisors. Vorgesetzte und Verwaltungsmitarbeiter sind zwar häufig beteiligt an den vertraglichen Abmachungen und der Regelung der Bezahlung – und diese Rahmenvereinbarungen haben, als Hintergrund-Setting, jeweils eine unbewußte Bedeutung. Das psychoanalytische Paradigma schließt aber außeranalytische Zielvorgaben aus, die etwa von dritter Seite an den Supervisor herangetragen werden. Vielmehr setzt die Entfaltung eines psychoanalytischen Supervisionsprozesses eine gewisse Offenheit der Mitglieder und einen entsprechenden Freiraum innerhalb der Institution voraus. Wenn die bewußte Arbeitskonzeption der Teilnehmer oder der Institution eine psychoanalytische Erhellung von vornherein als wenig sinnvoll oder als hinderlich erscheinen läßt, hat eine psychoanalytische Supervision wenig Chancen. Auf der Seite des Supervisors muß ebenfalls ein gewisses Maß an Identifikation mit der Tätigkeit des Teams beziehungsweise der Institution möglich sein. Hält er deren Arbeit nicht für prinzipiell sinnvoll, kann er seinerseits auch kein Bündnispartner des Teams werden.

Im psychosozialen Bereich wird es aufgrund der wechselseitigen Vorkenntnisse unter solchen Umständen gar nicht zu einer psychoanalytischen Supervision kommen. Wo aber Supervision in kommerziellen oder industriellen Bereichen stattfindet, kann eine psychoanalytische Supervision gegebenenfalls an solcher Unvereinbarkeit der Paradigmen scheitern.

Literatur

ARGELANDER, H. (1970a): Die szenische Funktion des Ichs und ihr Anteil an der Symptom- und Charakterbildung. Psyche 24 (5): 325-345.

ARGELANDER, H. (1970b): Das Erstinterview in der Psychotherapie. Darmstadt.

ARGELANDER, H. (1980): Die Struktur der »Beratung unter Supervision«. Psyche 34: 55-77.

BALINT, M. (1955d): Die Gruppenkonferenz. In: NEDELMANN, C. u. FERSTL, H. (Hg., 1989), Die Methode der Balint-Gruppe. Stuttgart, S. 115-121.

BALINT, M. (1966c): Psychoanalyse und medizinische Praxis. In: NEDELMANN, C. u. FERSTL., H. (Hg., 1989), S. 144-163.

BARDÉ, B. (1991): Supervision – Theorie, Methode und empirische Forschung. Versuch eines systematischen Überblicks. Supervision 19: 3-37.

BECKER, H.-J. (1991a): Balint-Gruppen. Eine psychoanalytische Kritik. Psyche 45: 38-60.

BECKER, H.-J. (1991b): Team-Supervision in der psychiatrischen Klinik – Methoden und Praxis. Psychiatrische Praxis 18: 167-172.

BION, W. (1961): Erfahrungen in Gruppen und andere Schriften. Stuttgart 1971.

BLARER, A., BROGLE, I. (1983): Der Weg ist das Ziel. Zur Theorie und Metatheorie der psychoanalytischen Technik. In: HOFFMANN, S. (Hg.): Deutung und Beziehung. Kritische Beiträge zur Behandlungskonzeption und Technik in der Psychoanalyse. Frankfurt am Main.

DANTLGRABER, J. (1977): Über einen Ansatz zur Untersuchung von »Balint-Gruppen«. Psychosomatische Medizin 7: 255-276. Zit. n. KUTTER (1990).

EISSLER, K. (1953): The effects of the structure of the ego on psychoanalytic technique. J. Gen. Psychol. 42: 103-157.

ERLER, M. (1993): Soziale Arbeit. Ein Lehr- und Arbeitsbuch zu Geschichte, Aufgaben und Theorie. Weinheim/München.

FOULKES, S. H. (1974): Gruppenanalytische Psychotherapie. München 1992.

FREUD, S. (1905e): Bruchstück einer Hysterie-Analyse. GW V, 161-286.

FREUD, S. (1912e): Ratschläge für den Arzt bei der psychoanalytischen Behandlung. GW VIII, 376-387.

FREUD, S. (1937d): Konstruktionen in der Analyse. GW XVI, 43-56.

GFÄLLER, G. (1991): Team-Supervision nach dem Modell von S. H. Foulkes. In: PÜHL, H. U. SCHMIDBAUER, W. (Hg.), Supervision und Psychoanalyse. Frankfurt am Main.

GILL, M. (1982): Analysis of Transference. Vol. 1. Theory and Technique. New York.

HASELBECK, H. (1991): Psychiatrische Dienste und Einrichtungen. In: KISKER, K., FREYBERGER, H., ROSE, H., WULFF, E. (Hg.), Psychiatrie, Psychosomatik, Psychotherapie. Stuttgart/New York.

KERNBERG, O. (1975): Borderline-Störungen und pathologischer Narzißmus. Frankfurt am Main 1978.

KESTENBERG, J. (1982): A Metapsychological Assessment Based on the Analysis of a Survivor's Child. In: BERGMANN, M., JUCOVY, M. (Hg.), Generations of the Holocaust. New York.

KESTENBERG, J. (1989): Neue Gedanken zur Transposition. Klinische, therapeutische und entwicklungsbedingte Betrachtungen. In: Jahrbuch der Psychoanalyse, Bd. 24, S. 163-189.

KUTTER, P. (1990): Das direkte und indirekte Spiegelphänomen. In: PÜHL (Hg., 1990b), Handbuch der Supervision. Berlin, S. 292-301.

KUTTER, P. und ROTH, J. K. (1981): Psychoanalyse an der Universität. München.

LOCH, W. (1964): Behandlung psychosomatischer Erkrankungen in der Praxis. Deutsches Ärzteblatt Nr. 2, 73-79. Zit. n. KUTTER (1990).

LORENZER, A. (1970): Sprachzerstörung und Rekonstruktion. Frankfurt am Main.

NEDELMANN, C. (1989): Einleitung. In: NEDELMANN, C., FERSTL, H. (1989), S. 19-51.

NEDELMANN, C., FERSTL, H. (Hg.) (1989): Die Methode der Balint-Gruppe. Stuttgart.

OVERBECK, A. (1990): Die Entfaltung eines therapeutischen Raumes auf kinder- und jugendpsychiatrischen Stationen mit Hilfe der bifokalen Team-Supervision. psychosozial 13: 7-17.

PÜHL, H. (1990a): Psychoanalytisch-orientierte Supervision. In: PÜHL (1990b), S. 395-406.

Pühl, H. (Hg.) (1990b): Handbuch der Supervision. Berlin.

Racker, H. (1968): Übertragung und Gegenübertragung. München/Basel 1982.

Sandler, J. (1974): Gegenübertragung und Bereitschaft zur Rollenübernahme. Psyche 30 (1976): 297-305.

Sandler, J., Dare, C., Holder, A. (1992): The patient and the analyst. Revised and expanded by Joseph Sandler and Anna Ursula Dreher. London.

Schepank, H. (1988): Die stationäre Psychotherapie in der Bundesrepublik Deutschland. Soziokulturelle Determinanten, Entwicklungsstufen, Ist-Zustand, internationaler Vergleich, Rahmenbedingungen. In: Schepank, H., Tress, W. (Hg.), Die stationäre Psychotherapie und ihr Rahmen. Berlin/Heidelberg.

Smirnoff, V. (1988): Die Gegenübertragung. So lebt der Analytiker. In: Jahrbuch der Psychoanalyse, Bd. 22, S. 9-35.

Wallerstein, R. (1988): Zum Verhältnis von Psychoanalyse und Psychotherapie. Wiederaufnahme einer Diskussion. Psyche 44 (1990): 967-994.

Zech, P.-K. (1992): Supervision. Überlegungen zur Kosten-Nutzen-Analyse. Vortrag im Rahmen der Tagung »Handeln und Atmosphäre im therapeutischen Raum psychiatrischer Abteilungen« an der Gesamthochschule Kassel am 18. 9. 92.

HANSJÖRG BECKER

Wie wirkt und was bewirkt psychoanalytische Teamsupervision?

Die Fragestellung

Während im klinischen Bereich ein immer wichtiger werdender Sektor sich systematisch mit der Prozeß- und Ergebnisforschung beschäftigt, stehen wir bei der psychoanalytischen Supervision erst am Anfang der Erforschung der Mittel und Wege, mit denen hier die je bestimmten Ziele und Absichten verfolgt werden. Es erscheint daher gerechtfertigt, die Antworten auf die Fragen nach dem Wie und Was der Wirkungsweise von Supervision zunächst einmal in groben Umrissen zu skizzieren. Dabei will ich versuchen, Antworten auf zwei verschiedenen Ebenen zu formulieren.

Zum einen möchte ich einige Überlegungen dazu anstellen, was es bedeutet, wenn man das *Team als Adressaten* der Supervision betrachtet. Was ist »das Team«, und welche seiner Funktionen sind in der Supervision angesprochen?

In einem zweiten Schritt will ich dann anhand einer Fallgeschichte *die intrinsische Wirkungsweise* psychoanalytischer Supervision aufzeigen, so wie man sie sich idealtypisch vorstellt und wünscht.

Das Team – Oder:
Was kann Supervision bewirken?

Die immer weiter zunehmende Bedeutung von Supervision ist überhaupt nur denkbar und unlösbar verknüpft mit dem Aufkommen der modernen multiprofessionellen Team-Arbeit im psychosozialen Sektor. Dies wird dort am deutlichsten, wo die Arbeit im Team lange umstritten war: in der Psychiatrie. Im herkömmlichen Kooperationsstil der Verwahrpsychiatrie konnten alle aufkommenden institutionellen Konflikte im wesentlichen mit nur einer einzigen Methode zufriedenstellend gelöst werden: durch den absoluten Vorrang der ärztlichen Hierarchie. Jeder Zweifels- und Konfliktfall war im Grunde damit zu beseitigen, daß man sich an die nächsthöhere Instanz wandte oder indem Anordnungen nach unten weitergegeben wurden. Dieses Modell entsprach der wichtigsten Aufgabe der herkömmlichen psychiatrischen Anstalten, nämlich dem Verwahren der psychisch Kranken. In dem Maße aber, in dem die Methode der Verwahrung durch therapeutische Zielvorstellungen abgelöst wurde, veränderte sich auch zwangsläufig der Charakter der Zusammenarbeit innerhalb der Anstalten. Psychiatrische Behandlung orientierte sich nicht länger am Modell des ärztlichen Eingriffs, vielmehr erkannte man, daß Krankheit und Therapie den Charakter von *Prozessen* haben. Damit war die quasi autokratische Stellung des Arztes in der Psychiatrie hinfällig, denn es wurde klar, daß die wirkungsvolle Gestaltung der Behandlung nicht mehr nur die Sache einer Hierarchie von ärztlichen Verantwortungs- Trägern war, sondern daß *alle* an der Arbeit mit den Patienten direkt oder indirekt beteiligten Personen das Geschehen irgendwie beeinflussen. Die Klarheit und Eindeutigkeit, deretwegen hierarchische Organisationsstrukturen geschätzt werden – zu Recht oder zu Unrecht, sei einmal dahingestellt –, mußte zugunsten neuer, weniger übersichtlicher und komplexerer Formen der Kommunikation aufgegeben werden. Von jetzt an bestand also »richtige Therapie« in der Psychiatrie nicht mehr länger im Anordnen von Maßnahmen, sondern mehr und mehr im Moderieren von Prozessen.

Mit diesen Veränderungen war aber eine Einbuße an Orientierung verbunden. Zwar konnte der Arzt als unumstrittene Führungsfigur teilweise ersetzt werden durch neue Leitideen, wie zum Beispiel die sozialpsychiatrische Ideologie; was aber blieb, war eine andere Verteilung von Verantwortlichkeiten. Dies hatte besondere Folgen gerade für diejenigen, die es nicht gelernt hatten, Verantwortung zu übernehmen. Es blieb dem jetzt so genannten »Team« überlassen, Kompetenz zu entwickeln, Entscheidungen zu treffen und die ärztliche Autorität durch die der gesamten Gruppe partiell zu ersetzen. Es ist augenfällig, daß in dieser Situation ganz neue Talente und Begabungen gefragt waren, wie etwa Dialogbereitschaft, Kommunikation und professionelles Selbstbewußsein, allesamt Fähigkeiten, die in den herkömmlichen Curricula der therapeutischen Berufe bis auf den heutigen Tag keine bedeutsame Rolle spielen.

Die rege Nachfrage nach Supervision im psychosozialen Bereich ist auch eine Folge dieser Entwicklung. Der Supervisor ist dort gefragt, wo das Team diesen Mangel bemerkt und ihn als Einschränkung erlebt. Dies kann sich auf den unterschiedlichsten Wegen äußern, aber im Kern bleibt das Gefühl, in der Kommunikation mit den Patienten oder untereinander beeinträchtigt zu sein. Die Anforderungen, die an die Gruppe der Mitarbeiter einer Station gestellt werden, haben in der Regel zu Beziehungsstörungen geführt, die nunmehr die Arbeitsfähigkeit der Gruppe beeinträchtigen. Der Psychoanalytiker als Supervisor hat es also von Anfang an mit dem *gesamten* Team zu tun, auch wenn nicht alle Mitglieder teilnehmen.

Obwohl die Hierarchien im Vergleich zum autoritären Führungsstil in der Teamarbeit flacher und vielleicht auch unübersichtlicher geworden sind, existieren sie nach wie vor, aber in veränderter, manchmal kryptischer Form.

Und obschon es zu der Ideologie vieler therapeutischer Teams gehört, daß man gleichberechtigt kooperiert, existiert das hierarchische Element zwangsläufig weiter, und zwar nicht nur infolge organisatorischer Unzulänglichkeiten, sondern weil beide »Zustände«, der hierarchische und der egalitäre, grundsätzlich zu den Möglichkeiten jeder Gruppe gehören. Dieses Nebeneinander von hierarchischer *und* egalitärer Struktur in einem Behandlungs-Team ist Quelle zahlreicher konflikthafter Konstellationen.

Gruppen können sich also in ganz gegensätzlicher Weise

organisieren. Um die Sache zu vereinfachen, will ich den schon angedeuteten Gegensatz von horizontaler, egalitärer Struktur auf der einen und vertikaler, hierarchischer Konfiguration auf der anderen Seite hervorheben. Vertikal organisierte Gruppen haben einen Führer oder ersatzweise eine »Leitidee«. Sie bieten den Vorteil, daß sie enorm schnell und zielbewußt handeln können. Ihr Prototyp ist die militärische Einheit. Die Beziehungen innerhalb dieser Gruppen sind auf das Prinzip von Befehl und Gehorsam oder auf abgemilderte Varianten dieses Prinzips gegründet. Die psychische Disposition zu diesen Modus der Gruppen-Beziehungen wurzelt in der abhängigen kindlichen Beziehungserfahrung zu allmächtig-herrschenden und zugleich Sicherheit gewährenden Eltern-Imagines.

In horizontalen, egalitären Gruppen hingegen herrscht eine Tendenz zur Gleichberechtigung. Im Vergleich zu den vertikalen Gruppen sind sie schwerfälliger und langsamer. Zugleich aber können sie infolge ihrer nach innen offenen Struktur ungemein kreativ sein. Das egalitäre Moment gibt nämlich nicht nur jeder Person, sondern gleichsam auch jedem Gedanken das Recht, angehört, aufgenommen und geprüft zu werden. Vorbilder für diese Art der Gruppenbeziehungen sind die Geschwister-Gruppe oder die Gruppe der gleichaltrigen Adoleszenten. Die Beziehungen innerhalb der Gruppe sind vorwiegend identifikatorisch. Ganz im Gegensatz zur hierarchische Gruppe haben sie eine große Zerfalls-Neigung, die daraus resultiert, daß auch in ihnen nach und nach hierarchische Elemente, etwa Ehrgeiz einzelner, Rivalität und so weiter, sich bemerkbar machen.

Daran kann man bereits erkennen, daß es diese beiden Prototypen der inneren Gruppen-Konfiguration eigentlich nie in Reinkultur gibt, vielmehr handelt es sich um zwei gleichsam polare Funktionszustände, die je nach Zielsetzung der Gruppe aktiviert oder deaktiviert und in kompromißhafter Weise miteinander verbunden werden müßen.

Auch die Aufgabenstellung eines therapeutischen Teams ist von einem Gegensatz geprägt: es soll einerseits seine Patienten verstehen, andererseits aktiv handelnd Entscheidungen mit und über diese Patienten treffen. Zunächst einmal muß es irgendwie den inneren psychischen Zustand einer kranken Person begreifen. Die Team-Mitglieder und die Gruppe als Ganzes werden sich dazu ihrer Fähigkeit zur Empathie bedienen. Dabei machen die verschiedenen Angehörigen des Teams ganz unterschiedliche Erfahrungen mit einem Patienten. Diese Einzel-Erfahrungen müssen in einem kommunikativen Prozeß ständig zusammengetragen und zu einem Gesamtbild des Patienten integriert werden. Dazu ist es notwendig, daß alle Informationen über den Patienten und alle Erfahrungen, die mit ihm gemacht wurden, in gleicher Weise angehört werden, daß vorläufig keine Präferenzen gebildet werden. *Das Team versetzt sich in den inneren Zustand einer egalitären, gleichberechtigten Gruppe, die Beziehungen sind geschwisterlich, die hierarchischen Bedeutungen und die Unterschiede der Berufsgruppen bleiben jetzt im Hintergrund.* In diesem Zustand kann die Empathie der einzelnen und die Kreativität der ganzen Gruppe zum Tragen kommen. Es ist der Zustand, in dem Einfälle, Assoziationen und neue Ideen entstehen, ohne sogleich Handlungsdispositionen zu erzeugen. Man »spinnt« etwas aus, irgendein »Nutzen« ist noch nicht zu erkennen. Dieser Zustand ist aber vorübergehend. Über kurz oder lang stellen sich dem Team auch andere Fragen, die mit Handlungen und Entscheidungen zu tun haben, sei es, daß diese durch die Konfliktdynamik eines Patienten erzeugt, sei es, daß sie durch die Aufgabenstellung der Institution verlangt werden. Jetzt muß sich das Team innerlich, was seinen psychischen Funktionszustand betrifft, umorganisieren.

Wenn nämlich therapeutisches Handeln und Entscheidungen verlangt sind, kommt die hierarchische Funktion eines Teams zum Tragen. Das ist in einem doppelten Sinne gemeint. Entscheidungen bedürfen immer der Aktualisierung von hierarchisch verfaßten Handlungsdispositionen. Damit sind Wert- und kognitive und affektive Hierarchien einer Person ebenso wie innerhalb einer Gruppe gemeint. Bestimmte Auffassungen oder Meinungen bekommen zu einem gegebenen Zeitpunkt mehr Gewicht als andere und werden diesen übergeordnet. Entsprechend setzen sich in einem Team dann auch diejenigen Personen durch, die mit formaler und informeller Macht ausgestattet sind.

Ein Team muß sich also in zwei sehr unterschiedliche Funktionszustände versetzen können: es muß sich als *horizontale, egalitäre* Gruppe konstituieren; in dieser Verfassung besitzt es die größtmögliche Empathie nach außen und eine entsprechende

Kommunikationsfähigkeit nach innen. In diesem Zustand ist das Team *kreativ und aufnahmefähig.*

Der zweite Funktionszustand, die *vertikale, hierarchische* Organisation der Gruppe, ist das Gegenstück zur horizontalen und verlangt eine völlig andere psychische Verfassung; dieser Zustand entspricht mehr den Erfordernissen des täglichen Handelns und wird immer dort aktiviert, wo es um um das Treffen von Entscheidungen geht. In diesem Zustand ist das Team *handlungsfähig.*

Die Qualität eines Teams wird nun ganz wesentlich davon abhängen, inwieweit es in der Lage ist, diesen ständigen Wechsel von einem Funktionszustand in den anderen zu beherrschen.

Ich denke, daß es, vom Team aus betrachtet, eine wichtige Aufgabe der psychoanalytischen Supervision ist, dieses Hin und Her zwischen den beiden Funktionen als ein konstituierendes Moment des Teams überhaupt zu erkennen und nachzuvollziehen.

In einem psychiatrischen Krankenhaus beispielsweise kann die Seite des Handelns durch den ständigen Entscheidungs- und Handlungsdruck ein erhebliches Übergewicht bekommen, so daß im Team eine Tendenz zur hierarchischen Seite hin erzwungen und die Gruppe genötigt wird, sich mehr und mehr vertikal zu organisieren. Für die Supervision ist es dann vordringlich, eine Atmosphäre herzustellen, in der sich möglichst alle Team-Mitglieder freimütig über ihre Arbeit äußern können und die Gruppe dabei zu unterstützen, den zweiten, den horizontalen Funktionszustand zu aktivieren und mehr und mehr in ihren Alltag zu übernehmen.

Umgekehrt ist eine Situation vorstellbar, in der ein Team in seiner Handlungsfähigkeit deshalb gelähmt und in der unbewußten Interaktion mit einem Patienten in der rezeptiven Haltung gleichsam erstarrt ist, weil sich die Verstrickung in die infantile Objektbeziehungs-Welt des Patienten seiner Kenntnis entzieht. Über die aufdeckende Arbeit in der psychoanalytischen Supervision kommt es dann zu einer Lösung aus dieser Erstarrung, und damit wird das Team wieder flexibler, kann sich partiell hierarchisch und vertikal organisieren und damit die verlorene Handlungsfähigkeit zurückgewinnen.

Dieses auf die jeweilige Aufgabenstellung abgestimmte ständige Oszillieren von einem Funktionszustand in den anderen bildet den äußerst störanfälligen konstitutionellen Hintergrund dessen, was man ein Team nennt. Die Arbeit in der psychoanalytischen Supervision zielt zwar nicht *direkt* auf diesen Hintergrund ab, aber wenn sie ihre Aufgaben erfüllt, dann erleichtert sie diesen oft strapaziösen Übergang und stabilisiert damit das Team als eigenständige Einheit.

Psychoanalytische Supervision bewirkt also eine *Flexibilisierung beim Wechsel der verschiedenen arbeitsbezogenen psychischen Funktionszustände eines Teams,* damit eine Zunahme der Anpassungsfähigkeit an schnell wechselnde und komplexe Arbeitsanforderungen und auf diesem Wege letztlich eine Stabilisierung des Teams in dem hier dargelegten dynamischen Sinne.

Wie wirkt Supervision?

Hier soll in Umrissen aufgezeigt werden, wie wir uns die Arbeit des Supervisors und die Wirkungsweise seiner Aktivitäten im Team und schließlich die Auswirkungen auf das Arbeitsfeld des Teams vorstellen können.

Dabei bediene ich mich eines Fallbeispiels, das so ausgewählt wurde, daß es mir möglich war, meine Überlegungen zu diesem Thema daran gleichsam aufzuhängen. Die Präsentation der Fallgeschichte dient also nicht irgendeiner Beweisführung, sondern der Veranschaulichung. Zugleich soll sie einen Einblick in die Denk- und Arbeitsweise des Supervisors geben. (Weitere Hinweise zu diesem Thema siehe auch im Abschitt »Zur Funktion der Fallbeispiele« des einführenden Kapitels zu diesem Buch.)

Das Team der offenen Station in einem Landeskrankenhaus berichtete in einer Supervisionsstizung ausführlich über eine sehr depressive Patientin, die nun schon über fünf Monate auf der Station war und deren Zustand sich seit mindestens drei Monaten um keinen Deut verändert hatte. Der depressive Zustand war chronisch geworden, es ging nicht vorwärts und nicht zurück. Die Patientin, Frau A., hatte neben ihrer depressiven Stimmung eine ganze Anzahl körperlicher Beschwerden, die sie, bis in alle Einzelheiten, unablässig aufzählte und jedem, ob er es hören wollte oder nicht, bis ins Detail schilderte. So pflegte sie vor allem den Zustand ihrer Verdauungsorgane und deren Tätigkeit oder Nicht-Tätigkeit gequält aber minutiös zu beschreiben und dann mit einer gewissen Lüsternheit abzuwarten, wie die Erzählung auf ihren Gesprächspartner gewirkt hatte. Die übrige Zeit des Tages verbrachte sie im Bett, klagend, vorwurfsvoll, aber auch verzweifelt, erschöpft und ohne Hoffnung. An therapeutischen Aktivitäten konnte und wollte sie nicht teilnehmen, und niemand getraute sich, sie energischer dazu zu drängen. Frau A. war nämlich auch suizidal, daran ließ sie keinen Zweifel, und sie unterstrich ihre Selbstmordabsichten mit dem Hinweis, daß sie schon bei einem früheren Aufenthalt einen ersthaften Suizidversuch in der Beschäftigungstherapie unternommen habe. Nur an Wochenenden zog sie sich frische Kleider an und fuhr nach Hause zu ihrer Tochter, um dann am Montag früh niedergeschlagen und verzweifelt wieder auf Station zurückzukehren. Von der Tochter erfuhr man, daß ihre kranke Mutter zu Hause gelegentlich recht unternehmungslustig war, zum Beispiel ins Kino ging, aber sobald die Tochter eine Bitte an sie richtete, verzog sie sich ins Bett und klagte herzzerreißend. Außerdem gab es da noch eine andere Ungereimtheit. Gelegentlich machte Frau A. größere Einkäufe, ging zum Frisör, schminkte sich und war dann für einige Stunden guter Dinge. Zurückgekehrt von solchen Ausflügen, wurde das schöne Kleid in den Schrank gehängt, der Morgenrock angezogen, und die Depression beherrschte wieder das Bild. Diese Erfahrungen mit der Patientin hatte bei einigen im Team den Eindruck entstehen lassen, Frau A. könne schon, wolle aber nicht richtig gesund werden. Manche Team-Mitglieder fühlten sich von der Patientin angesichts solcher Auftritte ausgenützt und irgendwie hintergangen, gerade so, als benutze die Patientin die Station wie einen Stützpunkt für ihre Ausflüge ins bessere Leben. Das Unveränderliche des depressiven Zustandes, die ständige Angst vor einem Suizid, das vorwurfsvolle Klagen der Patientin und ihre unterschwellige Gereiztheit hatten dazu geführt, daß das Team, nun seinerseits erschöpft, sich mehr und mehr von der Patientin zurückgezogen hatte.

In dieser Situation wurde mir die Patientin vorgestellt, und zwar in einer Art und Weise, daß ich mich aufgefordert fühlte, für das hilflose Team, gewissermaßen an seiner Stelle, eine Lösung zu finden. Ich bemerkte nämlich bald, das nun das Team seinerseits klagte, mir gleichsam etwas vorjammerte, und ich konnte jetzt selbst bemerken, daß es gar nicht angenehm war, in der Rolle dessen zu sein, der nichts als Klagen zu hören bekam und darüber hinaus sich verantwortlich dafür fühlen sollte, daß sich etwas verändert! Ich spürte eine enorme Anstrengung, in deren Folge meine Aufmerksamkeit und mein Interesse nachließen; mit einem Wort: Mir wurde langweilig! Die Supervisions-Sitzung zog sich in die Länge, ich wurde regelrecht müde, und langsam wurde mir klar, daß irgendetwas nicht stimmte. Immer wieder schweifte ich ab. Irgendwann hatte ich einen Ohrwurm, so eine kleine, halb angenehme, halb aufdringliche Melodie, die man einfach nicht mehr los wird. Es war: »Wer soll das bezahlen, wer hat soviel Geld?«

Jetzt wurde ich wieder wacher und begann mich für die kleine Melodie zu interessieren. Wer oder was hatte mir nun diesen Floh ins Ohr gesetzt? Wie kommt hier plötzlich das Geld ins Spiel?

In der Geschichte, die mir das Team von der Patientin erzählt hatte, gab es eine Stelle, zu der meine Gedanken zurückkehrten: Manchmal machte die Patientin größere Einkäufe, und dies schien ihr auch Spaß zu machen. Jemand erzählte jetzt, daß Frau A. immer sehr aufmerksam und besorgt sei, wenn es um ihr Geld ging. Sie sei keineswegs arm und wache auch genau darüber, daß die Anfragen ihrer Krankenkasse im Hinblick auf ihre stationäre Behandlungsbedürftigkeit vom Arzt ohne Verzögerung beantwortet würden. Der Stationsarzt schrieb tatsächlich in regelmäßigen und stetig kürzer werdenen Abständen seine Berichte und attestierte immer wieder, daß es sich bei Frau A. um einen Behandlungsfall mit ausreichend günstiger Prognose handele. Jetzt zeigte sich aber, daß der Arzt dies ganz automatisch getan hatte, ohne groß nachzudenken, denn es schien ihm ganz zwangsläufig so zu sein, daß die Kasse für den Aufenthalt dieser Patientin aufkommen müsse. Aber nun, in der Supervision, sagte er, daß er nicht daran glaube, was er da schreibe, er sei gar nicht überzeugt davon! In Wirklichkeit denke er nämlich, daß die Patientin einen starken Widerwillen gegen das Gesundwerden habe, daß sie irgendwie von diesem Aufenhalt profitiere, vielleicht sogar finanziell. Der Arzt sagte all dies mit einem gewissen Schamgefühl, denn er bemerkte jetzt, daß er gegen seine Überzeugung unter einem inneren Druck gehandelt hatte.

Jemand sagte jetzt, Frau A. habe eine Tagegeld-Versicherung, und die Spekulationen, wieviel sie an diesem Aufentahlt noch verdiene, schossen plötzlich ins Kraut. Ich begann für mich zu rechnen: Fünf Monate, macht hundertfünfzig Tage, Mal den Tagessatz = ?! Ich glaube, ich war bei dreißig- oder vierzigtausend Mark angekommen, Tagegeld nicht mitgerechnet, und dachte darüber nach, was ich mit einem solchen Haufen Geld machen könnte. Jetzt war ich hellwach, meine Unlust war verflogen, und angeregt durch diese Gedanken fragte ich zur allgemeinen Belustigung, ob sich schon jemand einmal ausgerechnet habe, welche Kosten durch das Verhalten der Patientin und des Teams entstanden seien.

Der Sozialarbeiter sprang fast von seinem Stuhl auf. Wieso eine solche Frage hier überhaupt gestellt werde, wollte er wissen. Er fände es empörend, eine so schwere Krankheit gegen Geld aufzurechnen. Er war jetzt gereizt, aber nach einiger Zeit konnte er selbst berichten, daß er der

Patientin stets dabei geholfen hatte, ihre jeweils neuen Anträge für die Auszahlung des Tagegelds auszufüllen. Bei genauerem Nachfragen stellte sich sogar heraus, daß die Patientin ihm die Antragsformulare ins Fach gelegt und er dann den Rest für sie erledigte hatte. Frau A. brauchte nur noch zu unterschreiben, und der Sozialarbeiter schickte die Anträge dann mit der Post ab, auf Kosten des Hauses, versteht sich. Langsam wurde dem Sozialarbeiter aber auch klar, daß er dies nur mit einem enormen Widerwillen getan hatte.

Inzwischen war, wie man sich leicht vorstellen kann, alle Langeweile und Müdigkeit gewichen, und es kam zu einer stürmischen und lebhaften Diskussion. Die Krankenschwestern erzählten jetzt, wie wütend und ohnmächtig sie im Grunde darüber waren, daß sie der Patientin an jedem Wochenende beim Anziehen helfen mußten oder dabei, sich für ihre Einkäufe schick zu machen, während es ihnen ein paar Stunden später nicht mehr gelingen wollte, sie zur Beschäftigungstherapie zu schicken. Eines war also überdeutlich geworden: Die Patientin verstand es, das Team im ganzen und die Mitarbeiter im einzelnen dazu zu bewegen, Dinge zu tun, die sie eigentlich nicht gutheißen konnten. Die geschickt plazierten Erwähnungen der früheren Suizidversuche hatten dabei ihre Wirkung nicht verfehlt; es war unter anderem eine ständige Sorge und Angst um die Patientin, die das Team zu dieser willfährigen Handlungsweise verleitet hatte. In dieser Supervisions-Sitzung kam nun endlich der ganze Unmut darüber zum Ausdruck. Die Erleichterung war spürbar. Unmittelbar vor dem Ende dieser Supervisionssitzung fragte aber eine Schwester, für mich ganz unverhofft: »Ja und was sollen wir denn jetzt mit ihr machen?«

Ich wurde erwartungsvoll angeblickt, spürte einen starken Druck, dann deutlichen Ärger und hatte jetzt wieder das Gefühl, daß ich die Verantwortung für die Arbeit des Teams zu übernehmen hätte. Ich schwieg eine Weile, um mich dem so entstandenen Druck zu entziehen. Dann entgegnete ich, für heute hätte ich wohl genug getan, mehr könne ich jetzt nicht machen! Die Sitzung war dann in einer aufgeräumten Stimmung, aber nicht ganz ohne Spannung zwischen mir und dem Team zu Ende gegangen.

Dieser Ausschnitt aus einer Supervisionssitzung kann gewiß unter mehreren Gesichtspunkten untersucht werden, aber ich will mich hier nur auf diejenigen Aspekte des Geschehens beziehen, die für unsere Fragestellung nach der Wirkungsweise der Supervision relevant sind, und werde vor allem die klinische Perspektive, die sich auf die Erkrankung von Frau A. bezieht, vernachlässigen. Nur so viel sei dazu vorläufig vermerkt, daß es nämlich als Ausdruck der pathogenen Objektbeziehungen der Patientin zu einer massiven Störung der aktuellen Interaktionen und in deren Folge zu einer hochgradigen Identifizierungsneigung im Team gekommen ist.

Vier Wochen nach dieser Sitzung, in der übernächsten Supervsion also, machte dann jemand aus dem Team die beiläufige Bemerkung, Frau A. sei in die Tagesklinik übernommen worden und ihre Entlassung stehe unmittelbar bevor.

Alle strahlten, und als ich fragte, wie das denn gekommen sei, sagte jener Sozialarbeiter:»Das war wohl die Supervision!« Alle lachten, und gerne hätte ich geglaubt, was da gesagt wurde, aber schließlich überwog eine skeptische Haltung, und wir konnten gemeinsam der Frage nachgehen, wie es zu diesem unvermuteten Umschwung gekommen war.

Ich befragte also die Gruppe noch einmal nach den genauen Ereignissen, von denen ich folgende Einzelheiten herausheben möchte:

– Beim nächsten Arztgespräch begann die Patientin wieder auf die bekannte Art zu klagen und in ihrer diskreten Art über ihre früheren Suizidversuche zu sprechen. Darauf sagte der Arzt energisch:»Frau A., von jetzt ab spreche ich mit Ihnen nur noch über ihre Zukunft.« Darauf brach die Patientin das Gespräch ab, kam aber am folgenden Tag erstmals von sich aus zum Arzt und fragte, wie er das gemeint habe.

– Als der Sozialarbeiter die Patientin wieder sprach, fragte er sie, ob sie sich eine Vorstellung davon machen könne, was das denn hier so alles koste! Worauf die Patientin etwa so reagierte wie der Sozialarbeiter in der Supervision.

– Die Schwestern der Station weigerten sich ab sofort, der Patientin beim Anziehen zu helfen, wenn sie einen ihrer Ausflüge antreten wollte. Zunächst drohte sie, sie werde das Bett niemals wieder verlassen, dann aber besann sie sich und und konnte sich am Ende dazu entschließen, sich selbst um ihre Garderobe zu kümmern. Etwa zehn Tage nach der Supervision kam die Patientin dann mit der Frage, wie man denn nun endlich ihre Entlassung einleiten könne.

Natürlich ist das gesamte Geschehen wesentlich komplexer und weniger übersichtlich, als es hier dargestellt wurde. Ich habe aus dem Ganzen nur diejenigen dynamischen Zusammenhänge herausgegriffen, die für unsere Überlegungen hier unbedingt notwendig sind.

Der Fall ist zwar erfreulich, aber nicht ganz durchsichtig, denn wir wissen noch nicht, wie es genau zu diesem Umschwung kam. Warum konnte die Supervision in diesem Falle eine Wirkung entfalten, in anderen dagegen nicht?

Ein Aspekt der ganzen Geschichte ist der Umgang mit der Verantwortung. Wie ich im letzten Beitrag dieses Buches noch herausarbeiten werde, gibt es in psychiatrischen Institutionen so etwas wie eine »geheime Klausel zur Wahrung der Anonymität« (M. BALINT 1964, 1965, S. 113), die dazu dient, einzelne von ihrer Verantwortlichkeit zu entlasten und damit den Zusammenhalt der Institution als ganzer zu bekräftigen. Diese Neigung traf sich im vorliegenden Fall in fataler Weise mit der Pathologie der Patientin, und zwar derart, daß ihre individuelle Tendenz, jegliche Verantwortlichkeit für sich selbst auf projektivem Wege anderen zu übertragen, vom Team zwiespältig »beantwortet« wurde: Auf einer bewußten Ebene nahm man dieses Beziehungsangebot an und tat alles für die kranke Frau; auf einer unbewußten Ebene verhalten sich die Dinge aber ganz anders: Hier zeigte sich, wie wütend die einzelnen Team-Mitglieder auf Frau A. waren. Diese Wut fiel aber der Abwehr anheim, und zwar indem sich das Team mit der projektiven, die eigene Verantwortung ablehnenden Tendenz identifizierte! Unbewußt wurde die Verantwortung für die Krankheit der Patientin zurückgegeben, es kam zu einem Hin- und Herschieben der Verantwortung zwischen Team und Patientin. Auf der unbewußten Ebene geschah also genau das Gegenteil dessen, worum man sich – bewußt – so eifrig bemühte. Was folgte, war eine immer mehr zunehmende Wut auf beiden Seiten, die unterdrückt wurde und die nun eine verstärkende und beschleunigende Wirkung auf den beschriebenen Abwehrvorgang ausübte, was schließlich zur Stagnation des therapeutischen Prozesses führte.

Der besondere Umgang mit der Verantwortung zeigte sich auch ganz deutlich in der Supervision in Gestalt des Versuchs, die Verantwortung beim Supervisor gleichsam abzuladen und sich selbst diesbezüglich zu erleichtern. (Man erinnere sich, daß ich bei dem Bericht über die Patientin das Gefühl bekommen hatte, ich solle jetzt an Stelle des Teams verantwortlich und kompetent handeln.)

Hier zeigte sich ein Phänomen, das sehr häufig beschrieben wird, daß nämlich in der Interaktion des Teams mit dem Supervisor sich ganz ähnliche Verhältnisse einstellen, wie sie sich zuvor zwischen der Patientin und dem Team mit umgekehrten Vorzeichen abgespielt hatten. Die schöne Regelmäßigkeit, mit der man diesen Vorgang in Supervisionsgruppen beobachten kann, hat dazu geführt, daß die Fokussierung auf die unbewußten Identifizierungen der Therapeuten-Gruppe mit den pathogenen Konfliktneigungen des Patienten und ihre spiegelverkehrte Inszenierung in der Supervision zu einer der wichtigsten Perspektiven auf das unbewußte Geschehen in therapeutischen Teams geworden ist.

THOMAS POLLAK hat das Phänomen in seinem Beitrag unter einem technischen Gesichtspunkt als »Transposition der Gegenübertragung« behandelt. Ich habe die Darstellung meines Fallbeispiels derart gestaltet, daß gerade die Momente der unbewußten Identifizierungen bei allen Beteiligten hervortreten: bei dem Team, indem es in der Fallvorstellung die Patientin gleichsam imitiert, und bei dem Supervisor, indem er sich aufgefordert fühlt, Verantwortung zu übernehmen. Man sieht, daß diese identifikatorischen Vorgänge eigentlich interpersonale Angleichungs-Prozesse sind. Der Supervisor soll unbewußt zur Identifizierung gedrängt werden, das Team will, daß der Supervisor den Fall gleichsam mit den Augen des Teams sieht. Diese unbewußte Absicht steht dem bewußten Bedürfnis nach Aufklärung entgegen. BRITTA HEBERLE beschreibt in ihrer Arbeit dasselbe Phänomen als Neigung einer Institution, den Supervisor »einzusozialisieren«. Die wesentliche Differenz zwischen dem Team und dem Supervisor besteht nun darin, daß sich letzterer qua psychoanalytischer Kompetenz diesem Druck reflektierend zu entziehen vermag. Dadurch begibt er sich aus dem Mittelpunkt des Geschehens an die Peripherie, an einen dezentralen Standort. Von hier aus formuliert er dann seine Interventionen.

In unserem Fallbeispiel zeigt meine Irritation über den Ohrwurm (»Wer soll das bezahlen? ...«) die Stelle an, an der es mir gelang, mich dem Identifizierungsdruck zu entziehen. Meine Frage an das Team, ob sich jemand schon einmal Gedanken über die Kosten der Behandlung gemacht habe, war wie ein Signal an die Gruppe, daß ich nun das Geschehen unter einer eigenen Perspektive betrachten würde. Die wütende Reaktion des Sozialarbeiters zeigt, daß man im Team erkannt hatte, daß ich mich dem unbewußten Druck der Gruppe und der damit verbundenen Aufforderung, Verantwortung für die Gruppe zu übernehemen, nicht fügen würde.

Wir können jetzt also zwei Schritte nachvollziehen, die den Supervisionsverlauf bis dahin charakterisieren: Zunächst kam es zu einer unbewußten Identifizierung des Supervisors mit unbewußten Tendenzen im Team (die ihrerseits sowohl Identifizierungen mit einem pathogenen Aspekt aus den internalisierten Objektbeziehungen der Patientin sind wie auch Aktivierungen eines institutionsspezifischen Denk- und Verarbeitungsstils) und dann zu einer Ent-Identifizierung des Supervisors, zu einem Rückgängigmachen des ersten Schritts. Damit war zwar die Supervisionssitzung beendet, nicht aber der Prozeß, der durch die Supervision in Gang gebracht worden war.

Der nachfolgende Umschwung war nämlich von dem Team so erlebt worden, als stünde er eindeutig in einem kausalen Zusammenhang mit der Supervisionssitzung. Welches war nun das weitere Schicksal der unbewußten Identifizierungen im Team?

Betrachtet man das Geschehen nach der Supervision, so fällt auf, daß in der inneren Einstellung der einzelnen Team-Angehörigen (Arzt, Sozialarbeiter, Schwestern) eine ziemlich abrupte Veränderung eingetreten ist. An die Stelle einer depressiv-gequälten, scheinbar mitfühlenden, aber im wesentlichen passiven Haltung zur Patientin war jetzt eine energische und ermutigende, bis an die Grenze des Zumutbaren gehende Aktivität getreten. Das Abrupte in dieser Veränderung weist darauf hin, daß sie sich nicht ganz harmonisch im Team entwickelt hat, sondern daß sie, als habe man sich einen Ruck gegeben, im Zuge einer plötzlichen Gegenbewegung gegen die ursprüngliche Haltung entstanden ist. Dieses Plötzliche läßt sich durch einen *Wechsel der Identifikationen* erklären. Das Team, ursprünglich mit einem pathogenen Objektbeziehungsmuster der Patientin identifiziert, macht in der Supervision die Erfahrung, daß sich der Analytiker dem Identifizierungs-Druck durch das Team entzogen hat, daß er offenbar in der Lage ist, die ihm angetragene Verantwortung für das Team partiell zurückzuweisen, und daß er sich darauf beschränkt, Verantwortung für sich selbst, wenn man so will, für sein eigenes Wohlbefinden zu übernehmen (»Dann entgegnete ich, für heute hätte ich wohl genug getan, mehr könne ich jetzt nicht machen!«). Genau mit dieser Haltung des Supervisors identifiziert sich nunmehr das Team. Bis dahin war die ganze Gruppe in einer quasi mitfühlenden Haltung mit der Patientin, genauer: mit bestimmten Aspekten der unbewußten Objekt-beziehungs-Dynamik der Patientin festgefahren und nicht mehr im Sinne ihres institutionellen Auftrags handlungsfähig. Diese Verhärtung hatte sich ursprünglich aus dem Versuch entwickelt, eine empathische Haltung gegenüber der Patientin einzunehmen, war dann aber gleichsam in der Identifizierung steckengeblieben. (Die Identifizierung ist zwar ein notwendiger Bestandteil der Empathie, aber es müssen noch weitere Elemente hinzukommen, bis wir von wirklicher Einfühlung sprechen können; das Wichtigste ist dabei die Fähigkeit zur kognitiven Beurteilung des identifikatorisch erlebten Geschehens, was wiederum auf der Fähigkeit zur »Dezentrierung« beruht.) Der Zustand des Teams entsprach jetzt dem, was ich weiter oben als ein Erstarren in der egalitären, horizontalen Verfassung der Gruppe beschrieben habe. Die Haltung des Supervisors, oder genauer: die Veränderungen in seiner Haltung während der Supervisionssitzung, wurden dann vom Team gleichsam als Vorlage benutzt, als Vorbild für eine Veränderung der eigenen Haltung. Man hatte vom Supervisor etwas gelernt, aber die innere Dynamik des Geschehens reicht über ein bloßes »Lernen am Vorbild« hinaus. Die Gruppe hatte sich das richtige Verhalten nicht einfach beim Supervisor abgeschaut, vielmehr hat sie mit ihm in der Sitzung eine emotional bedeutsame Erfahrung gemacht. Damit meine ich, daß das Team gleichsam »am eigenen Leib« erfahren hatte, daß ihm das identifikatorische Mitgefühl durch den Supervisor ein Stück weit entzogen wurde, daß dies zwar momentan unangenehm war, dafür aber andere, bislang unterdrückte Gefühls- und Wahrnehmungsbereiche ins Spiel kommen konnten.

Identifizierung ist hier also nicht gleichbedeutend mit Nachahmung, vielmehr ist sie der Versuch, sich mit einem kompletten und komplexen *Interaktionsmuster* nacherlebend in Einklang zu bringen, um es schließlich genau so oder in modifizierter Weise in die eigene Regie übernehmen zu können.

Die psychoanalytische Supervision kann bewirken, daß die allfälligen Verstrickungen in Teile solcher interaktioneller und intrapsychischer Prozesse, die sich wie ein ständiges »Stecken-bleiben« in der Arbeit auswirken, aufgeklärt werden, und daß darüber hinaus in der probeweisen Identifizierung mit der Haltung des Supervisors alternative Bewältigungsmodalitäten gleichsam ausgetestet werden.

In diesem Modell wird aber bereits deutlich, daß mit der teilweisen identifikatorischen Übernahme von Haltungen des Supervisors der ganze Prozeß noch nicht abgeschlossen ist, vielmehr beginnt jetzt erst der wichtigste Teil der Arbeit. Jetzt muß nämlich in einem längerfristigen »trial and error«-Verfahren von dem Team geprüft werden, ob und inwieweit diese Haltungen auch im Kontext der eigenen Profession und Institution praktikabel und wünschenswert sind. Die neuen Errungenschaften werden dann beispielweise mit den institutionellen und professionellen Idealen, mit den primären Institutionszielen und einer großen Zahl anderer, in der täglichen Arbeit wirksamen Parameter abgeglichen.

Die Wirkung der Intervention des Supervisors ist also nicht, obwohl dies auch in meiner Darstellung gelegentlich so erscheinen mag, mit der eines einseitigen Eingriffs durch eine mächtige und wissende Person vergleichbar, vielmehr ist nun ersichtlich geworden, daß es zu einer kontinuierlichen Wechselbeziehung zwischen Team und Supervisor kommen muß, damit die den beiden Seiten nicht bewußten, gleichwohl von ihnen ins Spiel gebrachten Gedanken, Ideen und Mitteilungen jener identifikatorisch-distanzierenden Oszillation unterliegen können, die erforderlich ist, um dieses basale »Material« schließlich in einen Erkenntnis- und Veränderungsprozeß transformieren zu können. Dieser Vorgang beginnt nicht erst mit der Deutung des Supervisors, ja nicht einmal mit einer bestimmten Supervisionssitzung, sondern er ist im Idealfall auch zwischen den einzelnen Sitzungen aktiv. In dem oben dargestellten Fall kann man sicher davon ausgehen, daß ein wesentlicher Teil der Arbeit vom Team schon geleistet war, als es sich dazu durchgerungen hatte, diese Patientin vorzustellen. Ein unbewußter Entschluß, in diesem Fall einen Umschwung herbeizuführen, hat vermutlich schon lange festgestanden. Die innere Verfassung des Teams, seine Unzufriedenheit mit dem Zustand der Patientin, die gereizte Stimmung, das alles signalisierte dem Supervisor ja eine latente Bereitschaft, daß man eine klare, auf Veränderung zielende Intervention akzeptieren würde. Wenn man es genau betrachtet, so enthält schon die Frage nach der »Wirkung« von Supervision ein gewissermaßen pharmakologisches Mißverständnis; Supervision ist kein Medikament und kann auch nicht wie ein solches verabreicht werden. Vielmehr müssen ihre Wirkungen immer als Wechselwirkungen beschrieben werden.

Mit diesen Überlegungen im Hintergrund können wir nun die Frage nach der Wirkungsweise von psychoanalytischer Team-Supervision in *drei Schritten* beantworten:

1. Aufklärung von unbewußten intrapsychischen und interpersonalen »Verstrickungen«, das sind repetitive, dysfunktionale und letztlich pathogene Beziehungs- und Verhaltensmuster, die in der Regel mit den institutionstypischen Abwehrvarianten interagieren; dieser Teil der Arbeit entspricht am ehesten dem Teil der klassischen psychoanalytischen Tätigkeit, die man als *Bewußtmachen von Unbewußtem* bezeichnet.

2. Partielle identifikatorische Übernahme von »Haltungen« des Supervisors. Infolge der unter Punkt 1. beschriebenen Vorgänge kommt es zu einem mehr oder weniger deutlichen Verlust von professionellen Selbstverständlichkeiten. Mit anderen Worten: die Teams büßen ein Stück ihrer bisherigen Orientierung ein.
   In dieser Situation entwickelt sich häufig eine idealisierende Neigung und die Bereitschaft, die Haltungen und Anschauungen des Supervisors oder was man dafür hält, via Identifizierung zu übernehmen. Die im Gefolge dieser Entwicklung sich einstellenden Beziehungskonstellationen zwischen Team und Supervisor lassen sich mit der Entstehung und Entfaltung der *Übertragung* in der klinischen Situation vergleichen.

3. Integration der so im Prozeß der Supervision erworbenen psychischen Einstellungen in die bestehenden professions- und institutionstypischen Haltungen. Gerade dieser Teil in der Wirkung von Supervision ist wenig dramatisch, dafür langwierig und von ungewissem Ausgang, denn er ist nicht nur von der Qualität der Zusammenarbeit zwischen Team und Supervisor abhängig, sondern darüber hinaus von der inneren Konstitution, der Flexibilität und der Offenheit der jeweili-

gen Institution. Dieser Teil des Prozesses ist mit dem *Durcharbeiten* in der klinischen Psychoanalyse vergleichbar. Er benötigt viel Zeit und läßt sich nicht so anschaulich und vor allem nicht so spektakulär in Fallbeispielen darstellen wie die ersten beiden Schritte.

Grenzen der Supervision

Gerade dieser letzte Punkt weist aber auf einen Umstand hin, über den zu wenig gesprochen wird: nämlich die *Grenzen* der Wirkung von Supervision. Diese Grenzen sind aber nicht wie in der klinischen Situation in den Charakterabwehren, im »gewachsenen Fels« der psychischen Strukturen von Individuen zu suchen, sondern in den Eigentümlichkeiten und Besonderheiten der jeweiligen Institution, vielleicht auch in einer ganz allgemeinen Resistenz von größeren Organisationen gegen Beeinflussungsversuche von außen. Die in der jeweiligen Institution und im Beruf erworbenen je spezifischen Abwehr- und Anpassungsmechanismen werden unter dem Einfluß der psychoanalytischen Aufklärungsarbeit, dem ersten Schritt des Supervisionsprozesses, erschüttert, abgetragen und zersetzt. Wollte man sich weniger dramatisch ausdrücken, so könnte man auch sagen, sie werden zur Disposition gestellt. Wie dem auch sei, die Ergebnisse des Sozialisationsprozesses werden teilweise rückgängig gemacht, es kommt zu einem Stück *Desozialisierung*. An die Stelle der alten adaptiven Strukturen sollen nun solche treten, die sich im Reflexionsprozeß der Supervision als angemessener erwiesen haben. Dazu müssen bestimmte Teile der Sozialisation wieder aufgenommen werden, verfestigte und erstarrte Strukturen werden gleichsam verflüssigt. Psychoanalytische Team-Supervision, so wie sie hier konzeptualisiert wird, ist also auch ein Katalysator in der beruflichen und institutionellen Sozialisation. Sie ist daher angewiesen auf ein Milieu, das kontinuierliche Prozesse, ihre Reflexion und Kommunikation begünstigt oder zumindest ermöglicht. Will ein professionelles Team von der Supervision dauerhaft profitieren, so müssen Bedingungen herrschen, die den kommunikativen Austausch der in der Supervision gemachten

Erfahrungen auch zwischen den Supervisions-Sitzungen und auf lange Sicht fördern. Umgekehrt gibt es eine Reihe von Umständen, die einer dauerhaften und anhaltenden Wirkung der Supervision entgegenstehen. Diese mögen in den einzelnen Institutionen sehr verschieden sein, aber es gibt auch Anhaltspunkte dafür, daß allgemeine institutionell geförderte Mechanismen gerade im psychosozialen Bereich und im Gesundheitswesen die dauerhafte Wirkung von Supervision *systematisch* begrenzen. Dazu gehört an erster Stelle die in der Institution gleichsam strukturell angelegte Neigung zur *Erzeugung von Diskontinuität*. Nicht nur in meiner eigenen Erfahrung ist sie das hervorstechendste dynamische Agens, das gegen die Supervision wirksam ist und das man auf allen Ebenen der Institution und in der Supervision selbst antreffen kann: als einfache Abwesenheit von Team-Angehörigen in der Supervision; als Krankheit; in Form abgebrochener oder unterbrochener therapeutischer Beziehungen; als Folge von Personal-Wechsel, Mitarbeiter-Rotation und dem kurzfristigen Auftauchen und Verschwinden von Praktikanten; als Folge von Schichtarbeit und Dienstplangestaltung im Pflegebereich; als abrupter Wechsel der Behandlungs-Methode von Patienten; in Gestalt plötzlicher Verlegungen von Patienten, als Entlassungen oder Wieder-Aufnahme auf einer anderen Station und vieles andere mehr. In einem anderen Zusammenhang habe ich diese Neigung zur Diskontinuität in Bezug zur Pathologie der psychiatrischen Patienten gesetzt, die ja auch von zahlreichen inneren und äußeren Brüchen gekennzeichnet ist (BECKER 1991c). FINDEKLEE (1986) bezeichnet das Phänomen des Personalwechsels als das »Hauptordungsprinzip« in der von ihr untersuchten kinder- und jugendpsychiatrischen Einrichtung. Möglicherweise ist dieses Prinzip aber nicht nur in der Psychiatrie, sondern im gesamten psychosozialen und medizinischen Bereich anzutreffen. So hat etwa MENZIES (1959) bei ihrer Untersuchung des Mitarbeiterstabes eines großen Krankenhauses herausgefunden, daß aufkommende Beziehungen zwischen Schwestern und Patienten *systematisch* unterbrochen werden und daß der Grundstein für dieses Verhalten bereits in der Ausbildung der Schwesternschülerinnen gelegt wird. Es galt das Prinzip: »a good nurse always moves!«, womit gesagt sein sollte, daß eine Schwester eben immer aktiv, beweglich und einsatzbereit zu sein hatte; Ruhe und die Neigung zum Verweilen wurden eher als Anzeichen von Faulheit gewertet.

Jenseits der Frage nach den Ursachen und Gründen für solche offensichtlich antitherapeutischen und dysfunktionalen, zugleich aber langlebigen Strukturen muß man festhalten, daß sie die Wirkung der Supervision auf die Institution systematisch begrenzen. Die psychoanalytische Supervision ist darauf angewiesen, daß die von ihr ins Spiel gebrachten Gedanken und Haltungen irgendwie kommuniziert und im professionellen Dialog durchgearbeitet werden. Wenn aber etwa die Mitarbeiter-Fluktuation und andere strukturelle Diskontinuitäten ein bestimmtes Maß überschreiten, so werden dadurch gerade solche sozialisatorisch erworbenen Haltungen hinfällig, die noch neu und wenig gefestigt sind. Außerdem werden in solchen Kontinuitäts-Krisen immer die eher einfachen und regressiven Mechanismen bevorzugt, die einer auf das reflektierende Erfassen komplexer Vorgänge augerichteten Haltung entgegen stehen. Paradoxerweise wird dann aber häufig gerade in solchen Situationen ein Supervisor zu Hilfe gerufen, vermutlich weil eben doch ein untergründiges Unbehagen besteht. So werden die Einrichtung der Supervision und die Person des Supervisors erst einmal selbst die wichtigsten Garanten von Regelmäßigkeit und Kontinuität.

Es ist dann die erste und wichtigste Aufgabe des Supervisors, auf die destruktive Wirkung der allfälligen Dikontinuitäten hinzuweisen und konkret aufzuzeigen, wie sich solche Strukturen im Sinne institutionalisierter Abwehr (MENTZOS 1976) auswirken können. Die Supervision muß also zuerst einmal die Voraussetzungen für ihre eigene Wirksamkeit schaffen. Damit soll aber nicht gesagt sein, daß sie alle, ja nicht einmal die wesentlichen institutionellen Parameter beeinflussen kann. Diese Grenzen zu übersehen, hieße aber – und hier haben wir wieder eine Parallele zur klinischen Situation –, illusionären Vorstellungen über die Wirsamkeit von Supervision nachzuhängen und damit letzlich die realen Möglichkeiten, wie sie hier aufgezeigt wurden, zu verspielen.

Literatur

BALINT, M. (1964, 1965): Der Arzt, sein Patient und die Krankheit. Stuttgart.

BECKER, H. (1991c): Konfliktverarbeitung in Psychiatrischen Institutionen. Psychiatrische Praxis 18: 149-154.

FINDEKLEE, R. M. (1986): »Stellungswechsel« oder das Babel-Phänomen. Erfahrungen aus dem Arbeitsfeld Psychiatrie. Supervision, Heft 9: 25-38.

MENZIES, I. (1959): The functioning of social systems as a defense against anxiety: a report on a study of the nursing service of a general hospital. Human Relations 13: 95-121.

MENTZOS, S. (1976): Interpersonale und Institutionalisierte Abwehr. Frankfurt am Main.

ULRICH ERTEL

Supervision und Betreuung

Aus den nicht-klinischen gemeindepsychiatrischen Einrichtungen, deren Aufgabe die Betreuung und Begleitung psychisch Kranker ist, erwächst eine zunehmende Nachfrage nach psychoanalytischer Supervision.

Damit rückt der Begriff der Betreuung, in Abgrenzung zur Behandlung im klinischen Setting, in das Zentrum des Interesses, befördert durch die institutionellen und konzeptionellen Veränderungen innerhalb der Medizin im allgemeinen und der psychiatrischen Versorgung im besonderen.

Im folgenden möchte ich die institutionellen und professionellen Rahmenbedingungen beschreiben, innerhalb derer sich die Betreuungsarbeit der jeweiligen Teams abspielt. Zugleich geht es mir um die Skizzierung des Spannungsfeldes, das durch den psychoanalytischen Aufklärungs- und Verstehensprozeß der Supervision mit seinen spezifischen methodischen Grundprinzipien, wie sie die Mitautoren in diesem Band umfassender und genauer ausführen, erzeugt wird.

Das Arbeitsfeld »Betreuung«

Der in den letzten Jahren zunehmend diskutierte Zustand der Medizin als einer Profession, die diagnostisch aufblüht und therapeutisch ausglüht (GROSS et al. 1989) verweist auf das Auseinanderdriften von Diagnostik und Therapeutik, die Expansion und Verfeinerung des diagnostischen gegenüber einem Rückzug des therapeutischen und sinnverstehenden Wissens.

Gerade die Gruppe der chronischen Erkrankungen stellt eine

Provokation und Herausforderung dar, da sie sich dem Zugriff der modernen Akutmedizin sperrt (SCHAEFFER 1991). Das professionelle Selbstverständnis einer Medizin, die auf Beseitigung von Störung, die Remission von Krankheit und Wiederherstellung von Gesundheit aus ist, stößt hier an Grenzen, welche verständlich werden lassen, warum mittlerweile fast alle Funktionen, die aus der Sicht der Medizin mit »Begleitung«, »Unterstützung« und »Betreuung« assoziiert werden, bereitwillig anderen Berufsgruppen – im sozialpsychiatrischen Bereich insbesondere den Sozialarbeitern und Sozialpädagogen – überlassen werden. Diese »neuen« Berufsgruppen tragen auch mittlerweile die Hauptlast der Betreuung chronisch psychisch Kranker im komplementären und ambulanten sozialpsychiatrischen Bereich, um den die folgenden Überlegungen kreisen.

Dieser Bereich bildete sich im Zuge einer Abwendung von der rein kustodialen Verwahrung hin zu einer rehabilitativ orientierten Psychiatrie heraus und fand seinen Niederschlag in der »kliniknahen« Gründung zahlreicher Initiativen und Trägervereine, die sich in Gestalt relativ statushomogener, antihierarchisch strukturierter Teams (mit den Schwerpunkten Sozialarbeit, Sozialpädagogik, Beschäftigungs- und Sozialtherapie) in ›selbstverwalteter Arbeit ohne Leitung‹ den umfassenden gemeindepsychiatrischen Aufgaben in Einrichtungen wie Tagesstätte, Betreutes Wohnen, Psychosozialer Dienst, Psychosoziale Kontakt- und Beratungstelle widmen.

Der Wunsch nach einer basisdemokratischen Arbeit ohne Leitung mit einer autonomen Kontrolle über die eigene Tätigkeit gerät nun sehr schnell in Konflikt mit einer vom Kostenträger geforderten Kontrolle durch die Fachaufsicht, welche häufig durch ehrenamtliche Mitarbeiter in Gestalt ärztlicher Kollegen bis hin zu Klinikleitern wahrgenommen wird, die selbst Mitglieder des Vereins sind oder gar eine Funktion im Vorstand innehaben, jedoch anderenorts tätig und mit den alltäglichen praktischen Problemen in der Arbeit der jeweiligen Stelle nicht konfrontiert sind. Die nur ehrenamtliche Wahrnehmung dieser Kontrollfunktion durch Kollegen, die man aus der gemeinsamen Arbeit in der Klinik, im Verein und nicht selten aus privaten Kontakten kennt, führt zu einer Entwertung dieser Funktion, die man nicht anerkennen und respektieren kann, zu einer Schwächung der organisatorischen Autonomie des Vereins (»Feierabendverein« ist eine häufig kolportierte Bezeichnung) beziehungsweise der von ihm initiierten und getragenen Institution und zu diffusen Entscheidungs- und Leitungsstrukturen.

Das Festhalten an dem Ideal einer selbstverwalteten, gleichberechtigten Arbeit ohne Leitung dient aus psychoanalytischer Sicht der Abwehr von Abhängigkeits-, Rivalitäts- und Ausstoßungswünschen und -ängsten. Dies wird gerade dann deutlich, wenn aus Angst vor der selbst zugemuteten Verantwortung angesichts ungeregelter Aufgaben- und Kompetenzverteilungen sowie der erwähnten unklaren Entscheidungs- und Leitungsstrukturen der Wunsch nach einer Autorität erwacht, die klare Grenzen zieht, Struktur und Konzeption schafft, vor allen Dingen Verantwortung übernimmt. Der Seufzer des Mitarbeiters in einem gemeindepsychiatrischen Projekt: »Ich sehne mich nach einem Chef, den ich siezen kann«, bringt den Mangel einer Sicherheit und Stabilität gewährenden Funktion, die in wohltuender professioneller Distanz angesiedelt ist, am besten zum Ausdruck.

Ein weiteres Konfliktfeld eröffnet sich mit dem Wunsch der Teammitglieder, in kritischer Distanz zu einer sich naturwissenschaftlich-szientistisch verstehenden psychiatrischen Behandlung die zumeist chronischen Patienten nach dem Modell einer ganzheitlichen, antipsychiatrischen und antiinstitutionellen lebensbegleitenden Hilfe (vgl. z.B. HEUBNER u. TROSSHARDT 1992) zu betreuen. Denn recht bald erhebt sich die Klage, in dieser Arbeit keine Unterstützung und Anerkennung durch die Ärzte beziehungsweise maßgebliche klinische Institutionen zu erfahren; dies befördert die Angst, zu autonom, das heißt ohne ausreichende professionelle Ressourcen zu handeln und damit das Ideal einer sowohl selbstverwalteten als auch emanzipatorisch-ganzheitlichen Arbeit zu gefährden. Die ›ganzheitliche Orientierung‹ erscheint rational wie ein kritischer Reflex auf das schlechte Gewissen der naturwissenschaftlichen Medizin, die das Wissen, daß Krankheit, Behandlung und Bewältigung dieser Krankheit den Rahmen eindeutiger und berechenbarer Kausalzusammenhänge sprengt, nicht oder nur unzulänglich im Rahmen ihres professionellen Bezugsystems unterbringt. So wird auch ganz bewußt die mit der Logik von Behandlung verbundene Bezeich-

nung ›Patient‹ zu Gunsten der je nach Ort der Hilfe beziehungsweise Betreuung eher neutralen Charakterisierung ›Besucher‹
(für den Bereich der offenen Arbeit, d.h. Beratungs- und Kon-
taktstelle, Nachsorgeeinrichtungen wie z.B. Tagestätten) oder
›Bewohner‹ (für den Bereich des Betreuten Wohnens) vermieden.[1]

Die häufig anzutreffende Emphase, mit der an der Ganzheitlichkeit festgehalten wird, erscheint mir jedoch eher als ein
Ausdruck des Zurückweichens vor der für professionelle Interventionen konstitutiven Asymmetrie zwischen Hilfesuchendem
und professionellem Experten. Ein solches Zurückweichen pro-
voziert die Gefahr, daß das spezifische professionelle Rollenhandeln und die für das professionelle Handeln charakteristische
widersprüchliche Einheit von universellem wissenschaftlichem
Wissen und dem Verständnis der je individuellen Problematik
des Klienten zugunsten einer für primäre Sozialbeziehungen –
wie die zwischen Ehepaaren oder Eltern und Kindern – zutref-
fenden diffusen Privatheit und Intimität (vgl. SCHAEFFER 1988)
aufgelöst wird. Damit rücken die grundsätzlichen Professionali-
sierungsprobleme oder -mängel der sogenannten »neuen« Professionen (insbesondere Sozialarbeit und Krankenpflege) in den
Blickpunkt (vgl. SCHAEFFER 1992; SAHLE 1987; HILDEBRAND
1991), auf die ich später immer wieder zurückkommen werde.

Der Begriff der Betreuung oder auch »Alltagsbegleitung«
(vgl. WEIGAND 1990) orientiert sich am Ziel der Sicherstellung
und des Erhaltes der Lebensbasis und der elementaren Lebens-
vollzüge. Diese Begleitung und Betreuung versteht sich als ein
psychosoziales Hilfesystem für diejenigen chronisch psychisch
kranken Menschen, die »immer besonders verletzlich« sind und
bleiben (WEIGAND 1990, S. 259). Für den Bereich des »Betreuten
Wohnens«, an dem ich mich im weiteren orientiere, ist damit
zum Beispiel die Hilfestellung und Sicherung der materiellen
Existenz, Hilfen bei der Tagesstrukturierung, Beratung bei Problemen am Arbeitsplatz, Hilfe zur Freizeitgestaltung, Beratung

---

1 Der Klarheit halber schließe ich mich im weiteren diesem Sprachgebrauch an und werde entweder von »Betreuer« bzw. »Betreutem«
reden bzw. statt »Betreutem« auch die verbreitete Bezeichnung »Besucher« – für das Feld der offenen Einrichtungen – oder »Bewohner« – für
den Bereich des Betreuten Wohnens – wählen.

und kontinuierliche Unterstützung bei lebenspraktischen Aufgaben und so weiter gemeint (vgl. auch BRILL 1991). Der Bewohner soll »nach individuellem Bedarf sozialarbeiterisch und therapeutisch betreut« werden, wie es häufig in den mit dem Bewohner geschlossenen Nutzungs- und Betreuungsverträgen heißt. Neben Aktivitäten wie Freizeitgestaltung, Kontaktpflege, lebenspraktischen Hilfen bei der Bewältigung von Haushalt, Tagesplanung, Geldangelegenheiten und Amtsgängen erfolgt auch das Angebot von Gesprächen mit einer therapeutischen Intention, welche – ohne thematische Beschränkung – dem Bewohner Gelegenheit geben sollen, das für ihn Problematische zur Sprache zu bringen. Damit wird für den Bereich der Betreuung ein therapeutischer Raum entworfen, der sich durch die äußerst spannungsreiche Verschränkung von zwei Beziehungstypen auszeichnet, wie sie OEVERMANN (1987) aus soziologischer und BRÜCHER (1988) aus psychiatrischer Perspektive beschrieben haben: einerseits diffuse, am Modell der Ehegatten- und Eltern-Kind-Beziehung orientierte Beziehungen, in denen sich die Interaktionsteilnehmer personal und in ihrer Ganzheit begegnen und in denen prinzipiell kein Thema ausgeschlossen werden darf; andererseits spezifische rollenförmigen Beziehungen mit der funktionalen Einschränkung auf bestimmte Themen, Problembereiche und Zielsetzungen. Dabei muß ein Wechsel zwischen beiden Ebenen, also zwischen personaler und spezifischer, professioneller Beziehung als Ausdruck einer prinzipiellen Grenzüberschreitung expliziert und begründet werden.

Die Tätigkeit des Betreuers soll also nicht in einer erschöpfenden Begleitung des Betreuten durch den Alltag aufgehen, sondern mit der Option einer durch professionelle Interventionen induzierten therapeutischen Veränderung (auf der Basis solcher Gespräche) ein Gegengewicht erhalten.

Mit der vertraglichen Vereinbarung der Betreuung erfolgt implizit eine Anerkennung der Autonomie des Patienten, die ihn in die Lage versetzt, professionelle Hilfe in Anspruch zu nehmen und ein Arbeitsbündnis einzugehen.

Welche Probleme werden nun in der Supervision thematisch? Um mich dieser Frage zu nähern, werde ich im folgendem anhand von fünf Fallbeispielen einige Konfliktpotentiale aus dem Arbeitsfeld »Betreuung«, so wie sie sich in der psychoanalytischen Supervision darstellen, herausarbeiten und unter verschiedenen Gesichtspunkten diskutieren. Außerdem will ich von Fall zu Fall verdeutlichen, wie sich ganz bestimmte Prinzipien der psychoanalytischen Methode, wie etwa die Abstinenzregel oder die Deutung, im Kontext ihrer Anwendung in der Team-Supervision begründen lassen.

Die Felddynamik im Spiegel der Supervision

Ganzheitlichkeit als (feldspezifische) Ideologie

Bei der noch von Idealismus getragenen Arbeit in der Gründer- und Anfangszeit entsprechender Initiativen und Trägervereine zeigt sich nicht selten eine Tendenz zur Aufteilung und Aufsplitterung der eigenen Arbeit in eine Vielzahl von Projekten. Dies ist insbesondere im Bereich der sogenannten »offenen Arbeit« der Fall, das heißt Beratung, Kontaktstellenfunktion, Nachsorge und präventive Aktivitäten, die sich mit einem kontinuierlichen Angebot an psychosozial Hilfsbedürftige wendet, die dieses Angebot je nach Bedarf wahrnehmen können.

In der ersten Supervisionssitzung bei einem Team eines im Aufbau befindlichen gemeindepsychiatrischen Zentrums fiel mir ein Plakat an der Wand auf, welches mit der Schlagzeile »Stückwerk« eine sozialpsychiatrische Veranstaltung ankündigte. Gleich darauf erfuhr ich von den Teammitgliedern, daß ihre Arbeit zusammen mit dem Vorstand des Trägervereins so aufgeteilt worden war, daß niemand für einen bestimmten Bereich – zum Beispiel den des Betreuten Wohnens – eine ganze Stelle beanspruchen konnte. Die Arbeitszeit der eingerichteten Stellen wurde also unter den Mitgliedern des Teams den vielfältigen Aufgaben entsprechend halbiert, gedrittelt, geviertelt. Dabei verwaltete das Team sich praktisch selbst; es gab keinen Leiter, keinen Geschäftsführer und eine nur sporadisch stattfindende Dienst- beziehungsweise Fachaufsicht, die den formalen Maßgaben des Kostenträgers Genüge leisten sollte. Was zunächst von dem Team als Freiheit empfunden wurde, entpuppte sich zunehmend als ein Preis, der mit steigendem Kooperationsaufwand, Überforderung und dem Gefühl, für alles zuständig sein zu müssen, bezahlt wurde und die Entscheidung für eine Supervision forcierte.

In der beschriebenen mangelhaften Organisation, Planung und Konzeption der Arbeit zeigt sich noch eine andere als die weiter oben beschriebene Ideologie von Ganzheitlichkeit, nämlich die, dem Hilfsbedürftigen auf allen psychosozialen Ebenen, eben ganz und gar, zur Verfügung stehen zu müssen.

Dies zusammen mit der unzureichenden materiellen und personellen Ausstattung, die im anfänglichen Überschwang nur vage zu Bewußtsein dringt, verstärkt die Neigung zu einem professionellen Altruismus und zur Selbstausbeutung, die dann durch Rückgriff auf einen durch moralische und ideale Bedeutungsgehalte getragenen Hilfebegriff mit »Selbstüberwindung, Verzicht und Opfersinn« (SAHLE 1987, S. 42) kompensiert wird.

Einerseits soll der Supervisor dann als ein externer Dritter bei der Rettung des alten Ideals freier, ganzheitlicher und selbstverwalteter Tätigkeit behilflich sein. Andererseits soll er zugleich über die gescheiterten basisdemokratischen Hoffnungen durch eine vom Team unbewußt angediente Übernahme von Leitungs- und Entscheidungsfunktionen hinweghelfen.

Intimität und Aggression:
Der Supervisor als hilfreicher Dritter und als Kontrolleur

Ein Betreuer in einem Team aus Sozialarbeitern und Sozialpädagogen, deren Aufgabe das Betreute Wohnen von aus stationärer Behandlung entlassenen zumeist chronisch psychotischen Patienten ist, referiert folgenden Fall: Der Betreute kündigt ihm in einem der relativ regelmäßig stattfindenden Gespräche an, daß er von ihm nicht mehr betreut werden will: Er finde ihn unsympathisch, könne ihn nicht mehr sehen, die Galle laufe ihm über. Der Betreuer reagiert mit Schuldgefühlen, er habe versagt, könne ihm nicht mehr weiterhelfen. Wahrscheinlich denke dieser, er wolle ihn nur in die Psychiatrie abschieben, er nehme ihn gar nicht mehr wahr.

In dem Gespräch äußerte der Betreute zunehmend sein Gefühl, der Betreuer wolle ihn zu einem Gespräch zwingen. Beim Betreuer regen sich zunehmende Zweifel, ob er ihm überhaupt eine Richtung gewiesen, ihm seine Ziele und Ansprüche deutlich gemacht habe. Entgegen seinen hartnäckigen Versuchen, ihn zu einer Fortsetzung der Gespräche und der Betreuung zu bewegen, betont dieser sein Alter und sein Recht, so und nicht anders zu handeln und zu entscheiden. In seiner Not und Unsicherheit ruft der Betreuer einen Kollegen dazu, um sich gemeinsam besser dem Betreuten widmen zu können.

In der Gruppe herrscht eine Atmosphäre von Besorgtheit, aber auch Gereiztheit und Gekränktheit. Viele äußern ähnliche Erfahrungen, daß plötzlich der Betreute nicht mehr betreut werden will. Was soll man da tun? Es kommen Empfehlungen wie: »Dann sollen die Bewohner doch sagen, ob und wann sie Betreuung haben wollen!« oder »Ich glaube nicht, daß es ohne Betreuung klappt, er wird schon sehen, was er davon hat!«. Ich spüre die mir angetragene Zumutung, gemeinsam über bessere Betreuungstechniken, die solche Störungen einer plötzlichen und unverständlichen Aufkündigung der Betreuung ausschließen, nachzusinnen und Empfehlungen oder Ratschläge zur Aufrechterhaltung eines verfeinerten Betreuungsprozesses zu erteilen. Die Atmosphäre wird von einem Zwang beherrscht, innerhalb einer gewissen Logik der Betreuung zu verbleiben und den Störungsfall auszuschließen. Meine Frage, wie der Betreute, der offenbar als so krank erlebt werde, daß man ihm das Recht auf einen Abbruch der Betreuung nicht einräumen wolle, den Betreuer erlebe, wirkt überraschend und veranlaßt ein Teammitglied zu dem Einfall, daß der Betreute schon häufig von seiner Angst, festgehalten zu werden, berichtet hat. Daraufhin fällt dem Betreuer ein, daß er in früheren Gesprächen mehrfach das Thema des Mißbrauchs und der »Vergewaltigung« durch die Mutter des Betreuten berührt hat. Wenn er wieder zur Mutter müsse, »dann werde ein Sarg rausgetragen!«, habe der Betreute erwähnt.

Meine Intervention, er möchte nun davor bewahrt werden, in dem Sarg zu liegen, entspannt die Atmosphäre, und es kann deutlich werden, wie sehr sich der Betreuer gegen eine solche negative Übertragung gewehrt hat.

Mit diesem Fallbeispiel möchte ich – BARDÉ (1991) folgend – zunächst eine Hauptaufgabe des analytischen Supervisors umreißen, nämlich die der *Dezentrierung* und der daraus erfolgenden *Anleitung zur Perspektivenübernahme* (vgl. auch GEULEN 1982): das Supervisionsbedürfnis entsteht an der Stelle, wo sich im Rahmen einer auf unbedingte Wechselseitigkeit angewiesenen Betreuungslogik die Handlungs- und Autonomieoptionen beider Partner gegenseitig zentrieren und restringieren. Im obigen Fall könnte man von der Restriktion auf die »egozentrische Perspektive« (vgl. PIAGET 1982) sprechen, daß nämlich aus der Perspektive des Betreuers seine Hilfeleistung den Betreuten zur Dankbarkeit verpflichtet und ein Abweichen von dieser Verpflichtung für den Betreuten begründungsbedürfig ist. Diese Restriktion schlägt sich in einer Schwierigkeit nieder, die Perspektive des Betreuten zu rekonstruieren und sie darüber hinaus mit der eigenen in Beziehung zu setzen.

Daraus folgt, daß die Aufkündigung der Betreuung durch den Betreuten, die im übrigen ein ihm vertraglich zugestandenes Recht ist, als ein interpretationsbedürftiger Tatbestand selbst nicht Teil der Betreuung werden kann, da dies einen Perspektivenwechsel voraussetzen würde, der den Blick auf ein neues Feld – hier das Feld der Übertragung (vgl. dazu KÖRNER 1984) eröffnet, innerhalb dessen der Akt der Kündigung, der Störungsfall, wahrnehm- und besprechbar würde. Ein solcher Akt von seiten des Betreuten ist im Rahmen eines an einem Invaliditätsmodell orientierten Krankheitsverständnis (Menschen, die »immer besonders verletzlich« sind und bleiben!) schwer vorstellbar, das heißt, daß infolge einer zu starken Heteronomieorientierung die Autonomiepotentiale des Betreuten aus dem Blickfeld zu geraten drohen. Diese Gefahr zeigt sich auch in Diskussionen über die prinzipielle zeitliche Limitierbarkeit der Betreuung: Kann man den mit dem Betreuten geschlossenen Betreuungsvertrag kündigen, wenn der Betreute »sich nicht einläßt«, oder erfordert seine Krankheit nicht einen unbefristeten Vertrag, eine Betreuung bis zum Lebensende, »bis daß der Tod uns scheidet«, wie es ein Betreuer sarkastisch formulierte.

Die probeweise vorgenommene Identifizierung des Supervisors mit den beteiligten Handlungspartnern, hier mit dem Bewohner und dem Betreuer beziehungsweise dem Team und ihrem unbewußten »Betreuungskonzept«, dient quasi als modellhafte Vorleistung für den Prozeß der Dezentrierung. Erst dieser Prozeß der schrittweisen Schaffung einer Vielfalt von Perspektiven schafft eine Metaebene, auf der der Supervisand sich zu sich selbst, das heißt zu seiner problematisch gewordenen Handlungsroutine und zu den daraus erfolgenden Konsequenzen für den Handlungsadressaten, in ein Verhältnis setzen kann. Damit wäre mit Blick auf den obigen Fall zum Beispiel auch die Perspektive eröffnet, daß der Betreute eine weitere Betreuung in der bislang fraglosen Intensität nicht mehr für angemessen hält und dies auf seine Weise kundtut oder aber einen Betreuerwechsel vornehmen möchte. An dieser Stelle würde dann die Frage virulent, warum ein solcher Autonomie-schritt von den Betreuern gekränkt zurückgewiesen werden muß.

Mit und durch die Supervision soll die für eine professionelle Position unabdingbare Voraussetzung einer distanziert-objektivierenden Betrachtung wieder hergestellt werden, und zwar gerade da, wo – wie das Fallbeispiel zeigt – die zu einer diffusen Intimitätsbeziehung neigende Betreuung aggressive und gewalttätige Impulse freisetzt. Es ist ja nicht nur der Betreute, der angesichts eines übermächtigen, zur Vergewaltigung und Mißbrauch neigenden Objektes sein Heil in Gewaltandrohung oder Beziehungsabbruch sucht (nebenbei bemerkt ein ständig wiederkehrender Abwehrmodus des Psychotikers, der sich angesichts einer besonders empathischen Betreuung und Behandlung in seiner Autonomie und Selbststruktur bedroht fühlt). Der Betreuungslogik selbst wohnt eine potentielle Verletzung der Autonomie des Betreuten inne und enthält damit ein strukturell gewalttätiges Moment: »Und willst Du nicht mein Betreuter sein, dann sieh zu, wie weit du damit kommst!« Der Betreuer muß den Betreuten von seiner Hilfsbedürftigkeit überzeugen, ja ihn angesichts der drohenden Kündigung geradezu zum Verbleib in der Betreuung zwingen. Dies stellt eine im beruflichen Handeln des Sozialarbeiters immer wieder anzutreffende prinzipielle Verletzung der Autonomie des Betreuten dar (vgl. SAHLE 1987).

Diese Verletzung geschieht auf dem Hintergrund eines gut gehüteten Geheimnisses sozialpsychiatrischer Dienstleistungen, nämlich dem Aspekt der von der Gesellschaft geforderten sozialen Kontrolle und Disziplinierung abweichenden und störenden Verhaltens mit Hilfe rechtlicher und ordnungsbehördlicher Maßnahmen. Diese Kontrollfunktion gerät unausweichlich in einen Widerspruch zum Ziel der an der Wertuniversalie »Betreuung« und »Therapie« orientierten Förderung von lebenspraktischer Autonomie und stellt nach SAHLE ein objektives Strukturdilemma der Sozialarbeit dar. Droht eine Aufdeckung dieses Geheimnisses – wie im obigen Beispiel erkennbar – müssen die Betreuer in einer Art unbewußter professioneller Reaktionsbildung Gegenmaßnahmen ergreifen: sich verstärkt und mit vereinten Kräften um ein Verständnis bemühen, um das

Vertrauen des Betreuten werben, ihn von der Lauterkeit der eigenen Helfermotive überzeugen.

Es wäre interessant, zu diskutieren, inwieweit nicht der Supervisor gerade bei Berufsgruppen mit einem Mangel an Kontrollautonomie (SCHAEFFER 1992) über die eigene Tätigkeit (wie Sozialarbeiter, Krankenpflegepersonal etc.) als Kontrollinstanz gesucht (und bekämpft) wird, der als Professionalisierungsexperte seines Amtes, nämlich der Kontrolle des von der Professionsnorm abweichenden und störenden Verhaltens, walten soll. Nach dem Motto: »Ich sehe was, was Du nicht siehst« darf ihm nichts entgehen, und so wie der bislang fraglose Alltag des Patienten Gefahr läuft, mit der »Alltagsbegleitung« einem allumfassenden, fürsorglichen und kontrollierenden Betreuungsregime unterworfen zu werden, so wird die Handlungsroutine der Betreuer einer allumfassenden supervisorischen Kontrolle unterzogen.

Berufliche Identität und kollusive Verstrickung: zur Rolle der Abstinenzregel in der psychoanalytischen Teamsupervision

Der Bruder der Bewohnerin einer betreuten Wohngemeinschaft, mit der die Betreuerin noch vor kurzem im Rahmen eines Gesprächskreises Kontakt hatte, ruft diese mit der Botschaft an, seine Schwester würde sich entgegen ihren Gewohnheiten nicht bei ihm melden; sie esse offenbar auch nicht und liege nur im Bett. Die Betreuerin besucht die Bewohnerin daraufhin, registriert zwar die schon beim letzten Kontakt bestehenden Zeichen für eine Psychose, überzeugt sich aber dann davon, daß ein Eingreifen nicht erforderlich ist, und vereinbart auch keinen neuen Termin. In ihr Büro zurückgekehrt, bemerkt sie eine sich steigernde Unruhe, als sie sich durch die Lektüre in der Krankendokumentation Klarheit über die Struktur und die Diagnose der Bewohnerin zu verschaffen sucht. Nachts trifft sie die Bewohnerin zufällig auf der Straße und vereinbart mit ihr einen gemeinsamen Frühstückstermin. Zu diesem vereinbarten Termin öffnet ihr die Bewohnerin zwar die Haustür, nicht jedoch die Wohnungstür mit der Begründung, sie finde den Schlüssel nicht. Die Betreuerin wartet unschlüssig vor der Tür, schließt dann mit einem ihr zur Verfügung stehenden Schlüssel selbst auf und weist sie auf den vereinbarten Termin hin. Daraufhin wird die Bewohnerin aggressiv: »Das können Sie mit ihrem Mann zu Hause machen; von Ihnen möchte ich nicht mehr betreut werden; ich fühle mich kontrolliert, und es macht Ihnen wohl Spaß, Macht über mich auszuüben; wie eine eifersüchtige Mutter: kümmert sich um Sachen, die sie nichts angeht!«. Geknickt und schuldbewußt verläßt die Betreuerin das Haus.

Eine Atmosphäre von Ratlosigkeit und Lähmung breitet sich aus; ich erfahre, daß sich die Bewohnerin und die Betreuerin duzen. Ich bemerke eine Gereiztheit bei mir, die aus einer Identifizierung mit der Bewohnerin herrührt, und verspüre den drängenden Wunsch, der Betreuerin den Schlüssel abzunehmen, ihr das Frühstücken mit der Bewohnerin zu verbieten und ihr aufzutragen, sich nachts nur noch auf Straßen zu bewegen, auf denen sie nicht Gefahr läuft, ihr zu begegnen. Ich verspüre geradezu einen Angriff auf die Abstinenzregel, mit der ich mich identifiziere, und möchte die Betreuerin in die Schranken weisen, ja sie behandeln wie ein unmündiges Kind: »So geht's nicht!«. Gleichzeitig bemerke ich die Not der Betreuerin und der Gruppe, die sich Sorgen um eine Bwohnerin machen, die offensichtlich zum einen um Abgrenzung bemüht ist, zum anderen über den Bruder Druck ausübt, ihr ›mit Macht‹ zu helfen.

Ich sage dann, daß hier einiges durcheinandergehe: Freundin, Betreuerin und Kontrolleurin der Bewohnerin; einer guten Freundin, die sie für die Bewohnerin ja auch sein wolle, tue man doch so etwas nicht an, aber als Freundin könne sie nicht zugleich die Betreuerin sein; offensichtlich wäre durch den Anruf des Bruders und die Lektüre der Krankendokumentation eine Beunruhigung in ihr entstanden, die eine Unklarheit erzeugt hätte, auf welcher Ebene sie ihr nun begegnen solle. Darauf fällt der Betreuerin ein, daß die Bewohnerin ihr ultimativ gesagt habe: »In mein Zimmer kommst Du nur noch als Freundin hinein!«.

Ein Teammitglied bemerkt, daß er sich durch die Aggressivität der Bewohnerin sehr entwertet fühlen würde, und ein anderes ergänzt noch, daß einmal davon die Sprache war, daß die Mutter der Bewohnerin sie als Kind so erlebte, »als ob sie (die Bewohnerin als Kind) ihr etwas zuleide getan hätte!«. Jetzt konnte deutlicher werden, daß beide – Bewohnerin und Betreuerin – das Gefühl hatten, die andere tue ihr etwas an, und damit eine unbewußte Dynamik aus der frühen Mutter-Kind-Beziehung wiederholten und agierten.

Als ich später darauf hinweise, daß ich mir auch vorstellen kann, daß diese Unsicherheit und Ratlosigkeit in der Atmosphäre der Gruppe etwas mit der Unklarheit ihres eigenen beruflichen Selbstverständnisses und des Auftrages zu tun haben könnte, kommt eine lange und auch klagsame Diskussion über die Ausbildungsdefizite, das fehlende Wissen um die Problemlösung und das Verständnis solch schwieriger Situationen gerade angesichts der doch so engen Betreuungsbeziehungen zustande.

Neben der bemerkenswerten Mischung von konkordanter und komplementärer Identifizierung beziehungsweise Gegenübertragung (vgl. RACKER 1978; POLLAK, in diesem Buch) zeigt dieses Beispiel den gescheiterten Balanceakt in der Herstellung eines professionellen Habitus, der durch entsprechende institutionelle Standards sowie durch die schon erwähnte widersprüchliche Einheit von universellem wissenschaftlichen Wissen und dem individuellem Fallverstehen geprägt wäre.

Wie aus dem Beispiel ersichtlich »stehen rollenförmige und personale Beziehungsmuster mit ihrer je eigenen Beziehungs-Handlungslogik in einem Spannungs-, zum Teil in einem Ausschließungsverhältnis. Sie beide in einem Akt und in einer Situation zu verwirklichen, bedeutet, eine paradoxale Interventionsform zu konstellieren« (BRÜCHER, S. 230).

Das Scheitern in dem Beispiel zeigt sich also in einem Abgleiten der intendierten rollenförmigen Sozialbeziehung in eine personale, privat-freundschaftliche Beziehung, in der Intimitätsschranken und Grenzen suspendiert werden. Die spannungsreiche Verschränkung der beiden Beziehungsmodi wird aufgelöst beziehungsweise nicht mehr in ihrer widersprüchlichen Einheit suffizient gehandhabt, so daß die Betreute die Betreuerin zu einer klaren Situationsdefinition (»... nur noch als Freundin! ...«) und zu einer Entscheidung für die personale Beziehung auffordern muß.

Der Supervisor ist hier in seiner Funktion als Hüter des Abstinenzprinzips gefragt, aber gerade dadurch, daß er dieses nicht in Verfolgung eigener Werturteile ex cathedra verkündet, wie es im obigen Fallbeispiel als mögliche unkontrollierte Gegenübertragungsreaktion nahegelegt wird, sondern indem er die Verletzung des Abstinenzprinzips benennt und deutet. Das schafft er nur dadurch, daß er selbst abstinent bleibt und nicht dem Impuls folgt, das Team beziehungsweise die Betreuerin zu überwältigen und ihnen etwas zuleide zu tun. Gerade unter dem massiven Druck, die konkordante Gegenübertragung (2. Ordnung, vgl. POLLAK, in diesem Band) zu agieren – das Team so zu behandeln, wie sich die Betreute vom Team behandelt fühlt – erweist sich die Notwendigkeit, die Supervision unter dem methodischen Prinzip der Neutralität oder Abstinenz stattfinden zu lassen, das heißt auf die Durchsetzung von Triebwünschen oder den Einsatz von naheliegenden pädagogischen Ermahnungen (vgl. Thomä u. Kächele 1986) zu verzichten.

Am obigen Fall läßt sich auch das für das berufliche Handeln des Sozialarbeiters konstitutive Dilemma gerade im psychiatrischen Feld aufzeigen, nämlich zwischen dem therapeutischhelfenden Zugang und dem an sozialen Normen und Verhaltensstandards ausgerichteten kontrollierenden und disziplinierenden Zugriff zu vermitteln (vgl. Sahle 1987, S. 26ff). So ist beispielsweise auch in Nutzungsverträgen für die Betreuten der Passus enthalten, daß bei dringendem Anlaß das Betreten ihres Zimmers jederzeit gestattet ist. Im übrigen finden die Gespräche mit den Betreuten zumeist in deren Zimmer oder Wohnungen statt, wo »man einfach mehr sieht und mitkriegt«, wie es die Betreuer begründen.

Beide Fallbeispiele zeigen eine durch Schwächung der professionellen Einstellung induzierte erhöhte Abhängigkeit von einer narzißtischen Gratifikation durch die Betreuten. Aus einer professionellen Einstellung – auf der Grundlage von institutionalisierten Professionsnormen und institutionalisierten Regeln, Standards der Berufsausübung, der Fähigkeit zur Reflexion des Einzelfalles unter Zugrundelegung theoretisch-wissenschaftlicher Kenntnisse – resultiert eine Handlungsentlastung, die auch vor einer Ausbeutung der Beziehungen schützt. Denn auf der interpersonellen und intrapsychischen Ebene drohen die Betreuten unbewußt zu einem Selbstobjekt für die Betreuer zu werden, denen eine getrennte, eigenständige und unabhängige Lebensfähigkeit nicht gestattet wird.

In der Logik von Betreuung und Hilfe ist die »possessive Variante« (Zwiebel 1993) angelegt, in der sich der Betreuer entweder selbst ganz in Besitz nehmen läßt oder selbst ganz in Besitz nimmt. Die von Zwiebel beschriebene – der professionellen Position des Psychoanalytikers inhärente – Neigung zu einer narzißtischen Objektbeziehung besteht meines Erachtens auch für die Betreuer: Eine solche Beziehung soll einen Schutz gegen Ohnmacht, Wut, Trauer und Schmerz, insbesondere aber gegen die Wahrnehmung von Getrenntheit und Verlassenheit gewährleisten. Der Betreuer ist auf eine Beziehung angewiesen, in der er Aufgehobenheit, Versorgung, Anerkennung, Vertrauen erlebt und erfährt. Versagt ihm der Betreute diese Gratifikation und wird diese narzißtische Bedürftigkeit abgespalten, so resultiert wie oben beschrieben ein Gefühl eigener Unzulänglichkeit und Schlechtigkeit, resultieren Schuldgefühle, die durch Reparationen, Wiedergutmachungen, vermehrte Hilfsanstrengungen bewältigt werden sollen. Auch Größen- und Omnipotenzphantasien, die in der Gestalt einer ›Rundumversorgung‹ und psychiatrischer Schwerarbeitermentalität wiederkehren, dem Betreuten könne man auf einer freundschaftlichen Basis unter ausdauernder und energischer Dauersubstitution seiner Funktionsdefizite letztlich doch helfen und ihn heilen, dienen der Abwehr der beschriebenen Affekte. Die eigene innere Isolation und das Alleinsein, die mangelnde Anerkennung durch die Dienst- und Fachaufsicht, den Vorstand, die Leitung oder den Kostenträger sollen durch die intensive Beziehung zum Betreuten aufgehoben werden. Für die in ihrer Entwicklung erlittene Entbehrung sollen die Betreuten nun durch eine »Beelterung« (eine von Betreuern zitierte Bezeichung dieses Vorganges) in Form von Spiegelung, Liebe und Anerkennung entschädigt werden. Dieser Entschädigungsversuch zielt natürlich auf die Verhinderung einer negativen Übertragung, in der der Betreuer in der unbewußten Wiederholung der frühkindlichen Erfahrungen des Betreuten das schlechte, böse, versagende Objekt darstellt. Mit diesem Versuch verbindet der Betreuer jedoch die latente Hoffnung, vom Betreuten selbst eine solche Anerkennung und Spiegelung zu erhalten, um sich dann letztlich eben nicht als schlecht, sondern gut und liebenswert zu empfinden.

Wenden sich die Supervisanden mit den eben beschriebenen ›schlechten‹ Gefühlen an den Supervisor mit dem Ziel, daß er ihnen die Anerkennung und Wertschätzung zuteil werden lassen soll, welche ihnen der Betreute, der sich beispielsweise nicht mehr betreuen lassen will, verweigert, so vermag dies auf seiten des Supervisors ein Gefühl der Unentbehrlichkeit zu wecken: Er erliegt der Versuchung, die narzißtischen Ansprüche zu nutzen, um sich selbst stark und unentbehrlich zu fühlen: Komplementär zur mangelnden Professionalisierung hält er Reden, verteilt Anweisungen und Ratschläge, unterrichtet zum Beispiel in Theorien über die Psychodynamik von Psychosen und betreut in einer Art »Furor supervidendi« seine Supervisanden in dem Sinne, daß er ihnen bei der Mängelbeseitigung helfen will. Ich gehe davon aus, daß sich diese narzißtische Dimension der Übertragung in der Supervision widerspiegelt, und zwar in der Versuchung des Supervisors, Gefühle von Hilflosigkeit, Unwissen, Ohnmacht, letztlich Getrennt- und Verlassenheit zu umgehen und vermeiden. Die Gefahr für den psychoanalytischen Supervisor besteht darin, daß er die analytische Position, das heißt das Oszillieren zwischen einfühlendem Verständnis und objektivierend-distanzierter Beobachtung verläßt, um gerade das Trennende aufzuheben und ein Gefühl der Komplementarität, Einheit und Harmonie herzustellen. Hinter einem unreflektiertem Drang, sich nur als >gutes Objekt< anzubieten und damit zu verständnisvoll und gewährend zu sein, kann sich der Mißbrauch des Teams zur narzißtischen Befriedigung verbergen.

Manifeste und latente Konflikte: weitere Bemerkungen zur Bedeutung des Abstinenzprinzips

Ein Betreuer in einem Team von Sozialarbeitern und Sozialpädagogen, welches ebenfalls im Rahmen des Betreuten Wohnens tätig ist, fühlt sich im Gespräch mit einer ihn zwanghaft anmutenden Bewohnerin »angeödet«, die ihn durch ununterbrochene, stereotype, dreiviertelstündige Reden quält, dabei keine Gefühle äußert, keinen Kontakt zu ihm herstellt. Er fühlt sich benutzt, wird zunehmend wütender; sofort entstünde ein Machtkampf, wenn sie sich nicht durch eine Intervention von ihm stoppen lassen wolle. Seine provokative Frage, warum sie denn überhaupt Betreuung wolle, stößt bei ihr auf Unverständnis.

Dann fragt der Betreuer unvermittelt an meine Adresse gerichtet nach dem theoretischen Hintergrund für Zwangssymptome. Ich fühle mich etwas überrumpelt und zugleich animiert, einen mindestens dreiviertelstündigen Vortrag über die Psychodynamik der zwanghaften Abwehr zu halten. Mein Schweigen erzeugt eine unangenehme Spannung. Vom Team kommen verschiedene Vorschläge, die Betreuung abzubrechen, Gesprächsregeln einzuführen, damit der Betreuer auch einmal zu Wort kommt. Vielleicht brauche die Bewohnerin das auch, mehr sei eben nicht drin. Gefühle von Hilflosigkeit und Ohnmacht, aber auch Wut machen sich breit. Eine andere Betreuerin ergänzt, daß die Bewohnerin wiederholt zwischendurch sage »aber man muß zufrieden sein!«. Mir fällt jetzt auf, daß der Fallvortrag in einem besonderen Kontext erfolgt: mehrfach hat sich das Team in den vergangenen Sitzungen mit Gefühlen von Ohnmacht und Hilflosigkeit angesichts eines als übermächtig erlebten Vereins-

Vorstandes beschäftigt. Dieser vermochte es bei jedem Treffen, die Kritikpunkte, Einwände, Klagen des Teams zu entschärfen, indem er sie als irrelevant, keinen Anlaß zur Sorge gebend abtat, das Team nicht zu seinem Wort kommen ließ.

Ich sage dann: »Sie können nicht zufrieden sein, denn Sie haben noch nicht eine Waffe gefunden, mit der Sie gegen die Macht der Bewohnerin, die mit ihrer Art vielleicht selbst ihre Ohnmacht verteidigt, vorgehen können. Das kann auch eine Theorie sein. Jedenfalls etwas, was Ihnen hilft, dieses Gefühl der Wut und Ohnmacht, welches Sie ja auch Ihrem Vorstand gegenüber empfinden, zu bewältigen!«. Jetzt entsteht ein Raum für eine Diskussion über die Begrenztheit dessen, was man mit Betreuung im Rahmen dieses Vereins überhaupt erreichen kann; Gefühle der Ohnmacht, Hilflosigkeit und Perspektivlosigkeit machen sich breit.

Zum einen veranschaulicht dieses Beispiel noch einmal die Wirkung der Abstinenzprinzips und die Notwendigkeit der Spannungstoleranz des Supervisors: Indem er die Frage nicht beantwortet, also die Reziprozität verweigert oder – konversationsanalytisch gesprochen – die Sequenzierungsversuche des Betreuers, der eine Beantwortung der Frage erwartet, »leerlaufen« läßt (FLADER et al. 1982), schafft er einen Raum für die Gefühle von Hilflosigkeit und Ohnmacht, die durch einen ›zwanghaften‹ Theorievortrag vermieden worden wären.

Zum anderen zeigt das Beispiel auch das von KUTTER (1990) beschriebene »indirekte Spiegelphänomen«: Der Kontext der Fallpräsentation wird so gewählt, daß er über die Darstellung des Problemfalles einen Zustand des Teams zum Ausdruck bringt, welches sich hier angesichts ohnmächtig erlebter institutioneller Verhältnisse zu zähneknirschender Zufriedenheit verurteilt fühlt. Unbewußt wird der Supervisor als Waffenlieferant angesprochen, der für ausreichend Munition im Kampf gegen eigene Ohnmacht und Hilflosigkeit sorgen soll.

Wäre der Supervisor der Einladung gefolgt, die Frage zu beantworten und damit den Mangel an theoretischen Wissensbeständen zu beheben, dann hätte er unbewußt die Rolle eines Oberarztes, also eines mächtigen Objektes, übernommen, der die Ohnmacht des Betreuers mit den gleichen Waffen bekämpft, mit denen sich der Betreute der Betreuung erwehrt. Dies wäre ein Beispiel für ein unbewußte Rollenübernahme (vgl. SANDLER

1976; KLÜWER 1983). Die technokratische Wissensvermittlung ginge zu Lasten des Verständnisses der spezifischen unbewußten Problematik des Betreuten beziehungsweise des ihn betreuenden Teams. Diese Gefahr entsteht meiner Meinung nach bei Supervisionskonzepten, die sich eine Anleitung, Fortbildung und Beratung der Mitarbeiter einer Institution (FÜRSTENAU 1990, S. 2) zum Ziel setzen und die Aufgabe des Supervisors für den klinischen Bereich nur im Ersatz einer Leitungsfunktion sehen. Demgegenüber soll hier herausgestellt werden, daß ein Festhalten an den methodischen Grundprinzipien der Abstinenz und Neutralität notwendig ist, um ein Abgleiten der Teamsupervision in eine eher gefällige Fortbildungsveranstaltung zu verhindern.

Die Ambivalenz in der Fallpräsentation: Die Deutung als dynamisches Zentrum der psychoanalytischen Teamsupervision

Das häufige Schweigen zu Beginn einer Supervisionssitzung – die »institutionalisierte Themenfindungs-Phase« nach OVERBECK (1990) – und die in den Raum gestellte Frage, welchen Fall »wir denn heute vorstellen wollen«, betrachte ich als den Ausdruck einer »basisdemokratischen«, regressiven Abwehr gegen Rivalitäts-, Neid- und Kastrationsängste: es ist so, als ob das Team einen Schritt der Separation und Individuation nicht gestatten will, insbesondere dann, wenn im Hintergrund unausgetragene Hierarchiekonflikte zwischen den Teammitgliedern oder zwischen dem Team und der Institution schwelen. Damit wird erfolgreich eine Profilierung des einzelnen Mitarbeiters innerhalb des Teams vermieden. Zugleich verhindert diese Abwehr, daß ein Betreuter aus der anonym erscheinenden Gruppe der Betreuten Gestalt annehmen, zum Fall werden kann. Das Ausmaß und die Hartnäckigkeit des Schweigens verweist nicht selten darauf, wie bedroht sich das Team innerhalb der sie einbettenden Institution und gegenüber dem Supervisor fühlt, von denen es Angriff, Kritik und Entwertung fürchtet, so daß der Sinn und Zweck der eigenen beruflichen Tätigkeit in Frage gestellt ist.

Das Schweigen kann jedoch auch eine unbewußte Immunisierungsstrategie als Teil einer institutionellen Abwehr (vgl.

MENTZOS 1989) zum Ausdruck bringen, die auf eine Aufwands-ersparnis zielt: die psychische und denkerische Anstrengung nämlich, die eine Reflexion und somit immer auch eine In-fragestellung der bislang bewährten und routinisierten Handlungs- und Bewältigungsmuster in der beruflichen Arbeit mit sich bringt, möglichst gering zu halten.

Aus dem Schweigen heraus kristallisiert sich dann eine zögerliche und vorsichtige Form der Fallpräsentation, die ihre eigene, um viele Dimensionen beschnittene Gestalt hat: So fällt der Mangel an biographischen Details ebenso auf wie die Un-kenntnis der Krankengeschichte und des Krankheitsbildes des Betreuten, wie wenn es ein Sakrileg wäre und einen durch eigene professionelle Standards nicht mehr gedeckten, somit unerlaub-ten Übergriff auf die ärztlich-psychiatrisch-psychotherapeutische Domäne bedeutete, etwas über Diagnose, Therapie und Be-handlungsverlauf zu wissen und dazu vielleicht auch eine eigene kritische Position einzunehmen.

In dem Zögern äußern sich Unsicherheit und Schuldgefühle, mit einem Mal in einer Supervisionssitzung so viel Zeit und Aufmerksamkeit für die problematisch gewordenen Beziehung zwischen sich selbst und dem Betreuten in Anspruch zu nehmen. Die Angst, sich ein eigenes Urteil, einen eigenständigen Zugang zu dem jeweiligen Fall zu erlauben, äußert sich auch in einer spezifischen Wahrnehmungs- und Denkhemmung:

Nach längerem Schweigen und der Überlegung, welchen Fall »wir« denn heute vorstellen wollen, entscheidet sich ein Betreuer aus einem Team von Sozialarbeitern, Arbeitserziehern und Ergotherapeuten einer psychiatrischen Nachsorgeeinrichtung mit Einverständnis der anderen Teammitglieder für folgenden Fall: Der Betreute, ein aus der stationären Behandlung entlassener Patient, besucht regelmäßig die Werkstatt der Einrichtung, in der er verschiedene Arbeitsaufträge erledigt und dafür entsprechend entlohnt wird. Er klage jedoch ständig, er sei das Geld nicht wert, was er erarbeite. Dabei sei er extrem ordentlich und arbeite meistens an einem Stück durch. Häufig laufe er wie unter einer quälen-den Unruhe herum und wolle niemanden in seiner Nähe. Das ihm bar ausbezahlte Geld weise er zurück, verliere oder vestecke es gar. Dabei erwecke er den Eindruck, als ob man ihm ans Leben wolle.

Im Team entstand der Eindruck, daß man ihm etwas nimmt, wenn man ihm etwas gibt. Er äußerte die Angst, er werde abgeholt und ins

Gefängnis gebracht, er habe »Schulden gemacht«. Doch er arbeite etwa dreimal soviel und doppelt so schnell wie die anderen, und am Ende behaupte er, er habe nichts geschafft und wolle auch kein Geld.

Das Team macht sich nun Gedanken darüber, wie man ihn am besten beruhigen und davon überzeugen oder dazu überreden könnte, das Geld entgegen seinen Befürchtungen doch anzunehmen. Darüber hinaus wäre es doch ein großes Anliegen, ihn, der ständig darauf bedacht sei, allein zu sein und glaube, daß es den anderen Betreuten viel schlechter gehe als ihm, zu einer Kontaktaufnahme mit den anderen zu bewegen. Im übrigen sei es doch nicht gut, wenn er sich – ganz im Gegensatz zu den anderen Betreuten – so abarbeite.

Die Mitarbeiter des Teams hatten sich also darauf geeinigt, den Betreuten letztendlich davon zu überzeugen, daß er sein Geld doch und gerade wegen seiner guten Leistungen verdient habe und daß er im Irrtum sei, zu glauben, man wolle mit ihm nichts zu tun haben. Das hartnäckige Festhalten an seiner Überzeugung ließ diese Bemühungen ins Leere laufen und erzeugte zunächst eher Schmunzeln, dann jedoch ein Gefühl von vergeblicher Liebesmühe, hinter der sich Hilflosigkeit und Ohnmacht verbargen.

Nachdem ich dieses Gefühl aufgreife und benenne und sage, daß es etwas damit zu tun habe, daß ihre gute Behandlung, nämlich den Betreuten davon zu überzeugen, daß er sein Geld verdient habe und eben doch nicht so schlecht sei, wie er ständig von sich annehme, offensichtlich kontraindiziert sei, erheben sich verschiedene Stimmen: Wir haben so viele schwierige Besucher; er wird ja auch nicht mehr so lange da sein; man *muß* den Betreuten doch da rausholen, wenn er *so* leidet!

Ich habe nun den Eindruck, daß jetzt im Team eine Warnschild aufleuchtet: »You are now leaving the sector of social psychiatry!« und sage, daß ein solcher Besucher ein Ärgernis ist, weil er sich selbst für so schlecht, ja geradezu für einen Verbrecher hält, der folgerichtig auch eine schlechte Behandlung verdient habe und erwarte. Ich bemerkte eine merkwürdige Hemmung, sich in die Lage des Besuchers zu versetzen, der sich aus noch nicht bekannten Motiven heraus als so schuldig erlebt, daß eine Belohnung seiner Arbeit der von ihm erwarteten verdienten Strafe zutiefst entgegensteht.

Es kommen dann verschiedene bestätigende Voten, die die Versuchung unterstreichen, den Besucher schlecht zu behandeln, ihm das Geld und die Überzeugung, daß er doch gut sei und gute Arbeit leiste, geradezu einzutrichtern, mit Gewalt aufzunötigen.

Dann fokussiert das Gespräch in einer etwas gereizten Stimmung auf die Unmöglichkeit, solche Überlegungen für den Umgang mit ihm fruchtbar zu machen, weil das letztlich auch dem eigenen Arbeitsauftrag und den Aufgaben der Einrichtung zuwiderlaufe: Jeder Besucher käme freiwillig, wenn er Lust habe, sich in der Lage fühle, zu arbeiten. Im übrigen könne man sich solche Überlegungen bei der Vielzahl der Besucher und dem Ausmaß ihrer Hilfsbedürftigkeit gar nicht leisten.

Hier stößt der Supervisor mit seinem Vorschlag, sich darüber Gedanken zu machen, warum gerade eine »gute« Behandlung vom Besucher als »schlecht« erlebt wird, auf wenig Gegenliebe.

Zunächst stört ja der Besucher den stillschweigenden und von allen geteilten Konsens, daß eine Arbeitsleistung entsprechend entlohnt werden muß. Diese Störung erscheint um so erklärungsbedürftiger, als die schrittweise Heranführung des psychisch Kranken an die Arbeitswelt und damit die eigenständige Sicherung seiner Subsistenz ein hohes Ziel sozialpsychiatrischer Rehabilitationsbemühungen darstellt: Diesen Bemühungen kommt der Besucher durch seine zuverlässige Arbeit zwar entgegen, aber die symmetrische Handlung der – von vielen anderen Besuchern wahrscheinlich ersehnten – Entgegennahme des Geldes bleibt aus.

Der Vorschlag des Supervisors stört die für die alltägliche Handlungsroutine notwendige Auffassung einer auf Komplementarität und Wechselseitigkeit angewiesenen Beziehung zwischen Betreuer und Besucher: gerade ein psychisch Kranker, der arbeitet, hat sein Geld verdient und muß es auch bekommen. Die Einladung zu einer Reflexion des »regelwidrigen« Verhaltens des Besuchers weckt darüber hinaus die Befürchtung, das Wohl der anderen Besucher aus dem Auge zu verlieren und sich einer unnötigen Bevorzugung des Besuchers schuldig zu machen. Des weiteren erscheint es dem Team äußerst fragwürdig und unsicher, ob aus der bloßen Reflexion auch eine mit der gewohnten alltagspraktischen Routine vereinbare Handlungsoption für den Umgang mit dem Besucher herausspringt. Der Verweis auf die Hilfsbedürftigkeit der Betreuten und das Ausmaß ihres Leides droht mit dem konsequenten Rückzug auf die gute, da hilfreiche Absicht, zu einer moralischen Mystifikation zu werden, die eine

Analyse, eine Reflexion, die auch praktische Konsequenzen hätte, verhindert.

An dieser Stelle ist meiner Meinung nach der Ort der »Deutungsnötigung«: Das Team spürte unbewußt, daß dieser Fall mit dem »Wir« der alltäglichen routinisierten Hilfeleistungen nicht mehr zu bewältigen war, daß der Besucher das Selbstverständnis des Teams angriff und sich dadurch als Fall heraushob. Er ließ die vertrauten Handlungsvollzüge konsequent ins Leere laufen. Auf seiten des Teams erzeugte das zunächst eine gewisse Erheiterung, dann zunehmend diffuse Gereiztheit mit der Folge energischer Eingriffe und Handlungen bis hin zu Phantasien, den Besucher zu seinem Glück zu zwingen. An dieser Stelle wird deutlich, wie die Interpretationskompetenz der Betreuer nicht mehr ausreicht, ja die Angst auftaucht, sie könnten sich bei der durchaus geahnten und gespürten Bedeutung des Verhaltens nicht mehr auf dem Boden ihres professionellen Selbstverständnisses befinden. Der Deutungsvorschlag des Supervisors an dieser Stelle erzeugt ein Unbehagen, eine Unsicherheit, ob man sich derartige Anstrengungen zumuten möchte, sich nämlich etwas dazu einfallen zu lassen, daß ein Besucher das verdiente Geld für seine Arbeit so energisch ablehnt. Und so ließ das Team diesen Vorschlag zunächst ins Leere laufen.

Symmetrisches Handeln von seiten des Supervisors an dieser Stelle hätte bedeutet, Vorschläge zur besseren Akzeptanz des Zahlungsmittels zu machen, so wie die Gruppe den Supervisor zunächst unausgesprochen aufforderte, Vorschläge zu machen, wie man besser mit dem Besucher »fertig« werden könnte.

Das Deuten an dieser Stelle geschieht unter Verzicht auf naheliegende Ratschläge, Empfehlungen oder eine Übernahme von Entscheidungen. Gerade durch den Verzicht (und das illustrieren auch die oben angeführten Beispiele) respektiert der Supervisor die Autonomie des Teams und versucht so einen Phantasie- und Denkspielraum zu eröffnen, der den Mitgliedern des Teams jedoch als zu weitgehend, zu »rahmensprengend« erschien, auch wenn deutlich wurde, daß das »Ich« des Besuchers das »Wir« der sich selbst stabilisierenden täglichen Routinehandlungen des Teams konterkarierte und damit einen in hohem Maße interpretationsbeürftigen Leidensdruck erzeugte. Ein solcher Widerstand gegen die Aufdeckung von Sinn und

Bedeutung ist nicht zuletzt dem Festhalten an einer Symmetrie in den Beziehungen zwischen Betreuern und Betreuten geschuldet; dagegen setzt eine Deutung, selbst wenn sie zunächst sich selbst gegeben wird, die Anerkennung einer asymmetrischen Position voraus. Das Team wendet sich mit einem deutungsbedürftigen Konflikt an den Supervisor, möchte aber gleichzeitig praktisch-symmetrische Handlungsanweisungen und Hilfe zur Durchsetzung seiner Ziele. Aber der Wert der neuen Währung erscheint dem Team im Vergleich zum bewährten Zahlungsmittel noch zu unsicher und flottierend, zumal die Reflexion der Alltagshandlungen ihre routinierte Anwendung und Geläufigkeit stört.

Schlußbemerkung

Die Ausführungen haben hoffentlich hinreichend deutlich werden lassen, vor welche psychischen, professionellen und institutionellen Anforderungen sich die Betreuer in ihrer Arbeit gestellt sehen. Die übermäßige Nähe in der Alltagsbegleitung der zumeist psychisch schwer gestörten Betreuten erzeugt Entdifferenzierungsprozesse, die durch die mangelhaft entwickkelten professionellen Ressourcen nur unzureichend aufgefangen werden können. Die als hilfreich gedachte Betreuung birgt die ständige Gefahr, die Autonomie des Betreuten zu verletzen und die auch für die betreuend-therapeutische Beziehung geltende widersprüchliche Einheit von personaler Beziehung und professionell-spezifischem Rollenhandeln zugunsten einer privatfreundschaftlichen Beziehung aufzulösen. Die von mir angeführten Beispiele 2 und 3 illustrieren die Versuche, die Geister, die man durch eine besonders intensive Betreuungsaktivität bei gleichzeitig fehlender Abgrenzung des Feldes der alltäglichen Handlungsvollzüge vom therapeutischen Raum heraufbeschwor, nun wieder loszuwerden.

Die besondere Betonung des Abstinenzprinzips für den Supervisor ist, so gesehen, auch eine spezifische Reaktion auf die fortwährende Gefahr der Entprofessionalisierung der Betreuerteams, eine Humanisierung des Umgangs mit den Betreuten nach dem Modell einer personalen Beziehung zu induzieren und die professionelle Rollenbeziehung, die immer auch eine kritisch-distanzierte Selbstreflexion eigener Routine bedeutet, zu vernachlässigen.

Daß es sich bei den beschriebenen Spannungen und Konflikten nicht um persönlichem Unvermögen anlastbare Beeinträchtigungen der professionellen Kompetenz handelt, sondern vielmehr um aufklärbare Resultate unbewußter konflikthafter Spannungen zwischen Betreuern und Betreuten sowie zwischen Betreuern und den von ihrer Arbeit getragenen Institutionen, sollte ein Ergebnis psychoanalytischer Supervision sein. Aber nicht selten macht man bei dem psychoanalytisch-deutenden Zugang die Rechnung ohne den Wirt: die Aufdeckung unbewußter Identifizierungen und Fixierungen stößt da an Grenzen, wo das Team die Folgen einer Infragestellung seiner liebgewordenen, der Abwehr von Ohnmachtsgefühlen dienenden, routinisierten beruflichen Alltagshandlungen fürchten muß. Diese Abwehr nicht mit einem massiven ›Fortbildungsangebot‹ zu traktieren und damit auch eine unbewußte Komplizenschaft mit den diagnostizierten Professionalisierungsmängeln der Betreuer einzugehen, gebietet ein methodischer Zugang, der – Sokrates folgend – »nicht selbst Weisheit zu gebären, sondern nur anderen zur Geburt ihrer Ideen zu verhelfen« (STÖRIG 1981, S. 158) hat.

Es wäre eine interessante Frage, welche »geburtshelfenden Interventionen« des Supervisors und welche Ideen der Betreuer – langfristig gesehen – eine professionellere Anwendung des Betreuungskonzeptes bewirken.

Literatur

BARDÉ, B. (1991): Supervision – Theorie, Methode und empirische Forschung. Supervision 19: 3-37.

BRILL, K.-E. (1991): Grundrecht Wohnen – »Ein Bett ist keine Wohnung«. In: BOCK, T. und WEIGAND, H.: Hand-Werks-Buch Psychiatrie. Bonn.

BRÜCHER, K. (1988): Über die strukturellen Bedingungen psychotherapeutischer Prozesse. Fundamenta Psychiatrica 4: 228-238.

FLADER, D., GRODZICKI, W.-G., SCHRÖTER, K. (Hg., 1982): Psychoanalyse als Gespräch. Frankfurt am Main.

FÜRSTENAU, P. (1990): Interview. Sozialpsychiatrische Information 2: 2-7.

GEULEN, D. (Hg., 1982): Perspektivenübernahme und soziales Handeln. Frankfurt am Main.

GROSS, P., HITZLER, R., HOHNER, A. (1989): Diagnostische und therapeutische Kompetenz im Wandel. In: WAGNER, F. (Hg.): Medizin. Momente der Veränderung, Berlin.

HEUBNER, D. und TROSSHARDT, M. (1992): Betreutes Wohnen: Ein neuer Arbeitsansatz? Sozialpsychiatrische Informationen 2: 5-11.

HILDENBRAND, B. (1991): Alltag als Therapie. Bern.

KLÜWER, R. (1983): Agieren und Mitagieren. In: HOFFMANN, S. O. (Hg.): Deutung und Beziehung. Hamburg.

KÖRNER, J. (1984): Neuere Überlegungen zum psychoanalytischen Übertragungskonzept und seine Anwendung in der Supervision sozialberuflich Tätiger. Supervision 6: 61-72.

KUTTER, P. (1990): Das direkte und das indirekte Spiegelphänomen. In: PÜHL, H. (Hg.): Handbuch der Supervision. Berlin.

MENTZOS, S. (1989): Interpersonale und institutionalisierte Abwehr. Frankfurt am Main.

OEVERMANN, U. (1987): Familienanalyse, sozialisatorische Interaktion und Therapie. Vortrag für die Bundesversammlung der Erziehungsberatungsstellen. Hamburg.

PIAGET, J. (1982): Das In-Beziehung-Setzen von Perspektiven. In: GEULEN, D. (Hg.): Perspektivenübernahme und soziales Handeln. Frankfurt am Main.

RICHTER, S. (1991): Wider den Hospitalismus ambulanter Dienste. In: BOCK, T. und WEIGAND, H. (Hg.): Hand-Werks-Buch Psychiatrie. Bonn.

SAHLE, R. (1987): Gabe, Almosen, Hilfe. Opladen.

SCHAEFFER, D. (1991): Probleme professionellen Handelns im Krankenhaus. Vortrag auf der Tagung zum gleichen Thema am 5./6. 7. 1991 an der Berufsakademie Villingen-Schwenningen.

SCHAEFFER, D. (1992): Aids-Supervision und professionelles Handeln. Supervision 21: 10-27.

SCHAEFFER, D. (1990): Psychotherapie zwischen Mythologisierung und Entzauberung. Opladen.

SANDLER, J. (1976): Gegenübertragung und Bereitschaft zur Rollenübernahme. Psyche 4: 297-305.

STÖRIG, H. J. (1981): Kleine Weltgeschichte der Philosophie. Stuttgart.

THOMÄ, H., KÄCHELE, H. (1986): Lehrbuch der Psychoanalytischen Therapie. Berlin.

WEIGAND, H. (1991): Alltagsbegleitung – Eigenes Leben sichern. In: BOCK, C. und WEIGAND, H. (Hg.): Hand-Werks-Buch Psychiatrie Bonn.

ZWIEBEL, R. (1992): Der Schlaf des Psychoanalytikers. Stuttgart.

MICHAEL WOLF

Stellvertretende Deutung und stellvertretende Leitung

Funktionen und Kompetenzen des psychoanalytischen Teamsupervisors[1]

Zunächst stelle ich ein Fallbeispiel vor, das sich durch gewisse Insuffizienzen des Supervisors »auszeichnet«. Das zeigt sich an der Vereinbarung über den Auftrag wie an der Gestaltung des Settings und des supervisorischen Prozesses. Das Team reinszeniert einen zentralen unbewältigten Konflikt. Es folgt einem traumatisch bedingten Wiederholungszwang, und mangels zureichender Bearbeitung geht die Supervision daran zugrunde. Anschließend stelle ich die wesentlichen Foci einer analytischen Teamsupervision dar, nämlich Fallanalyse, Teamanalyse und Institutionsanalyse. Ihre gemeinsame Methode ist die Entschlüsselung der Reproduktion von Interaktionsstrukturen zwischen Mitarbeitern und Klientel im Team und in der Supervision. Die aus der Literatur über Balint- und Supervisionsgruppen geläufigen Konzepte des Deutens der »Spiegelphänomene« oder der »Szene« sind praktikable Zugänge zu solchen Strukturreproduktionen. Sie werden zusammenfassend als die supervisorische Funktion der »stellvertretenden Deutung« bezeichnet.

---

1 Zur männlichen beziehungsweise weiblichen Form: Ich gebrauche durchgängig die männliche Form, weil ich aus meiner persönlichen Perspektive schreibe. Bis auf die ausdrücklichen Hinweise zur Geschlechtsthematik ist damit aber stets die allgemeine Form gemeint, weil die Ausführungen für Supervisorinnen wie für Supervisoren gleichermaßen gelten.

In einem weiteren Fallbeispiel wird dargestellt, wie ein inzwischen kompetenterer Supervisor den Supervisionsprozeß als Entwicklungsprozeß des Teams gestaltet und strukturiert und welche Funktionen er dabei für die Gruppe der Mitarbeiter und Mitarbeiterinnen wahrnimmt. Als Leiter seiner Sub-Institution Supervision gestaltet er ein Modell für eine Arbeitsweise, in die das Team durch die Teilnahme an der Supervision hineinsozialisiert wird. Die Supervision ist deshalb auch »stellvertretende Leitung«. Sie nimmt in ihrem Rahmen und auf Zeit Teilfunktionen der Leitung wahr, die diese nicht zureichend wahrnehmen kann, wie die Reflexion der Wirkungen der genannten Strukturreproduktionen oder die Förderung von Differenzierungen und Strukturierungen der arbeitsteiligen Zusammenarbeit und Entscheidungsfindung.

Erstes Fallbeispiel

Der folgende Fall aus meiner eigenen Supervisions-Praxis liegt einige Jahre zurück. Er stammt aus einer Zeit, in der ich noch etwas anfängerhaft agierte. Das gibt mir die Möglichkeit, mich von den offensichtlichen Defiziten zu distanzieren und die Falldarstellung zugleich zu nutzen, um typische Probleme und Aufgaben psychoanalytischer Supervision diskutieren zu können.

Ich erhalte einen Anruf vom Leiter eines Psychiatrischen Krankenhauses mit dem Wunsch nach Supervision für eine Aufnahmestation. Wir vereinbaren einen Termin. Bei meiner Vorstellung unterhalten wir uns zwanglos über Fragen der Sozialpsychiatrie. Zur Station erfahre ich, es habe früher Supervision gegeben, dann nicht mehr, jetzt stünden wieder Mittel zur Verfügung. Zwischendurch kommt der Bereichsleiter hinzu, der nicht viel sagt. Zum Abschied gibt mir der Leiter noch seine Direktwahl mit dem Hinweis, ich solle mich nicht scheuen, ihn auch persönlich und direkt anzurufen, wenn ich den Eindruck hätte, auf Station würden Dinge getan, die mit den fachlichen Ansprüchen nicht vereinbar wären, vor allem was Verantwortlichkeit und Sorgfalt im Umgang mit den Patienten betreffe. Ich nehme das entgegen mit dem Hinweis, ich dächte, darüber könne man gegebenenfalls ja zunächst auf Station sprechen. Der Bereichsleiter begleitet mich dann zur Station. Dort stelle ich mich dem Team vor. Wir besprechen einige Fragen des Settings, ich erfahre noch, daß der Bereichsleiter nur vertretungsweise

127

dabei ist und die Stationsärztin demnächst gehen wird. Das Team wirkt in Alter, Erfahrung, Arbeits- und Kommunikationsstil sehr heterogen. Man ist sehr beschäftigt, begrüßt mich freundlich und wendet sich dann wieder anderen Aufgaben zu. Auch auf Station heißt es zur Begründung, jetzt gebe es ja wieder Geld, also auch wieder Supervision. Der Einsatz dafür war aber anscheinend recht unterschiedlich. Wir verabreden einen Zeitraum von einem halben Jahr (8 Termine) mit anschließender Auswertung und erneuter Verhandlung.

Zum Verlauf der Supervision nun Auszüge aus zwei Terminen, dem ersten und einem weiteren, sowie eine Zusammenfassung des Verlaufs. Es handelt sich um eine gekürzte Fassung meiner damaligen Notizen und Interpretationen.

Erster Termin

Als ich komme, ist über den Raum schon entschieden, aber über die Teilnahme noch nicht. Es herrscht 5 bis 10 Minuten lang Durcheinander, bis alle, die teilnehmen sollten, da sind. Zuletzt kommen die beiden Ärzte und der stellvertretende Stationspfleger.

Ich stelle mich vor, dann stellen sich die Mitarbeiter/innen vor, die Psychologin benennt die Arbeitsperspektive Fallsupervision. Ich stimme zu, grenze das gegen Selbsterfahrung ab, und die Stationsärztin spricht an, daß sicher auch noch andere Sachen in die Fallbesprechung hineinspielen würden, nichts Persönliches, aber zum Beispiel unterschiedliche Vorstellungen über die Arbeit.

Das Team hat sich einen Fall vorgenommen, der von der Psychologin vorgetragen wird. Sie berichtet von einer Patientin, die jetzt zum vierten Mal hier ist, eine außerordentlich dramatische Ablösungskrise erlebt und dabei ihre Konflikte nicht in sich halten kann, sondern massiv nach außen bringen und inszenieren muß. Sie war das erste Mal da nach dem Tod der beiden Großmütter und ihrem Auszug aus dem Elternhaus, kurz vor ihrer Hochzeit, dann wenig später erneut für längere Zeit. Dabei wurde sie schwanger, ließ sich scheiden, heiratete einen ehemaligen Patienten, den Vater ihres Kindes. Während der Schwangerschaft ging es ihr ausgezeichnet, nach der Geburt ging alles drunter und drüber. Sie schlief nicht mehr, beschäftigte sich Tag und Nacht mit dem Kind, aber ganz schematisch, in einem starren Vierstundenrhythmus. Sie rauchte dauernd, war bald völlig erschöpft und mußte drei Wochen nach der Geburt erneut stationär aufgenommen werden. Jetzt blieb sie ein halbes Jahr, das Kind wurde von ihren Eltern versorgt. Nach der Entlassung hielt sie sich nicht lange, sondern kam ein halbes Jahr später wieder, diesmal nach einem ersten Suizidversuch. Von da an zieht sich eine

Kette von Suizidversuchen über die Jahre hin, etwa sechs bis acht, mit Tabletten, Springen aus dem Fenster und anderem mehr. Beim letzten brach sie sich zwei Wirbel und liegt jetzt, wegen der Gefahr einer Querschnittslähmung, fixiert im Bett, weil sie sich selbst nicht ruhig halten kann. Sie wird als infantil geschildert, hält sich an keine Absprachen, will dauernd etwas haben, und wenn sie es hat, will sie mehr, und wenn sie es nicht hat, will sie es weiter. Sie führt sich auf wie ein Kind von anderthalb, nicht wie die 26jährige Mutter eines fast zweijährigen Kindes, klagt über Heimweh nach ihrer Familie und ruft nachts laut: Mama, ich will zu Dir.

Nachdem die Psychologin den Fall vorgetragen hat, werden von den anderen Teilnehmern Eindrücke hinzugefügt, die das Bild abrunden, vor allem im Hinblick auf die infantile Versorgungshaltung der Patientin und ihre parasuizidalen Aktionen. Es wird auch der Kontext geschildert: Familie, Herkunftsfamilie, vor allem der Ehemann. Der kümmert sich rührend, kommt täglich, ist stabilisiert, seit er sie geheiratet hat. Ihre Familie aber ist merkwürdig, die Mutter hat sich um das Enkelkind kaum gekümmert, der Vater soll gesagt haben, wenn sie noch einmal einen Mann ohne sein Einverständnis heirate, schlage er sie tot.

Ich habe als Modell zum Verständnis auf das Kind und das Kindliche der Patientin abgehoben und darauf, was sie wohl für Probleme hätte. Man kam darauf, es hat keine Mutter, oder mehrere Mütter, eine chaotische Erfahrung mit Müttern oder Müttersersatz, aber es hat keine richtige Mutter. Ich spreche dann die Veränderungen der Patientin an, seit sie von zu Hause ausgezogen war und geheiratet hatte. Der Zusammenhang Ablösung/Trennung und Tod war offensichtlich, das habe ich so benannt, vor allem in Hinblick auf die Spannung, unter der die Patientin stehe, die sich in ihren Suizidversuchen ausdrücke und auch in ihren psychiatrischen Aufenthalten als Rückzugsversuchen. Bis zu dem Zeitpunkt, an dem sie aus dem Elternhaus auszog, war sie ja unauffällig, zumindest keine Psychiatrie und keine Suizidversuche.

Die Gruppe beschäftigt sich damit, wie die Patientin selbst Mutter sein kann. Das Kind hat keine Mutter, die Patientin kann keine Mutter sein. Sie scheitert da, wo sie zur Mutter wird. Als Mutter in spe ging es ihr ausgezeichnet, als sie zur Mutter wurde (Entbindung – Trennung) ging es ihr schlecht: Suizidalität, Wahn, Psychiatrie. Vielleicht hat sie selbst einen Mangel an Mütterlichkeit erlebt, über den man aber wenig weiß. Der Tod der beiden Großmütter vor ihrer Dekompensation ist ein Hinweis darauf, ebenso, wie sie es mit ihrem eigenen Kind konstelliert hat, das nach drei Wochen von ihr wegkam und erst von seiner einen und dann von der anderen Großmutter betreut wurde. Die Stationsärztin kommt auf den Vater zu sprechen und sagt, sie habe manchmal den Eindruck, daß die Patientin in ihr auch etwas ganz Sadistisches auslöse, so wie der Vater manchmal wirke; er hätte ja schon geäußert, wenn sie nochmal ..., würde er sie totschlagen.

Das ist ein Zusammenhang, den ich aufgreife. Trennung von der Familie und Tod. Selbständigkeit ist – weil auch Trennung – anscheinend mit Tod verknüpft, so wie die Patientin das erlebt, in ihren Suizidversuchen inszeniert, weshalb sie sich nicht als Mutter und erwachsene Frau etablieren kann. Und aus der Sicht des Vaters, der sagt, wenn Du das machst, wenn Du Dich nicht weiter meinem Willen fügst, sondern selbständig wirst, bring ich Dich um. Ich betone dabei die Schärfe des Konflikts der Patientin. Bei ihr ginge es immer um Leben und Tod, so kann sie nicht erwachsen werden. Ich formuliere das so, daß auch denkbar wäre, das einfach zu akzeptieren. Statt normativer Vorstellungen, jeder Mensch müsse erwachsen werden können und selbständig leben, könne man die Möglichkeit in Betracht ziehen, daß die Patientin vielleicht wieder in die Herkunftsfamilie zurückgeht und erst einmal darauf verzichtet, mit einem Ehemann zusammenzuleben und ein Kind zu haben.

Daraufhin werden andere Dinge benannt, die der Selbständigkeit der Patientin entgegenstehen, zum Beispiel der Ehemann, der durchblicken läßt, für ihn sei alles aus, wenn sie wieder geht. Da werde deutlich, sage ich, in welchen Konfliktfeldern und Spannungen sie steht, die sie nicht lösen kann, so unreif, wie sie noch ist. Da denkt sie lieber, sie bringt sich um oder zieht sich in die Psychiatrie zurück und wird selbst zum Kind, das nicht weiter verantwortlich ist. Damit geht dieser Termin zu Ende.

Abschließend formuliere ich für mich noch eine Hypothese dazu, was es bedeuten kann, daß ich gerade diesen Fall als ersten angeboten bekomme, was die Station mit dem Fall über sich sagt. Vielleicht folgendes: Die Station sucht eine Mutter, sucht mütterliche Versorgung und Verständnis. Das ist eine unbewußte Erwartung an die Leitung und auch an die Supervision. Sie kann sich nämlich nicht wirklich selbständig machen, dann droht der Tod. Sie darf nicht noch einmal einen »falschen« Mann (Supervisor) heiraten, dann wird sie umgebracht. Deshalb ist es besser, die regressive Haltung (Wunsch nach besserer Mütterlichkeit) einzunehmen. Darin wird sie aber schon im Setting enttäuscht, weil die Supervision nur einmal im Monat genehmigt wird (die letzte Supervision war immer vierzehntägig). Es besteht zwar die Möglichkeit, genau wie bei der Patientin, daß die Station, wenn sie sehr brav ist, wenn sie Leistung zeigt, belohnt wird und später die Supervision vierzehntägig bekommt. Aber eine Belohnung ist keine »gute« Mütterlichkeit. Eine gute Mutter versorgt ihre Kinder immer, wenn sie es brauchen, und nicht nur dann, wenn sie sich diese Versorgung durch Leistung verdient haben. Es fragt sich also, ob das, was die Station jetzt bekommt, quantitativ und qualitativ für so viel Bedürftigkeit reicht.

130

Der Termin nimmt einen etwas ungewöhnlichen Verlauf. Ich komme hin, und es sind nur drei oder vier Mitarbeiter da. Ganz allmählich tröpfelt das Team herein, es ist unklar, wer bleibt, es wird herumtelefoniert, nach 17 Minuten schließlich ist das Team, wie es heißt, heute komplett.

Dann wird überlegt: was haben wir denn heute für einen Fall. Niemand weiß darüber Bescheid, es wird im Stationsbuch herumgekramt, umsonst. Allmählich fühle ich mich ärgerlich und sage, nun sei ja schon einige Zeit vergangen, ich hätte den Eindruck, man wolle hier gar nicht über einen Fall sprechen. Es läge vielleicht irgendetwas anderes an, und meiner Meinung nach müßte zunächst darüber gesprochen werden.

Das Team ist erst etwas konsterniert, aber dann zeigt sich eine enorme Dynamik. Das Pflegepersonal geht aus sich heraus, drei Mitarbeiter nacheinander äußern Kritik und Vorwürfe gegen die Ärzte und speziell gegen den Stationsarzt. Tenor: Alles, was man sagt, ist gegen die Wand geredet, was man tut, wird untergraben, und keiner weiß mehr Bescheid, was läuft. Das konkretisiert sich an einigen Beispielen und dreht sich immer darum, daß die Ärzte, insbesondere Dr. A., mit den Patienten eher psychotherapeutisch und antipsychiatrisch arbeiten. Das vertrage sich nicht mit den Reglements auf einer Station mit 30 Patienten. Da aber die Ärzte machten, was sie wollten, fühle man sich vor den Patienten bloßgestellt, überflüssig und verliere zunehmend die Lust an der Arbeit.

Ich versuche, aus der Konfrontation der Berufs- und Funktionsgruppen einen gedanklichen Ausweg zu finden und sage: Wo ist eigentlich der institutionelle Ort, an dem gemeinsam die Erfahrungen gesammelt werden, die man mit den Patienten im Lauf des Tages macht und an dem daraufhin Entscheidungen über die Behandlung getroffen werden?

Es stellt sich heraus, daß es zwei Orte gibt, die nicht aufeinander abgestimmt sind: die Visite viermal in der Woche, bei der die beiden Ärzte und die Stationsschwester mit den Patienten sprechen und Entscheidungen treffen über Medikamente, Ausgang, Entlassung und so weiter, und die Übergabe, in der über alle Patienten gesprochen wird, aber nichts entschieden. Es wird vielmehr bekannt gegeben, was bei der Visite entschieden worden ist.

Ich problematisiere dieses Auseinanderfallen, weise darauf hin, daß das ja auch integriert werden könne. Das für mich Überraschende ist nun, daß an dieser Stelle, wo ich ja vor allem dem Pflegepersonal vorschlage, sich stärker in die Entscheidungsfindung einzubringen, das Team davor zurückschreckt mit dem Argument, das sei ja immer so gewesen. Die Möglichkeit, beispielsweise zwei Visiten zu machen statt vier, oder nur eine, so daß jede Woche einmal jeder Patient ausführlich besprochen wird samt Konsequenzen für die Behandlung, wird nicht wahrgenommen. Es klingt zwar eine Reduktion der Visitenzahl an, das wird aber nicht aufgegriffen. Vor allem kommt niemand darauf, daraus die Schlußfolgerung ziehen, daß durch die Struktur das Übergewicht der ärztlichen Entscheidungskompetenz festgeschrieben bleibt und die eigenen Eindrücke zwar irgendwo wiedergegeben und ins Stationsbuch geschrieben werden, aber ohne Konsequenzen bleiben. Vielmehr geht es um den aktuellen zentralen Konflikt zwischen Dr. A. und dem Pflegepersonal. Ich versuche auch hier, Gemeinsamkeiten herauszustellen. Mit fällt aber nur die funktionale Basis der Station im Sinne einer grundlegenden Ordnung und Sicherheit auch der Patienten voreinander ein, weil viel von körperlichen Attacken die Rede ist. Es geht ums Fixieren von Patienten, die das Personal angegriffen haben, um Berechenbarkeit, Erwartbarkeit und entsprechende Regelungen. Schließlich werden vom Team Vorschläge formuliert, wie man weitermachen könne. Es ist klar, solange diese Fragen nicht weiter abgeklärt sind, kann man nicht sinnvoll über einzelne Patienten sprechen, das hat ja diese Supervisionssitzung gezeigt. Die Ärztin schlägt noch einen anderen Termin vor, ein Pfleger sagt, ja, aber nicht nur für Einzelfälle, sondern über das Reglement der Station insgesamt, und dann schlägt der stellvertretende Stationspfleger vor, von der Aufnahme angefangen alle in eine direkte Beziehung zu den Patienten einzubinden, damit nicht das Pflegepersonal für die Ordnung und die Ärzteschaft für die persönlichen Beziehungen zuständig ist.

Nun ist die Zeit um, ich gehe hinaus, und an der Tür sagt mir die Stationsschwester, die mich begleitet, es wäre wirklich sehr schwierig mit dem Dr. A., sie hätten auch schon den Chef informiert.

Hinterher mache ich mir noch einige Gedanken. Ich hatte ja versucht, über das technische Prinzip der Allparteilichkeit alle einzubeziehen, anzuerkennen, positiv zu konnotieren und darauf hinzuweisen, daß sie letztlich alle an einem Strang ziehen. Nun habe ich folgende Phantasie: Wie wäre es, wenn ich das ganz anders machen würde. Ich könnte sagen, es sei einfach erbärmlich, was sie da miteinander und mit den Patienten anstellen. Sie seien ja professionelle und kompetente Leute, und so ein Hickhack sei doch unmöglich. Vor allem, das dann noch in der Schwebe zu lassen, statt es auszutragen und zu entscheiden. Schließlich ginge es ja bei den Patienten darum, daß sie mit Konflikten nicht umgehen könnten. Wenn ihnen das Gegenteil davon dann so von der Station vorgelebt werde, sei das ja kaum produktiv. Der Effekt wäre wohl, denke ich, daß sie sich gegen mich wenden würden, ich wäre nun ihr Feind, und dann könnte man einmal sehen, wie wir mit dieser Konfrontation umgehen.

Verlauf der Supervision

Insgesamt finden acht Termine statt. Durchgängig ist es schwierig, dem Team in der Supervision Kontur zu geben und mir ein inneres Bild der Gruppe zu machen. Der Abstand von vier Wochen erscheint mir zu groß, die Zusammensetzung der Gruppe wechselt von Termin zu Termin, ohne daß ich weiß, aus welchen Gründen (Schicht, Urlaub, Krankheit, Wechsel der Station). Am Anfang, am Ende und während der Termine gibt es keine klare Zeit- und Raumgrenze, also auch keine soziale Grenze. »Notfälle« machen es immer wieder erforderlich, daß Ärzte und Pfleger ins Stationsgeschehen eingreifen, auch während der Supervision. Eine kontinuierliche Arbeit in einem eindeutigen Rahmen entwickelt sich nicht.

Die wesentlichen Themen im Verlauf der acht Termine sind:

1: Vorstellung der Anwesenden; Fall: eine dependente Patientin, unzulängliche Bemutterung, Kampf um Leben und Tod;

2: Fall: erneut eine Patientin mit insuffizienter Bemutterung, ein realer Suizid im Umfeld, Kollusion Team-Patientin bei Fragen des Ausgangs.

3: Fall: ein abhängiger Patient (Alkohol) mit Psychose, Kollusion Arzt-Patient bei Fragen der Medikamente; personelle Veränderungen im Team (neue Ärztin).

4: Konflikt Pflegepersonal-Ärzte um Behandlungsstrategien, vor allem mit Dr. A. um »Psychotherapie« versus »Ordnung«; massive Spannungen.

5: Fall: hysteriforme Borderline-Patientin; Grenzen von Supervision und Team: »Handeln« (Notfälle) statt »Rumreden« (Supervison).

6: Das Team hat die Supervision »vergessen«, Dr. A. ist versetzt, noch eine neue Ärztin ist auf Station; Fall: ein dekompensierter älterer Patient nach Herzinfarkt, Zusammenbruch nach dem Scheitern grandioser Projekte;

7: Die geplante Besprechung über Fortsetzung scheitert an insuffizienter Vorbereitung: die Besprechung im Team ist erst nach der Supervision angesetzt; Kritik am Supervisor wird geäußert: zu wenig Leitung und Strukturierung, zu wenig »didaktische« Hilfen bei der Arbeit; die Vorgeschichte der Supervision auf dieser Station kommt zur Sprache, insbesondere aggressive Entgleisungen von Patienten, wobei andere und Mitarbeiter erheblich verletzt wurden.

8: Klinikleitung und Team gehen auf meinen zwischenzeitlich schriftlich vorgelegten Vorschlag zur Neustrukturierung der Supervision durch eine 14tägige Frequenz und die Verlegung in einen anderen Raum außerhalb der Station nicht ein. Nur wenige nehmen überhaupt teil, das Team hat entschieden, es wolle weiter Supervision, aber einen anderen Supervisor. Tenor des Termins: eine gewisse Traurigkeit über den Verlauf sowie die Phantasie, vielleicht könne man nun wirklich mit der Supervision anfangen.

Der Leiter der Klinik bedauert bei meinem abschließenden Besuch den Verlauf der Supervision. Er konstatiert aber eine deutliche Stabilisierung der Station und betont rückblickend, daß er zeitweise sehr besorgt um sie gewesen sei.

Fall 1 zeigt einen noch unerfahrenen Supervisor, der von der Leitung einer Psychiatrischen Klinik in einer krisenhaften Situation eingestellt wird, ohne daß Vorgeschichte, Kontext und Auftrag offen benannt und mit dem Supervisor in Hinblick auf die Supervision abgeklärt werden. Das ist aber natürlich das gute Recht jedes Auftraggebers, es ist Sache des Experten Supervisor, damit angemessen umzugehen, das heißt den Kontext zu explorieren, bevor er mit der Arbeit beginnt.

Der Supervisor zeigt sich in mehrfacher Hinsicht insuffizient, und sein Versuch, nach einer ersten Phase der Supervision einige Versäumnisse des Anfangs nachzuholen, scheitert. Damit ist in seinem Verständnis auch die Supervision gescheitert. Zwar hat sie in den Augen des Klinikleiters zur Stabilisierung der gefährdeten Station beigetragen und so dessen Auftrag erfüllt und insofern sogar »Erfolg« gehabt, gemessen an den Vorstellungen der Mitarbeiter und des Supervisors aber nicht.

Im Ablauf und in den beiden ausführlich im Protokoll dargestellten Terminen lassen sich einige charakteristische Probleme aufzeigen, mit denen jede Teamsupervision zu tun hat. Einige davon sollen im folgenden dann unter den Funktionen der »stellvertretenden Deutung« und »stellvertretenden Leitung« diskutiert werden.

1. Die *Vereinbarung über den Auftrag ist unklar* und wird im Verlauf der Vorbesprechungen nicht zureichend geklärt. So kommt – psychoanalytisch gesprochen – kein geregeltes Arbeitsbündnis zustande. Das gilt insbesondere für das Pflegepersonal. Dessen Ambivalenz gegenüber der Supervision nutzt diese Unklarheiten, wie am Eingreifen bei Notfällen, an unklaren Abwesenheiten und ähnlichem sichtbar wird, ohne daß dies als bedeutungsvolles Überschreiten vereinbarter Grenzen aufgezeigt werden könnte. So lassen sich auch die in der konkreten Arbeit mit den

Patienten wie in der Fallarbeit in der Supervision immer auch mitwirkenden Organisationsebenen Team und Institution nicht differenzieren und ihre Effekte auf die Fallarbeit aufzeigen.

Schon die Verabredung über die Supervision kam ja auf bemerkenswerte Weise zustande: mit dem Leiter, der am liebsten einen Supervisor im Wortsinne (Überwachung, Kontrolle) gehabt hätte, um über Mißstände informiert zu werden und diese dann »abstellen« zu können; mit einem Oberarzt, der nur vorübergehend und das heißt gar nicht richtig verantwortlich für die Station war, mit einer Stationsärztin, die in wenigen Wochen die Station verlassen würde, einem künftigen Stationsarzt, der noch nichts zu sagen hatte und auch den Eindruck machte, so schnell nichts zu sagen zu haben, sowie einem Pflegepersonal, das sich rasch »wichtigeren« Aufgaben zuwandte. Eine solche Vereinbarung mußte auf wackligen Füßen stehen. Die entscheidende Frage, die ich seinerzeit nicht begriff, war: Wer hatte hier eigentlich wirklich etwas zu sagen, beziehungsweise hatte hier überhaupt jemand wirklich, das heißt verantwortlich etwas zu sagen? Und von der Sache her war die Frage unbeantwortet: Was war der wirkliche Anlaß für die Supervision auf dieser Station?

2. Das *Setting ist nicht ausreichend geklärt.* So wird dem entwertenden und verletzenden Umgang der Mitarbeiter mit dem Setting zu wenig Aufmerksamkeit geschenkt, sei es in Form deutender oder strukturierender Interventionen. Hier reinszeniert das Team offensichtlich eine komplexe Übertragung von Verletzungen und Entwertungen, die es selbst in seiner Arbeit erfährt. Die für das Verhalten psychiatrischer Patienten auf Station geradezu normale Verletzung von Regeln und Grenzen kann sich so immer weiter reproduzieren. Der äußerst spannungsreiche Konflikt zwischen den Pflegkräften und dem Arzt Dr. A. ist ebenfalls Folge und Ausdruck dieser Übertragungen der Patienten, bleibt aber als solcher unbegriffen. In der Supervision reproduziert er sich in umgekehrter Konstellation – die Mitarbeiter stören dauernd die »Ordnung«, deren Bestand sie sonst fordern. In diesem Setting kann er aber nicht bearbeitet und im Team auch nicht gelöst werden.

3. Die *Interventionen des Supervisors* sind zu sehr darum bemüht, Beiträge zur Lösung der berichteten Probleme mit Patienten und der Konflikte in der Zusammenarbeit zu liefern,

statt allererst ein Verständnis für ihre Vorgeschichte, Hintergründe und den spürbaren Drang nach besserer Kooperation zu erarbeiten. Das hätte erfordert, die Konfliktspannung auch in der Supervision stärker aufkommen zu lassen und auszuhalten. So wie hier damit umgegangen wurde, ließen sich die schon im Auftrag überlagerten Ebenen Fall, Team/Station und Institution/Leitung gar nicht erst trennscharf auseinanderhalten und einzelne Aspekte der vorgestellten Fälle auf diese verschiedenen Ebenen beziehen. Das hätte eine stärkere »holding-function« des Supervisors erfordert, die dem Team allererst die Sicherheit vermittelt, in »guten Händen« zu sein, gehalten und versorgt zu werden, um dann auch strukturiert arbeiten zu können. Den Wunsch danach hat das Team ja schon in der ersten Falldarstellung durch die (unbewußt gesteuerte) Auswahl gerade dieses Falles, in dem es um defiziente mütterliche Versorgung geht, deutlich gezeigt.

4. Ein *besseres Verständnis* der in der Supervision insgesamt von den Mitarbeitern vor- und dargestellten Informationen müßte den *Gesamtzusammenhang* der expliziten – Fallvorstellung, Interpretationen und Meinungen des Teams – und der impliziten, nicht bewußten, aber deutlich gezeigten Phänomene – chronisches Zuspätkommen, höhere Relevanz von »Notfall«-Situationen als Supervision – für die Supervisionsarbeit fruchtbar machen. Auch das könnte man an der Fallpräsentation des Teams im ersten Supervisionstermin aufzeigen. Die Fallauswahl steht ja in einem nicht zufälligen Verhältnis zum aktuellen Unbewußten des Teams, sie kann als das von KUTTER (1990, 1993) konzipierte »umgekehrte Spiegelphänomen« verstanden werden und beinhaltet immer auch ein Angebot an den Supervisor, darauf einzugehen. Das kann indirekt durch die Arbeit am Fall geschehen oder direkt durch Arbeit an der Übertragung auf den Supervisor im Sinne einer Leiter- oder Eltern-Übertragung. Auf jeden Fall ist erforderlich, daß der Supervisor dieses Angebot und diesen Bedeutungszusammenhang wahrnimmt und bei geeigneter Gelegenheit aufgreift. Das setzt voraus, daß er den Mechanismus dieser Strukturreproduktion kennt, der in der Literatur als »Spiegelphänomen« (KUTTER 1984, 1990, 1993) oder allgemeiner als Reinszenierung einer »Szene« (ARGELANDER 1968, 1970 a,b) bezeichnet wird, und diese Kenntnis für die supervisorische Arbeit fruchtbar macht.

Der Supervisor wird den Erwartungen auf quasielterliche Funktionswahrnehmung und vorübergehende *ersatzweise Leitung* des Teams nicht gerecht. Das meint die Wahrnehmung dieser Funktionen in dem Rahmen beziehungsweise in der Institution, die die seine ist, über die er die Leitung und Kontrolle hat: die Supervision im Sinne von Kontrakt, Setting, Arbeitsweise, Haltung und Kompetenzwahrnehmung. Die angemessene und effektive Gestaltung von Kooperation und Leitung in der Institution des Supervisors hat modellhafte Funktion für die Supervisanden. Ihre Identifikation mit dem Supervisor ist im wesentlichen eine Identifikation mit seiner Arbeit.

5. In seinen Versuchen der Wahrnehmung der Supervisions-Funktion im hier beschriebenen Sinne fehlt dem Supervisor eine »innere« Stabilität, Breite und Differenziertheit der Situations- und Affektwahrnemung, des Aushaltens der Konfliktspannungen zwischen Mitarbeitern und Patienten, im Team und in der gesamten Institution, also, technisch ausgedrückt, im Umgang mit seinen *Gegenübertragungsreaktionen.* Der Supervisor hat zwar vorübergehend mit erheblicher Mühe einen Mangel an Strukturierung zur Angstbindung und Chaosabwehr gefüllt. Seine »Containing«-Funktion (BION) wurde dabei aber deutlich überfordert, wie er am scheinbar unüberwindlichen Durcheinander in der Supervision und auf Station und an sich selbst, auch an seinen irritierenden Affekten bei der Rückfahrt und sogar an seinem Fahrstil, spüren konnte. Es gelang ihm nicht, diese Reaktionen und Eindrücke innerlich auszuhalten, als (spezifische Gegenübertragungs-) Reaktionen zu verstehen und in Deutungen und anderen strukturierenden Interventionen für die Supervisionsarbeit fruchtbar zu machen. Er hat seine Gegenübertragung auf die Interaktionsdynamik des Teams und indirekt der Patientengruppe nicht adäquat erfaßt und sich so in deren »chaotische«, entwertende, verletzende, selbstdestruktive Abwehrarrangements mit verstrickt.

Das alles verweist auf die erforderlichen professionellen Kompetenzen eines Supervisors, der sich, vermittelt über die Supervisanden, mit einer so belastenden und verwirrenden Materie wie der Behandlung psychisch schwer gestörter Patienten oder anderer Klienten mit schweren psychischen Störungen befaßt.

Diese Störungen, die meist auch anderen Arten »abweichenden Verhaltens« wie körperlicher Krankheit, Delinquenz, zugrunde-liegen, sind immer auch Störungen der Affekt-Abstimmung, der Ich-Struktur und der Objektbeziehungen, insbesondere der Selbst-Objekt-Abgrenzungen. Sie gelangen über das direkte und indi-rekte Spiegelphänomen auch in die Supervision. Ihre Bearbei-tung erfordert, sich zumindest im verstehenden Zugang so weit auf sie einzulassen, daß man daran affektiv, kognitiv und interaktiv anknüpfen kann (vgl. WOLF 1990), auch wenn die tatsächliche Behandlung dies nur sehr rudimentär leisten kann (vgl. LEUSCHNER 1985). In diesem Sinne sind auch Haltung, Kompetenzen und Qualifikationen des Teamsupervisors zu beachten, nicht zuletzt im Hinblick auf den Beitrag von Supervision zur Professiona-lisierung der Supervisanden.

Supervision und Psychoanalyse

An anderer Stelle (WOLF 1990) habe ich dargelegt, aus welchen Gründen die psychoanalytische Konzeption »abweichenden« sozialen Handelns[2] auf der Grundlage der psychoanalytischen Entwicklungspsychologie die Basistheorie der Felder ist, in denen Supervision praktiziert wird. »Feldkenntnis« (vgl. Super-vision 21/1992) des Supervisors kann nicht Felderfahrung in einem diffusen Sinn des Kennens heißen. Begriffene Feldkenntnis muß eine sein, die ihre Gegenstandserfahrung über theoretische Konzepte reflektiert, zum Teil auch überhaupt erst als neue Erfahrung macht. Erst die Methode konstituiert den »Gegen-stand«, nicht umgekehrt dieser jene.

---

2 Der Begriff abweichendes Verhalten beziehungsweise abweichendes soziales Handeln bezieht sich auf die Handlungssystemtheorie von TALCOTT PARSONS, in der (neben der »Kritischen Theorie« der »Frank-furter Schule«) als einziger umfassenden Gesellschaftstheorie auch systematisch auf die Psychoanalyse Bezug genommen wird. Bei PARSONS geschieht das unter dem Aspekt der Integration des Verhaltensorganismus in das Persönlichkeitssystem, der Integration von Bedürfnisdispositionen in soziale Normen und Wertsysteme, der kulturellen Funktion der Medizin und anderem mehr (vgl. PARSONS 1964).

Die Begründungen speziell für eine psychoanalytische Konzeption von Supervision erscheinen mir in aller Regel zu kurz gegriffen und tendenziell beliebig. Im allgemeinen dient das »Unbewußte« von Interaktions- und Teamprozessen oder die Vorgeschichte der Supervision in der Balint-Arbeit (PÜHL 1990b) als Begründung, es wird auf die Beziehung und ihre emanzipatorische Gestaltung (BAURIEDL 1993) abgestellt, es werden psychoanalytisch begründete Konzepte wie Balint-Arbeit und Gruppenanalyse in andere Konzepte eingebaut oder in solchen reformuliert (RAPPE-GIESECKE 1990) und andere Bezugnahmen mehr. Systematischer ist die Begründung von BUCHINGER. Er sieht die Bedeutung psychoanalytischer Konzepte für die Supervision darin, daß sie eine Theorie »über Vorgänge des menschlichen Seelenlebens«, eine »Methode zur Behandlung seelischer Leidenszustände und eine Methode der Forschung sei, die in verschiedenen sozialen Settings Anwendung finden könne (1993, S. 36f.). Ich möchte diese Begründung noch etwas genauer und umfassender reformulieren.

1. Die Psychoanalyse beziehungsweise die psychoanalytische Entwicklungspsychologie stellt bislang die *einzige umfassend angelegte psychologische Theorie* der Entstehung pathologischer psychischer Strukturen und dementsprechend gestörten sozialen Handelns dar. Das gilt für psychische oder somatische Störungen und Krankheiten, für Abhängigkeit, Verhaltensstörungen, Delinquenz ebenso wie für die entsprechenden institutionellen Sozialisations- oder Resozialisationskontexte, in denen diese behandelt werden.

2. Die Kenntnis psychoanalytischen Wissens um *Entwicklung und Behandlung psychischer oder psychisch mitbedingter Störungen* ist für die Arbeit in diesem Feld unverzichtbar. Das beinhaltet die Kenntnis der interpersonellen interaktionellen Mechanismen Übertragung, Gegenübertragung, Abwehr, Widerstand und andere, die den Kern der klassischen psychoanalytischen Behandlungstechnik ausmacht und die für eine Methodologie und Methode der Erkenntnis von psychisch Fremdem konstitutiv ist (vgl. DEVEREUX 1976).

3. Die »*Technik*« der Psychoanalyse stellt eine Kunstlehre der Gestaltung therapeutischer entwicklungsfördernder Arbeitsbeziehungen mit Patienten bzw. Klienten dar, die psychisch,

139

tisch oder in ihrem Verhalten gestört sind. Diese »Kunst-ıenre« konkretisiert sich in einem typischen »personenbezogenen« Wissen (FÜRSTENAU 1979, POLANYI 1962), eine ad personam erworbenen Kennerschaft (»connaisseurship«, Polanyi) sowie der Ausarbeitung einer Vielzahl von Interventionen zur adäquaten Gestaltung dieser Arbeit (vgl. exemplarisch GREENSON 1975, FÜRSTENAU 1992).

4. Vom Arbeitsfeld »abweichendes Verhalten« einmal abgesehen befinden sich Arbeitszusammenhänge beziehungsweise Arbeitsgruppen ganz allgemein in einem wellenförmig verlaufenden *progessiv-regressiven Prozeß* zwischen Funktionsebenen mit unterschiedlich klarem Aufgaben- und Realitätsbezug. (Arbeits-) Gruppen erliegen immer wieder Regressionen, ebenso wie ihre Leitung und die ganze Organisation (KERNBERG 1988). Diese zeitweilig auftretenden regressiven Funktionsniveaus lassen sich ebenfalls mit Hilfe psychoanalytischen Wissens besser verstehen und »behandeln«. Gerade die Psychoanalyse von Gruppen (SANDNER 1986) unterschiedlicher Größe und Funktion liefert hier wertvolle Kenntnisse und Erfahrungen mit Interventionen. Das gilt, wie erst neuerdings auch in Deutschland rezipiert wird (LENZ 1992), auch für Organisationen im allgemeinen, das heißt auch für administrative Organisationen oder Unternehmen.

Insofern ist es insgesamt kein Zufall, sondern inhaltlich gut begründet, daß Konzeptualisierungen von Arbeitsfeld, Aufgabe und Interventionspraxis von Supervision überwiegend »psychoanalytisch orientiert« sind (vgl. die Beiträge in der Zeitschrift »Supervision« seit 1982, PÜHL 1990b u.a.m.)

Es ist allerdings zu fragen, ob die supervisorische Bearbeitung psychischer Störungen im interaktionellen und institutionellen Kontext über psychoanalytische Kompetenzen hinaus nicht handlungstheoretische und organisationspsychologische Zusatzkenntnisse erfordert. Ohne diese besteht meines Erachtens die Gefahr eines psychoanalytischen Reduktionismus in den Konzepten wie in der supervisorischen Praxis. Deshalb wird in avancierten Supervisionskonzepten vorgeschlagen, die psychoanalytische Perspektive um eine »systemische« (FÜRSTENAU 1992) oder »systemtheoretische« (RAPPE-GIESECKE 1990) zu ergänzen. Dabei geht aber möglicherweise der konsistente Bezug auf den

Fall in einer bestimmten inneren Verfaßtheit, die sich nur einem psychoanalytischen Zugang erschließt, verloren (vgl. BARDÉ 1992). Deshalb scheint mir eher eine weitere Ausarbeitung des Konzepts der interaktionellen und institutionalisierten Abwehr (MENTZOS 1976/1988) eine geeignete Ergänzung des psychoanalytischen Zugangs zum Interaktionsfeld der Supervision zu bieten (WELLENDORF 1986, WOLF 1994).

Fallanalyse, Teamanalyse, Institutionsanalyse

Teamsupervision ist mit einem Arbeitsfeld befaßt, das mindestens drei unterscheidbare Ebenen bzw. Foci der Intervention umfaßt: den *Fall,* das heißt die Mitarbeiter-Klient-Beziehung, das *Team,* das heißt die Mitarbeiter-Mitarbeiter-Beziehung und die *Institution,* in deren Rahmen sich diese Arbeits- und Rollenbeziehungen bewegen. Diese Unterscheidung korrespondiert mit einer in den Sozialwissenschaften wie im Alltagsverständnis verbreiteten Differenzierung nach Komplexitätsniveaus des Sozialen in Persönlichkeit, Interaktion und Organisation (vgl. PARSONS 1964, LUHMANN 1975). In Arbeiten über Supervision wird diese Unterscheidung in der Regel ebenfalls getroffen (vgl. EDDING 1985, BUCHINGER 1990, RAPPE-GIESECKE 1990). Zwar wird (z.B. von BARDÉ 1992) eingewandt, daß damit einem nur vom Supervisor abhängigen, tendenziell willkürlichen »Umschalten« zwischen verschiedenen »Programmen« (RAPPE-GIESECKE) der Supervision Tür und Tor geöffnet werde, und für Fallarbeit als zentralen Focus der Supervision plädiert. Das Argument, daß sich ja die spezifischen unbewußten Bedeutungsstrukturen des Teams oder der Institution, sofern für die Arbeit im Einzelfall relevant, auch in der Fallanalyse aufzeigen lassen, ist aber nur in wissenschaftlicher Perspektive stimmig. Im supervisorischen Handeln selbst treten die Wirkungen von Team und Institution nicht einfach als analysierbare Zusätze an Komplexität, Verdichtung durch Überdetermination des Falles, sondern als aktuell wirksame Widerstände und Arbeitsstörungen auf. Die Arbeit am Fall als Kern der auftragsgemäßen Arbeit der Mitarbeiter und der Supervision muß deshalb immer wieder in den Hintergrund treten, bis die Bedingungen einer adäquaten Fallarbeit geschaffen oder wiederhergestellt sind.

Erfahrene Arbeitsgruppen oder Teams praktizieren oder verlangen ein problemadäquates »Umschalten« von Fall- auf Teamsupervision nach meinen Erfahrungen oft selbst, weil sie merken, daß sie in ihrer Arbeit mit dem Klientel wie in ihrer Besprechung derselben miteinander durch Konflikte »zweiter Ordnung« in der Gruppe beziehungsweise Team gestört sind. So wurde von einem Team erneut »Teamsupervision« verlangt, nachdem es sich längere Zeit mit Fällen beschäftigt hatte. Anlaß war eine große Verunsicherung im Team über seine Grenzen und seinen Bestand angesichts mehrerer Neueinstellungen, die von der Leitung ohne Abstimmung mit dem Team vorgenommen worden waren. Ein Ergebnis dieses Supervisions-Termins war, daß die Grenzen der Supervisionsgruppe vorerst so bestehen bleiben, wie sie sind, bis die Gruppe selbst beschließt, die »Neuen« hineinzulassen.

Schwieriger ist es mit den Störungen durch die Institution selbst, in deren Rahmen sich die Arbeit abspielt. Bei »Teamsupervision« ist der Auftrag der Institution, innere Ressourcen zu fördern und Störungen auflösen. Das gilt grundsätzlich für alle arbeitsbezogenen Störungen, also auch die der Zusammenarbeit der Mitarbeiter. Eine Bearbeitung der Störung ist oft nötig, um wieder am Fall arbeiten zu können. Das ist im Rahmen des Auftrags Arbeit an der Aufgabe selbst. Ein Problem entsteht jedoch, wenn die Störung mit der institutionalisierten Abwehrstruktur konform, manchmal geradezu innerorganisatorische blande Pseudonormalität geworden ist. Hier besteht eine chronifizierte Arbeits-, Beziehungs- und Empathiestörung in Hinblick auf das, was abgewehrt werden muß und oft schon der Wahrnehmung entzogen wird (vgl. Shapiro 1991).

Vielfach (beispielsweise Kutter 1993) wird hier die Grenze einer möglichen Intervention in soziale Systeme gesehen, jenseits derer »Objektivität« (Kutter) besteht, übergeordnete organisatorische Zusammenhänge, die einer Supervison nicht mehr zugänglich sind. Eine fortwährende Arbeit an den institutionellen Begrenzungen beziehungsweise Störungen der Arbeit des Teams müßte sich auf die Dauer erschöpfen oder in eine Institutionsanalyse oder Organisationsentwicklung übergehen, wofür ein neuer, veränderter Auftrag einzuholen wäre. Soweit kommt es aber nur selten. Üblich ist vielmehr die Begünstigung einer Kollusion der Supervision mit der bestehenden institutionellen Abwehr durch die Auswahl des Supervisors, seine »Feldkenntnis« und durch laufende kollusive Prozesse zwischen Supervisor und Institution im Sinne der Bekräftigung von scheinbar Selbstverständlichem. Der Supervisor soll sich auskennen mit dem Arbeitsgebiet, möglichst selbst schon dort gearbeitet haben, das heißt in bestimmte typische Wahrnehmungs-, Erlebens- und Verhaltensmuster einsozialisiert sein, er soll konzeptionell den Vorstellungen der Organisation beziehungsweise des Teams nahestehen, soll »sozialpsychiatrisch«, »analytisch«, »systemisch« orientiert sein – und das dann in einem gewissen Rahmen (Fall und Team, aber nicht mehr) relativieren können, ohne »Unruhe« in der Institution zu schaffen.

Es erscheint deshalb aus wissenschaftlichen Gründen wie für die supervisorische Tätigkeit und ihre Fortentwicklung zweckmäßig zu unterscheiden:

1. die Ebene des *Falls* (Umgang mit Klient oder andere konkrete berufliche Tätigkeit); Focus auf Beziehung Mitarbeiter-Klient; Ziel der Supervision: Kompetentere Fallarbeit;

2. die Ebene des *Teams,* der Arbeitsgruppe, Gruppe oder innerbetrieblichen »Familie« (je nach Progressions- beziehungsweise Regressionsgrad), des Umgangs mit den Kolleginnen und Kollegen im Team (in der Abteilung, auf der Station); Focus auf rollenförmig gebundene Interaktion in der Teamgruppe; Ziel der Supervision: Synergie der Gruppe statt Blockade durch Gruppe, bessere Kooperation und Koordination beziehungsweise Leitung, dadurch auch bessere Fallarbeit;

3. die Ebene der Organisation bzw. Institution,[3] Umgang mit

---

3 Bei aller Schwierigkeit möchte ich zumindest mein Verständnis dieser Unterscheidung benennen. *Organisation:* Ensemble von sozialen Rollen in Kooperation und hierarchisch gesteuertem Wirkzusammenhang zu bestimmten, durchaus variablen, Zwecken; *Institution:* Organisation mit gesellschaftlich notwendigen Bestandsfunktionen und dadurch bedingter existentieller Relevanz für alle direkt oder indirekt davon Betroffenen und darin Tätigen.

institutionellen Grundfunktionen, Strukturen, Mechanismen, Prozessen und Rollen; Focus auf Rollenstruktur, institutionelle Kontexte und rollengebundene Interaktionen; Ziel: kooperative Rollenstruktur bei Nutzung von Leitung und Funktionsdifferenzierung, Angemessenheit der Aufgabenwahrnehmung der Institution.

Je nach der Relevanz der Ebenen für die Arbeit des Teams am Fall müssen in die Supervision als Fallarbeit mehr oder weniger große Schleifen über die Teamarbeit oder die Institution eingebaut werden. In ihrem Verlauf werden die Störungen bearbeitet, die als institutionelle Effekte die eigentliche Arbeit beeinträchtigen. Wenn die Supervision mit »Fallsupervision« beauftragt ist, sind die Schleifen hin zu Team und Institution im Rahmen des Auftrags und Arbeitsziels leicht verständlich. Wenn der Auftrag »Teamsupervision« ist, wird zwar einerseits von vornherein der Kontext der Fallarbeit thematisiert, und ein eventuell erforderliches Ausgreifen auf die Instution ist auch noch nachvollziehbar. Das gilt umgekehrt ebenso für einen Auftrag Institutionsanalyse. Wie steht es aber mit der Fallarbeit? Ist sie auch noch Gegenstand der Teamsupervision oder Institutionsanalyse? Ich meine ja, insofern es zur Arbeitsaufgabe des Teams und der Institution gehört, sich mit Fällen zu befassen, was im Laufe der Teamsupervision, wenn sie erfolgreich ist, auch geschieht. Meiner Erfahrung nach gehen Teams nach Lösung der Konflikte, die ihre Kooperation gestört haben, wie von selbst dazu über, Fragen ihrer konkreten Fallarbeit anzusprechen, auch wenn die Supervision als Teamsupervision begonnen hat. Im Grunde ist allerdings der Auftrag Teamsupervision erfüllt, sofern es sich um eine gezielte Supervision wegen Störungen im Team gehandelt hat und die Fallarbeit über ein konzeptionelles und exemplarisches Stadium hinausgeht. Die Fortsetzung müßte dann neu besprochen und vereinbart werden. Anders ist es bei kontinuierlicher Teamsupervision als dauernde begleitende Reflexion der laufenden Arbeit.

»Spiegelphänomen«, »Szene« und Struktur-reproduktion: die Methode der stellvertretenden Sinnauslegung und Deutung

In der Interaktion und Kommunikation einer Arbeitsgruppe oder eines Teams »spiegeln« sich die Übertragungen der Klienten in Gegenübertragungsreaktionen, die in der Regel in einem bestimmten institutionellen Stil der Konfliktbearbeitung gebunden sind, der im einzelnen berufsgruppenspezifisch, teamspezifisch und individuell variiert. Die Übertragungsmuster sehr gestörter Klienten überfordern diese Stile der Problembearbeitung mit der Folge nicht mehr lösbarer, weil noch gar nicht begriffener Störungen der Arbeit mit den Klienten und in der kollegialen Zusammenarbeit (vgl. die instruktiven Falldarstellungen aus dem Bereich der Sozialpsychiatrie bei Leuschner 1985 und Deutschmann 1990). Deshalb ist eine zusätzliche externe Reflexionsinstanz erforderlich, die diese nicht ausreichenden institutionellen Abwehr- und Bewältigungsmuster nicht übernimmt, sondern hinterfragbar und bearbeitbar werden läßt: die Supervision. In der Supervision kann die Übertragung des Klientels und die nicht bearbeitete Gegenübertragung der Mitarbeiter durch einen Effekt wahrnehmbar und bearbeitbar werden, der in der Literatur erstmals bei Balintgruppen als »Spiegelphänomen« identifiziert wurde. Es handelt sich, allgemeiner und sozialwissenschaftlich ausgedrückt, um eine Reproduktion latenter affektiv-dynamisch wirksamer Interaktionsstrukturen in einem anderen Handlungssystem. Diese Strukturreproduktion erfolgt teils verbal, über die verbale Kommunikation und ihre prosodischen, mimischen, gestischen und andere Begleitphänomene, teils durch Handeln, durch Aktion, die ebenfalls bedeutngsvoll, aber noch nicht verbalisiert und schon gar nicht begriffen ist.

Zum Begreifen solcher Strukturreproduktionen hat die Psychoanalyse in der Arbeit mit einzelnen Patienten eine bestimmte Technik entwickelt, die von Argelander (1970a) und Lorenzer (1970) als »szenisches Verstehen« bezeichnet worden ist. Mittels der »szenischen Funktion des Ich« (Argelander 1970b) teilt der Patient auch ohne sein Wissen dem Analytiker Wesentliches über seine Problematik mit. Er gestaltet die standardisierte Situation des Erstinterviews oder einer Behandlungsstunde auf eine für seine psychische Struktur, seinen speziellen »neurotischen Stil« (SHAPIRO 1991) oder seinen »Modus der Konfliktverarbeitung« (MENTZOS 1982) charakteristische Weise aus. Seine unbewußte Psychodynamik »spiegelt« sich in der »Szene« mit dem Analytiker als Übertragung oder »in« diesem als Gegenübertragung.

Diesen Effekt nutzt Supervision in Balintgruppen, in Einzelsupervision und auch in der Teamsupervision. KUTTER hat ihn als das »direkte Spiegelphänomen« bezeichnet, in Unterscheidung vom »indirekten Spiegelphänomen, das einen Effekt der Gruppe oder der Institution darstellt, der sich an der Falldarstellung und am Umgang mit dem Fall, dem einzelnen Patienten, ausdrückt. Die Wahrnehmung und Nutzung dieser Spiegelphänomene ist dem psychoanalytischen Supervisor durch seine Ausbildung (Lehranalyse, Kontrollsupervision) auf eine objektivierbare Weise möglich. Eine intuitive Nutzung der Spiegelphänomene mag zwar im Einzelfall möglich sein, ist aber für ein wissenschaftlich fundiertes Konzept (von Therapie wie von Supervision) unbefriedigend, weil nicht rational und intersubjektiv nachvollziehbar. Das prinzipiell überpüfbare, weil nachkonstruierbare und reproduzierbare »szenische Verstehen« der »Spiegelphänomene«, der Übertragungen und Gegenübertragungen, ist die Basisaktivität des Analytikers wie des analytischen Supervisors. Sie ist im wesentlichen stellvertretende Deutung unbegriffener latenter Psycho- und Interaktionsdynamiken in der jeweiligen Situation, in der analytischen Therapie wie in der (Team-) Supervision.

»Stellvertretende Deutung« (OEVERMANN u.a. 1979) meint die hilfsweise Interpretation von Ausschnitten der Lebenspraxis durch professionelle Experten, die hierfür speziell qualifiziert und beauftragt sind. Die Abstinenz vom Eingreifen in diese Praxis, der Verzicht auf Handlungen, Entscheidungen und Ratschläge wahrt zum einen die Autonomie der Lebenspraxis des Klienten (Mandanten, Patienten etc.), zum anderen erlaubt sie dem Experten durch die Entlastung von Handlungs- und Entscheidungsdruck einen reflexiven Abstand, der ermöglicht, auch unwahrscheinliche Interpretationen, die vielleicht gerade zutreffend sind, zu entwickeln und in Deutungen zu äußern. Dazu wird der Analytiker wie der Supervisor von alltagspraktischen Kommunikationsverpflichtungen wie der Reziprozität der Äußerungen, Selbstdarstellungen und Selbstenthüllungen (vgl. FLADER, GRODZICKI u. SCHRÖTER 1982) entlastet. Von beiden wird ja in Anspruch genommen, auf Äußerungen nicht alltagskommunikativ angemessen, reziprok, zu reagieren, das heißt ähnliches von sich zu erzählen, auf das Gesagte einzugehen, sondern erforderlichenfalls zu schweigen, auf vorher Gesagtes oder Geschehenes beziehungsweise »Inszeniertes« oder auf scheinbar willkürlich herausgegriffene Ausschnitte des Vorlaufs zurückzugreifen oder eigene Empfindungen und Phantasien zu äußern, die scheinbar ohne Zusammenhang sind (vgl. das instruktive Beispiel des Liedchens »wer soll das bezahlen ...« bei BECKER in diesem Band). Das ist Sinn und Effekt der analytischen Grundregel der »gleichschwebenden Aufmerksamkeit« (FREUD), die durch die Freisetzung von den routinisierten Kommunikationsverpflichtungen anderen Phänomenen, die vielleicht Ausdruck der Strukturreproduktion unbewußter Dynamiken sind, Raum gibt, um diese verstehend und deutend aufzugreifen und einzubringen.

Ein besonderes Charakteristikum der psychoanalytischen Supervision besteht also im methodisch geregelten Verstehen der »Szene« und in der selektiven, technisch reflektierten, gezielten stellvertretenden Deutung der in der Szene deutlich werdenden Muster der individuell und nach den Berufsgruppen interaktionell aufgeteilten Muster der Konfliktbearbeitung im Team.

Ansatzweise hat der Team-Supervisor im Fall 1 schon solche Überlegungen zur im Team reproduzierten Szene angestellt, wenn er sich fragt, was der im ersten Termin vorgestellte Fall mit dem Thema der unzulänglichen Bemutterung auch über die unbewußten Wünsche und Konflikte des Teams aussagt, die in der Institution nicht befriedigt werden, weshalb es sie an die Supervision heranträgt. Es wird aber auch deutlich, daß er die Massivität dieser Wünsche nicht aufnehmen kann, vor allem nicht den offensichtlichen Zusammenhang von mangelnder Bemutterung, Trennung und Tod. Dieser Zusammenhang wird ja von der Patientin immer wieder inszeniert, ist, wie später »herauskommt«, auch in der Geschichte des Teams aufgetreten, war vielleicht sogar überhaupt Anlaß für den konkreten Auftrag an den Supervisor, wird in den die Supervision (zer-) störenden Notfallsituationen immer wieder szenisch reproduziert und schließlich am Supervisor selbst noch einmal nachvollzogen (Trennung vom und Tod des Supervisors).

Die stellvertretende Deutung ist eine »Übersetzung« der latenten, abgewehrten Bedeutungsgehalte der Szene in Sprache, eine Verbalisierung. Alle »Techniken« der Interpretation sind Verbalisierungen der Bedeutungsgehalte der im Team qua Szene und Spiegelphänomen dargestellten – geschilderten und inszenierten – unbewußten Interaktionsmuster und -konflikte der Patienten und deren Abwehr beziehungsweise Wiederkehr in der institutionellen Praxis wie »verclinchte« Teamkonflikte, insuffizienter Umgang mit dem Klientel, unverstandenen Reaktionen auf die Arbeit mit diesem und miteinander.

Das gilt, wie die Interviewsituation in der Psychoanalyse (als Einzeltherapie) modellhaft zeigt, gleichermaßen für sprachliche wie für handelnde »Äußerungen« (SEARLE 1971, HABERMAS 1981). Sprechakte sind Sprache und Handlung zugleich, Aktionen sind in psychoanalytischer Sicht auch sinnvolle Äußerungen (KLÜVER 1983). Das Gesamt der so verstandenen Äußerungen bildet das Material, auf das sich szenisches Verstehen richtet, an dem es stellvertretend deutend arbeitet und über das es ein erweitertes Verständnis der unbewußten Situationsanteile gewinnt und in geeigneten Interventionen in die gemeinsame Arbeit einbringt. Das Material, an dem die analytische supervisorische Arbeit ansetzt, ist die Gesamtheit der Äußerungen der Supervisanden in einem Spektrum von bewußt verstandenen »richtigen« Interpretationen des Falls bis zu ganz unbegriffenem unbewußten Reinszenieren.

So im geschilderten Fall die Reinszenierung des Notfalls als permanente Unterbrechung des Supervisionsgeschehens durch scheinbar notwendige »Notfallmaßnahmen«, die den Supervisionsprozeß stören und letzten Endes zerstören, weil sie unbegriffene Bewältigungsversuche der traumatischen Teamerfahrungen von Notfällen wie Gewalt und Suizid auf Station sind.

Die Aktivität des analytischen Supervisors ist auf die Wahrnehmung, innere affektgetragene Verarbeitung, vorbereitende

Verbalisierung in Form von hypothetischen Deutungen und ihre Umsetzung in geeignete Interventionen ausgerichtet. Sie ist ebenso eine »Kunstlehre« (OEVERMANN nach GADAMER) des Verstehens wie die Aktivität des Psychoanalytikers, gebildet durch personenbezogene und fallbezogene Kompetenzen und generalisierbare Wissensbestände, die nur auf spezifische Weise erworben werden können. Zu dieser Kunstlehre gehören bestimmte Praktiken der Fallstrukturierung in Auftrag, Setting, Arbeitsweise, Haltung. Dazu nun ein Fallbeispiel, das anders als Fall 1 eine kompetentere und deshalb auch wirkungsvollere Supervision zeigt.

Zweites Fallbeispiel

Ich werde von einem Team mit dem Auftrag einer Team-Supervision betraut. Anlaß sind chronische Teamkonflikte vor allem um die Leitungsfunktion. Aufgabe des Teams ist sozialpädagogische Arbeit mit Jugendlichen. Das Team ist angestellt bei einem kleinen freien Trägerverein. Es hat dadurch für seine Arbeit im Rahmen der Aufgabenbestimmung relativ große Autonomiespielräume, muß sich allerdings quasi marktgerecht darstellen, um von den zuständigen Stellen Klienten und Mittel zugewiesen zu bekommen, was gerade angesichts massiver Kosteneinsparungen im Jugend- und Sozialbereich schwierig ist. Um so bemerkenswerter ist die Tatsache, daß das Projekt im Verlaufe der Supervision hinsichtlich Etat, Arbeitsbereichen und Stellen erheblich expandiert.

Aus dieser Supervision nun ein Protokoll von einem Termin, in dem Abgrenzung von der Umwelt und innere Stabilisierung durch eine wesentliche Gruppenleistung erarbeitet werden.

Die Supervision beginnt damit, daß mit einer Ausnahme alle Mitarbeiterinnen und Mitarbeiter anwesend sind und Frau A. eine Erklärung abgibt, die den Stand der Dinge benennen soll. Nämlich daß morgen eine Vorstandssitzung stattfindet mit allen Mitarbeitern, auf der entschieden werden soll, was aus der Gärtnerei wird. Alle anderen haben gesagt, sie wollen nicht mehr mit ihr zusammenarbeiten, und statt ihr wollen Frau B. und Herr C. die Gärtnerei machen. Sie will aber auch dort weiter arbeiten und überlegt, ob das auf eine Entscheidung hinausläuft, die sie nicht akzeptieren kann, und ob sie nicht besser kündigt.

Das ist gleich zu Beginn eine spannungsreiche Konfrontation. Frau B. geht darauf ein und bekräftigt den Konflikt: es sei jetzt Schluß, sie hätte so lange versucht, mit A. zusammenzuarbeiten, ihre Geduld sei am Ende. Mit der A. könne man nicht zusammenarbeiten, die Gärtnerei könne aber auch nicht von ihr alleine gemacht werden, der Vorstand müsse das jetzt entscheiden.

Kündigungsdrohung und Aufkündigung der Zusammenarbeit stehen gegeneinander, und ich sitze da und denke, in irgendeiner Weise muß noch einmal versucht werden, das zu integrieren, sonst wiederholt sich in der Gärtnerei dieselbe Geschichte, wie sie das Team damit schon zweimal erlebt hat.

Frau A. spricht dann noch mehr über ihr persönliches Erleben. Sie fühlt sich entwertet und diffamiert, von den anderen hinter ihrem Rücken schlecht gemacht, auch in der Supervision, wenn sie nicht dabei war. Ich korrigiere das in bezug auf die Supervision ausdrücklich und sage, nein, das sei nicht der Fall. Es sei natürlich oft mit viel Ärger über sie gesprochen worden und es seien dann auch die Punkte benannt worden, über die man ärgerlich war, aber nichts Diffamierendes oder Entwertendes. Sie kommt nun darauf zu sprechen, daß jedenfalls Respekt wichtig sei, dann könne man auch Kompromisse schließen. Ich hätte ja etwas angedeutet von Arrangieren und Kompromißbildung, die bei der Zusammenarbeit immer nötig sei, um eine Polarität, wenn sie einmal besteht, wieder aufzulösen. Wozu anzumerken ist, daß ich bei meinen Interventionen stets auch die Konfliktfähigkeit positiviert habe, ebenso wie die Fähigkeit, sich dann wieder zu arrangieren, um die Arbeit gemeinsam fortzusetzen.

Herr C. fragt dann, ob das denn unbedingt mit dem Vorstand besprochen werden müsse, vielleicht könne das Team den Konflikt auch selbst lösen. Darauf geht die Leiterin, Frau D. ein, indem sie Frau A. eine Art goldene Brücke baut. Sie sagt, sie sähe die Situation so: In der Zentrale, wo auch die Gärtnerei liegt, das ginge nicht mehr, sie könnten da offenbar nicht mehr zusammen arbeiten, das sei alles zu sehr verstrickt. Es gäbe aber doch noch einen Tätigkeitsbereich, den man einzeln wahrnehmen kann und den Frau A. auch bearbeiten könne, gegebenenfalls auch von der Zweigstelle aus. Frau A. geht ansatzweise darauf ein, nennt das eine Möglichkeit, die sie sich denken könne, ihre Position sei aber doch, daß sie weiter die Gärtnerei machen wolle. Das hat Herr C. in seiner manchmal etwas ungeschickt provozierenden Art aufgegriffen und dahin gewendet, ihm sei nun gar nicht mehr klar, was sie wolle, ob nun dies oder jenes. Frau A. schweigt nun gekränkt. Nach einer Intervention von mir in dem Sinne, daß anscheinend auf beiden Seiten auch immer wieder heftigere Gefühle und Reaktionen aufkämen, was ja nur zu verständlich und auch legitim sei, meint sie aber, sie brauche einfach noch Zeit. Es geht ihr darum, das Gesicht zu wahren, ihre Position nicht gleich zu räumen, sondern noch zu verhandeln, um einen akzeptablen

Rückzug antreten zu können. Wie sinnvoll und notwendig das ist, ist allen Anwesenden deutlich.

Schließlich bringt Herr E. den Gesichtspunkt ein, daß sich ja die Arbeit insgesamt verändern würde, wenn Frau A. das macht, und daß es überhaupt zu einer größeren Verschiebung der ganzen Arbeitsteilung kommen werde. Nun hat sich der Konflikt soweit geklärt, daß nur noch Frau B. die Position vertritt, die A. muß raus, also Kündigung, Trennung, Scheidung, während bei allen anderen eine Reintegration von A. und Team sich anbahnt.

An dieser Stelle werfe ich die Frage auf, ob man den Vorstand denn überhaupt noch zur Klärung brauche. Das wird zunächst zwiespältig aufgenommen. Man brauche ihn nicht mehr, weil die Kompromißlösung sich schon andeute, auf die sich der Vorstand dann auch hinbewegen werde. Es scheine aber doch sinnvoll, ihn damit zu befassen. In den Worten von Herrn C.: »der Vorstand muß das auch tragen«, aber nicht »entscheiden«. Vorstrukturiert zur Entscheidung durch das Team selbst ist das ja jetzt durch die Besprechung in der Supervision.

Allmählich löst sich die Spannung. In mir bildet sich eine Phantasie, die ich auch mitteile. Mich erinnert das an die »Wahlverwandtschaften« von Goethe, wo sich die Konstellation zwischen den Beteiligten immer wieder verändert, bis sich die Richtigen gefunden haben. Ich weise das Team darauf hin, daß das heute ja alles in einem Zusammenhang stünde mit der Reintegration von C. Der sei jetzt in der Zentrale und in der Gärtnerei an einer Stelle angekommen, wo er meines Erachtens richtig in die Arbeit integriert sei, im Unterschied zu der Zeit, wo er vorher in der Zweigstelle war. Ich verwende dabei auch Bilder, die mir dazu einfallen, wie »Zwangsarbeit« und »Sibirien«, Metaphern, die sich auch auf die Thematik Strafe beziehen, womit ein wichtiger Teil ihrer Arbeit bei der Resozialisation von Jugendlichen zu tun hat.

Das trifft offenbar einen zentralen Punkt der Teamstruktur und ihrer Entwicklungsgeschichte. Die Athmosphäre wird nun ganz entspannt, es wird richtig lustig, alle lachen, und dann sagt der neue Mitarbeiter, Herr E., der C. habe die A. dann ja regelrecht verdrängt. Ich greife das umgekehrt auf: Es sehe vielleicht vordergründig so aus, weil er nicht mit der A. zusammenarbeiten konnte und sie nicht mit ihm, aber es sei ja im Team immer so gegangen, daß einer integriert wurde und dann ein anderer verschoben und ausgegrenzt. Das sei anscheinend eine typische Art und Weise, wie bei ihnen mit solchen Problemen umgegangen werde, so wie bei ihren Klienten und schon in deren Familien, wo auch verschoben, verdrängt und ausgegrenzt werde, und vielleicht gäbe es nun wieder einen neuen Integrationsversuch, jetzt mit Frau A.

Nun überpurzeln sich gegen Ende der Sitzung die Dinge geradezu, es gibt eine Vielzahl neuer Einfälle. Es wird gefragt, was denn strukturell mit der Gärtnerei eigentlich los sei, und Frau B., die so vehement gegen Frau A. vorgegangen ist, kann sagen, es sei natürlich auch ein Strukturkonflikt, es sei immer so gewesen, daß die Leute in der Gärtnerei Schwierigkeiten hatten und die Funktionen dort umstritten waren, und man könne und müsse überlegen, ob nicht die Gärtnerei überhaupt anders organisiert wird. Ich habe den Einfall, wenn die A. schon in die Zweigstelle geht, wo sie dann mit der Leiterin zusammenarbeitet, könnten ja ein paar Pflanzen aus der Gärtnerei in die Zweigstelle gebracht werden, dann könnte sie dort wieder ihre Gärtnerei haben. Die A. selbst hat den Einfall, sie hätte sich schon vorgestellt, mit einem Pick-Up als Gärtnerei durch die Stadtteile zu ziehen und die Arbeit des Projekts so anzubieten. Es werden noch mehr Einfälle und Assoziationen geäußert, es kommt eine ganz große affektive Wärme im Team auf, und man hat spürt deutlich, das Problem ist gelöst. Es ist ein Weg gefunden worden, wie man sich vielleicht produktiver, jedenfalls auf eine neue Art und Weise neu gruppiert und versucht, es weiter miteinander auszuhalten und etwas neu zu beginnen. Die erschreckenden Schritte wie Kündigung und Trennung sind gar nicht nötig, und es ist auch nicht nötig, die Entscheidung dem Vorstand zu übertragen. Das Team kann sie selbst treffen und hat sich auf eine insgesamt sehr produktive und kreative Weise mit diesem Konflikt beschäftigt und eine Lösung gefunden.

Verlauf der Supervision

Der Verlauf läßt sich in 4 Phasen gliedern.

In der *ersten Phase* dominiert die Arbeit an der Restrukturierung des Teams hinsichtlich der Wahrnehmung der Leitungsfunktion und der Arbeitsaufteilung sowie die Integration neuer Mitarbeiter und Mitarbeiterinnen ins Team. Zentrales Thema ist Mißtrauen (als Feldeffekt und als Kern des Teamkonflikts). Das Mißtrauen schwindet zunächst in der Supervision durch die strikt durchgehaltene Allparteilichkeit des Supervisors, deutlich an Terminen mit nur teilweiser Besetzung, in denen stets ein gleichermaßen kooperatives Klima besteht. Das Trauma der Geschichte des Teams, ein objektivierbarer Anlaß zu Mißtrauen, tritt dadurch in den Hintergrund.

In der *zweiten Phase* steht die fortwährende Rotation zwischen den Arbeitsbereichen im Mittelpunkt, die interessanterweise mitbedingt ist durch Erziehungsurlaube von männlichen Mitarbeitern. Der Wechsel der Mitarbeiter erfordert immer wieder auch eine Bearbeitung der Grenzziehung des Teams entlang von Fragen des Interesses und der Zusammenarbeit, aktualisiert auch durch das Ausscheiden von Mitarbeitern, die diese Gemeinsamkeiten nicht teilen. Mit der Zeit entwickelt das Team auch Interesse an der Ausdifferenzierung eines Fallverständnisses, ausgehend von typischen Problemen mit den Klienten wie Unzuverlässigkeit, Motivationdefizite, Interesselosigkeit, Gewalttätigkeit. Hierauf wird vom Supervisor mit Angeboten zur Erarbeitung einer Fallstruktur (Erstkontakt und Aufnahme, Sozialdiagnose etc.) positiv reagiert.

In der *dritten Phase* dominiert eine kooperationsbezogene Supervision aus Anlaß der Expansion des Projekts in andere Arbeitsfelder mit einem neuen Klientel. Dabei werden neben den Problemen im Team solche mit der Umwelt (Träger, Förderstellen) bearbeitet. Der zunehmende Umweltbezug fördert die Binnenstrukturierung, weil nun die Leitungsfrage nicht mehr im Sinne der alten Konflikte so offen und beliebig gehandhabt werden kann, sondern funktional entschieden werden muß. Es ergibt sich eine tragfähige Leitungsstruktur mit ergänzender Funktionswahrnehmung der Außendarstellung durch Mitarbeiter und Mitarbeiterinnen. Zur Klärung trägt die Notwendigkeit der Berichterstattung an Träger und Förderstellen und der dafür erforderlichen Berichterstatung an die Leitung bei. Es werden Formen der Berichterstattung ohne Kontrollangst und Mißtrauen entwickelt, die exemplarisch in der Supervision besprochen werden.

In der *vierten Phase* stabilisiert sich das Team in den neuen Arbeitsbereichen und Kooperationsformen nach erneuter Rotation der Mitarbeiter, die solange währt, bis die formalen Zuständigkeiten zu den Kompetenzen und zur Gruppenstruktur passen. Die Steigerung des internen Konfliktlösungspotentials erfolgt wesentlich durch die Klärung und Anerkennung der internen Leitungsfunktion und der Abstimmung und Anerkennung einer Arbeitsteilung und Kooperation im Team, die optimal den fachlichen Kompetenzen, den persönlichen Ressourcen und der informellen Gruppenstruktur entsprechen.

Fall 2 zeigt, wie ein Supervisor vergleichsweise erfolgreich arbeitet, indem er sowohl mit stellvertretenden Deutungen der dynamischen Zusammenhänge von Arbeitsfeld beziehungsweise Klientel, Teamgruppe und Institution arbeitet als auch defizitäre Strukturierungs-, Entscheidungs- und Leitungsfunktionen des Teams fördert und sie in der Supervision modellhaft wahrnimmt und so indirekt hilfsweise und auf Zeit stellvertretende Leitungsfunktionen darstellt. Das beinhaltet erforderlichenfalls auch die Grenzziehungsfunktion gegenüber der inneren und äußeren Umwelt, das heißt Fragen der Weiterbeschäftigung oder Kündigung und des Verhältnisses zum Träger und ihre Bearbeitung in der Supervision.

1. *Arbeitsziel* der Supervision ist zunächst die Herstellung der offenen Kommunikation im Team über Fragen der beruflichen Zusammenarbeit. Wegen der beruflichen Homogenität der Gruppe stellen sich die Differenzen nur als solche der Vorerfahrung, Interessenlage, speziellen Kompetenz und der beanspruchten Position dar, nicht als solche professionell verschiedener Zugänge zum Aufgabengebiet. Immerhin wird bei allen Differenzen kollegialerweise nie die fachliche Kompetenz einzelner Mitarbeiter in Frage gestellt. Trotz dieser Erleichterungen ist ein aktiv kommunikationsförderndes und -strukturierendes Verhalten des Supervisors notwendig und zweckmäßig, wie sich im Verlauf der Supervisionssitzungen erweist.

2. Die *protokollierte Sitzung* ist vor allem deswegen interessant, weil ein massiver Teamkonflikt vorliegt, der eine aufschlußreiche und nachvollziehbare Vorgeschichte hat, die dem Team und dem Supervisor bekannt ist. Deshalb und wegen der »Reife« des Teans und der Supervisionsgruppe ist es möglich, in der Supervision eine starke affektive Spannung auszuhalten, ohne allzuviel Affektverschiebung die passenden Inhalte zu artikulieren und diese wiederum spannungsreich im Raum stehen zu lassen. Zugleich ist es möglich, in einer scheinbar verhärteten Situation, in der beide Parteien sagen, wir würden es jetzt am liebsten lassen und dem Vorstand zur Entscheidung übertragen, doch noch einmal auf den Konflikt einzugehen, die verhärteten Positionen in Bewegung zu bringen und eine Lösung zu finden.

3. Der Supervisor arbeitet als *psychoanalytischer Supervisor,* indem er sich der psychoanalytischen Verständnistechniken der Spiegelphänomene, Übertragungsszenen und Gegenübertragungsreaktionen bedient und zur Förderung der Teamkommunikation und Konfliktbearbeitung nutzt.

4. Der Supervisor arbeitet als *psychoanalytischer Teamsupervisor,* indem er immer wieder den jeweiligen Focus ein- und umstellt auf Team, Fall oder Institution, je nachdem, was im Hinblick auf den Arbeitsauftrag des Teams (Fallarbeit) gerade als problematisch, konflikthaft und störend im Vordergrund steht.

5. Für die Wahrnehmung dieser Funktionen in einer für die Teamentwicklung produktiven und kreativen Weise ist ein län-

gerer Prozeß *kontinuierlicher Zusammenarbeit* erforderlich, vor allem wenn Grundprobleme der Konstitution sozialer Beziehungen wie die Frage von Ver- und Mißtrauen (ERIKSON 1966) in der Psycho- und Soziodymanik von Team und Arbeitsfeld problematisch sind. Der Teamsupervisor muß dann als langfristiger Prozeßbegleiter tätig werden und für das Team Funktionen wahrnehmen, die den sozialisatorischen Funktionen entwicklungsfördernder langzeitiger Begleitung nachgebildet sind. In der entwicklungspsychologischen Literatur (z.B. WINNICOTT) werden sie als »mütterliche« Funktionen vor allem des »holding« bezeichnet. Im folgenden Abschnitt über den supervisorischen Prozeß werden sie eingehender dargestellt. Die erforderlichen professionellen intrapsychischen und interaktionellen Kompetenzen entwickelt der Supervisor am besten an vergleichbaren Langzeit-Begleitungen von professionell geförderten Entwicklungsprozessen wie z.B. bei der langzeitigen Betreuung von Klienten oder der Langzeit-Psychotherapie wie in der »klassischen« Psychoanalyse. Das Team kann sich im Verlauf eines solchen langen Prozesses nach Bearbeitung der blockierenden Grundkonflikte interpersonal neu arrangieren, es kann erstarrte Konflikte zwischen Arbeitsbereichen auflösen, die Notwendigkeit einer Leitungsfunktion anerkennen, konzeptionell innovativ werden (neue Arbeitsbereiche und Finanzierungsquellen erschließen) und insgesamt qualitativ besser arbeiten.

6. In diesem längerfristigen Prozeß nimmt der Supervisor eine bestimmte Position ein und Funktion wahr, die bislang im Team nicht zureichend wahrgenommen worden ist: die eines *stellvertretenden kompetenten Leiters* auf Zeit. Das gilt direkt für die Gestaltung seiner Institution Supervision und dadurch indirekt auch für die Wirkung der Supervision auf die Gestaltung der Teamstruktur während der Zeit der Teamsupervision und günstigenfalls auch darüber hinaus. Die in Teilen – jedenfalls hinsichtlich der Lösung der Teamkonflikte, weshalb ja in der Regel Teamsupervision nachgefragt wurde – insuffiziente Leitungsfunktion des Teams konturiert sich hieran. Der Leiter kann seine Leitungs- und Fachkompetenzen im Rahmen des Teams reorganisieren. Er kann die Grenzziehungsfunktion nach außen – deutlich an Themen wie Einstellung, Entlassung, Verhältnis zum Träger, zur Finanzierungsstelle und anderen Kontexten –

und die Strukturierungsfunktion nach innen – im Konfliktfall entscheiden, Anweisungen geben und so weiter – besser wahrnehmen und regiert andererseits nicht mehr in die Arbeit der Mitarbeiter hinein. Team und Leitung können dann die Kompetenzen des Supervisors nutzen, ihre fachliche Arbeit mit dem Klientel zu verbessern und neue Arbeitskonzepte und Aufgabenbereiche zu entwickeln.

Supervision als Prozeß
und die Prozeß-Funktionen des Supervisors

Supervision als Intervention in ein Handlungssystem ist stets ein Prozeß, in dem je nach Auftrag, Ziel und Verlauf vom Supervisor – gegebenenfalls auch sukzessive – verschiedene Funktionen wahrgenommen werden müssen.

Diese Funktionen lassen sich zum besseren Verständnis als interaktive Grundfunktionen der Gestaltung professioneller zwischenmenschlicher Beziehungen fassen, und zwar in den Beziehungen zwischen zwei und drei Personen und den Beziehungen in Gruppen.

Professionelle zwischenmenschliche Beziehungen sind solche, die zur Behebung von Störungen der alltäglichen Lebenspraxis Klienten oder Patienten vorübergehend angeboten werden, damit diese darin eine neue »korrigierende« (ALEXANDER) Beziehungserfahrung machen und darüber Einsichten in ihre alten Beziehungsmuster gewinnen können. Dabei handelt es sich zugleich um ein Nachholen oder Kompensieren von Rückständen oder Defiziten der Sozialisation. In dieser Allgemeinheit gilt das für alle Formen von längerfristiger psychosozialer Betreuung, somatischer Behandlung, Psycho- und Soziotherapie, Rehabilitation (vgl. für Soziotherapie mit Delinquenten REINKE 1987, für Betreuung und Psychotherapie in der Sozialpsychiatrie WOLF 1992).

Typisierend lassen sich die auf solche Weise professionalisiert eingesetzten zwischenmenschlichen Beziehungen nach bestimmten Mustern, Modalitäten und Qualitäten unterscheiden. Hier möchte ich zunächst das Muster darstellen, das kulturell typisch als »mütterlich« bezeichnet wird, weil es sich empirisch in aller Regel in der Beziehung zwischen Mutter und (Klein-) Kind findet, für eine erfolgreiche Frühsozialisation notwendig ist und latent in den meisten der genannten professionellen Beziehungen mitwirkt.

WINNICOTT (1974) nimmt an, daß eine hinreichend gute Entwicklung des Kindes eine ebenso »hinreichend gute« (»good enough«) Bemutterung erfordert. Diese »primäre Mütterlichkeit« besteht aus mehreren Teilqualitäten wie der Haltefunktion (»holding function«) zum psychischen, vor allem affektiven Halten und Aushalten des Kindes und seiner wechselnden affektiven Zustände, der Fähigkeit zur Besorgnis (»concern«) um den Zustand des Kindes als Basis geeigneter Pflege-Aktivitäten, der Bereitschaft, das Kind »allein«, das heißt mit sich selbst beschäftigt und auf sich selbst bezogen, zu lassen, ohne es zu verlassen. Diese Konzepte von WINNICOTT sind inzwischen durch die Ergebnisse der neueren Säuglingsforschung auf eindrucksvolle Weise bestätig worden (STERN 1979, LICHTENBERG 1991, DORNES 1993). »Gute« Mütterlichkeit ist ein Ensemble von Fähigkeiten der Beziehungsgestaltung, die auf der Grundlage der weiblichen Sozialisation in engen Beziehungen, paradigmatisch der Kind-Mutter-Interaktion, ausgelöst und aktualisiert werden und die zum Repertoire weiblicher Sozialbeziehungen gehören (GILLIGAN 1984, CHODOROW 1985).

Die Gestaltung eines längeren supervisorischen Prozesses erfordert ebenso wie die Gestaltung eines längeren therapeutischen oder betreuenden Prozesses, über solche Beziehungsqualitäten professionell zu verfügen und sie zur Gestaltung des Prozesses als Entwicklungsprozeß zu nutzen. Das können grundsätzlich Männer ebenso wie Frauen, in welchem Ausmaß, das ist eine Frage ihrer Qualifikationen und des Erwerbs der sie begründenden psychosozialen Kompetenzen. Ein langfristiger Supervisionsprozeß ist deshalb das geeignete Paradigma entwicklungsfördernder Supervision, als theoretisches Konzept ebenso wie als Lernmodell für die Ausbildung supervisorischer Kompetenzen.

Der supervisorische (Entwicklungs-) Prozeß ist nach verschiedenen Arten der Ausgestaltung typisierbar. So unterscheidet sich Supervision als zeitlich befristete Intervention, zum

Beispiel bei Aus- Fort- und Weiterbildung, bei spezifischen Problemen, Konflikten, Krisen von Supervision als Dauerreflexion einer beruflichen Tätigkeit. Zumindest bei allen affektiv sehr belastenden beruflichen Tätigkeiten ist kontiunierliche Supervision wegen der fortwährenden Belastung durch die Einwirkung des Klientels auf die Professionals und zur Unterstützung und Flexibilisierung ihrer Strategien für eine optimale Wirkung ihrer Arbeit sehr zweckmäßig.

Eine weitere sachliche Differenzierung neben der zeitlichen der Dauer der Supervision und der sozialen des jeweiligen Einsatzortes ergibt die Unterscheidung von Prozeß und Focus. Insbesondere als Krisenintervention, aber auch bei einem länger geplantem Prozeß, setzt Supervision an einem bestimmten manifesten Konflikt an, der das Team arbeitsunfähig macht. Im Verlauf der Supervision hin zu einem wieder voll arbeitsfähigen Team muß der Supervisor gezielt spezifische Funktionen erfüllen können und auf unterschiedliche Konflikte focussieren, die im Laufe des Prozesses in den Vordergrund treten.[4]

Hierzu ein Vergleich mit dem psychoanalytischen Prozeß. Für sein Verständnis sind verschiedene Modelle entwickelt worden, die in Hinblick auf die Restrukturierung des Selbst, des Ich und auf neurosenspezifische Konflikte der Patienten typische Verläufe nachzeichnen (vgl. FÜRSTENAU 1979, THOMÄ u. KÄCHELE 1989). Insbesondere das Prozeßmodell von THOMÄ u. KÄCHELE (1989, S. 357), das den Verlauf der Therapie neben der Reproduktion von Phasen der frühkindlichen Entwicklung als damit vermittelte Abfolge von konfliktbezogenen Foci sieht, deren Erarbeitung Ergebnis der gemeinsamen Aktivität von Patient

---

4 Ich nehme an, daß diese grundsätzlich einem Entwicklungsschema folgen, das den Verlauf aller Übertragungsbeziehungen charakterisiert und daß dieser sich am Verlauf der Entwicklung der Objektbeziehungen im Lebenslauf überhaupt orientiert. Diese sind immer auch Beziehungen innerhalb einer Gruppe, ursprünglich der Primärgruppe Familie, später auch anderer, sekundärer Gruppen, in denen andere Gewichtungen und Akzente gesetzt werden (Anerkennung, Spiel, Leistung, Kooperation, Konkurrenz etc.). Auf Gruppenebene geht der Prozeß von der primordialen (FOULKES) oder Grundannahmengruppe hin zur Arbeitsgruppe (BION), in Beziehung zum Leiter von der abhängig-idealisierenden (FREUD: Masse und Führer, Identifikationsprozesse) hin zur arbeitsteilig strukturierten und hierarchisch differenzierten Gruppe (KERNBERG).

und Analytiker ist, scheint mir zum Verständnis des supervisorischen Prozesses geeignet. Auch die von THOMÄ und KÄCHELE angeregte Integration des LUBORSKYschen Konzepts des »Zentralen Beziehungs-Konflikt-Themas« als Inhalt des Focus oder der Foci im Prozeß scheint mir sowohl für das Verständnis des supervisorischen Prozesses wie für eine mögliche Erforschung und Evaluation desselben sehr geeignet.

In beiden dargestellten Fällen ist die Relevanz des Prozeß-Aspekts deutlich.

Bei Fall 1 gewinnt der Supervisor den Eindruck, daß nach den Konflikten der ersten Phase um den Bestand der Supervision nun ein gemeinsamer Arbeitsprozeß möglich wäre, in dem das Team seine eigene traumatische Geschichte aufarbeiten könnte. Auch der dargestellte Verlauf in der Abfolge der Supervisionstermine ist ein supervisorischer Prozeß mit einer inneren Strukturlogik: der traumatisch bedingten Selbstzerstörung mangels zureichender »mütterlicher« Fürsorge und »väterlicher« Strukturierung durch den Supervisor.

Bei Fall 2 ist der viel längere Prozeß Grundlage des vertrauensvollen Kooperationsverhältnisses zwischen Team und Supervisor, auf dessen Grundlage er die Funktionen der stellvertretenden Deutung und Leitung wahrnehmen kann. Hier ist der Prozeß durch eine deutlich progressive, integrative, Funktionen und Rollen differenzierende, eine bessere Kontrolle der Grenzen zwischen Team und Umwelt und der Umwelt selbst ermöglichende Entwicklung gekennzeichnet.

Außerdem sind einzelne Themen in beiden Prozessen unschwer als Foci zu identifizieren, mit denen sich die Supervision beschäftigt oder beschäftigen müßte. In erster Linie sind das die offensichtlichen Basis-Konflikt-Themen »mangelnde mütterliche Fürsorge, Trennung und Tod« (Team 1) und »Urvertrauen vs. Mißtrauen« (Team 2).

Supervision als System und die Strukturierungsfunktion des Supervisors

Supervision ist ein in der Regel auf Zeit eingerichtetes Interaktionssystem mit bestimmten Strukturierungsgesetzlichkeiten. Diese entwickeln sich im supervisorischen Prozeß mit Beginn der Auftraggeber-Auftragnehmer-Interaktion.[5] Ein bestimmter Anteil dieser Strukturen entwickelt sich nicht ad hoc, sondern ist Ergebnis eine gezielten Setzung durch den Auftrag des Auftraggebers oder den Supervisor und seinen Ansatz, durch Setting, technisches Vorgehen, Ziel, Arbeitsstil. Der Supervisor gestaltet nicht nur den Prozeß der Supervision, sondern auch die Sozialstruktur, innerhalb derer sie sich abspielt oder, genauer gesagt, die sie ist. Die Supervision ist ja real kein »System« oder »Rahmen«, sondern ein fortlaufender strukturierter und sich selbst strukturierender Interaktionsfluß. Der Supervisor hat eine wesentliche Steuerungsfunktion inne, oder, anders formuliert, eine Gestaltungs- und (An-) Leitungsfunktion in Verantwortung für das Supervisionsgeschehen. Psychoanalytische Supervision gibt dieser Steuerungsfunktion eine gesteigerte »Tiefenschärfe« zur Erfassung der unbewußten, latent wirkenden Psycho- und Soziodynamik dieser Strukturen und Prozesse und damit für ihre Gesamtheit.

Diese Funktion ist implizit in der Nachfrage nach Supervision enthalten. Die künftigen Supervisanden sprechen den Supervisor als professionellen Experten an, der ihr Reflexions- und Strukturierungspotential steigern soll.

Während die Aufgabe der Reflexionshilfe, die »stellvertretende Deutung« kaum strittig ist, wird die Aufgabe der Strukturierungshilfe, die ich im folgenden als »stellvertretende Leitung« bezeichne, oft vernachlässigt. Das liegt vermutlich zumindest bei psychoanalytischer Supervision an der Herkunft aus

---

5 Soweit folge ich konzeptionell der sozialwissenschaftlichen Methodologie der »objektiven Hermeneutik«, hier nicht als Forschungsmethode, sondern als Basistheorie sozialen Handelns (OEVERMANN u.a. 1976, 1979). Der von mir verwendete Systembegriff orientiert sich an der Handlungssystemtheorie von PARSONS, ist kein abstrakt-kybernetischer Systembegriff wie in vielen »systemischen« Ansätzen.

einem psychotherapeutischen Verfahren, bei dem die Strukturierungsfunktion des Therapeuten, des Analytikers, lange implizit
in der Rolle des Therapeuten als Arzt mitenthalten war, dann als
sogenannte Hilfs-Ich-Funktion innerhalb des Prozesses benannt
wurde und erst durch die Erfahrung mit »strukturell ich-gestör-
ten« (FÜRSTENAU 1979) Patienten als wesentliches Moment der
Gestaltung der Behandlung in den Vordergrund trat. Daß es bei
anderen Supervisionsansätzen, die auf psychotherapeutischen
Ansätzen basieren, nicht anders ist, liegt auf der Hand. Nur
Konzepte wie das »systemische« (FÜRSTENAU), die sich in der
Therapie von Handlungssystemen aus mehr als zwei Personen
ausgebildet haben (Familientherapie), betonen ausdrücklich die
»direktive«, den Prozeß aktiv steuernde Funktion der Therapeuten.

Immerhin wird die Funktion der Steuerung und Strukturierung
am Rande auch in etlichen Ansätzen psychoanalytischer Balint-
gruppenarbeit und Supervision erwähnt. So spricht BALINT (1957)
von der notwendigen Koordination der (Forschungs-) Gruppe
durch Identifizierung mit dem Psychiater/Psychoanalytiker und
dessen Haltung. ARGELANDER (1970) vertritt ein Konzept von
Leitung durch den »Aufbau der analytischen Situation in der
(Balint-) Gruppe nach technischen Regeln« der Psycho- und
Gruppenanalyse und ebenfalls durch Identifikation mit Haltung
und Arbeitsweise des Analytikers. FOULKES (1974) sieht die
Leitung von analytischen Gruppen durch den Leiter beziehungsweise Lenker der Gruppe, der auf einer »tieferen« Ebene des
Gruppengeschehens als primordialer beziehungsweise archa-
ischer Führer wirkt. ROTH (1984) schlägt das Einnehmen einer
analytischen Haltung vor, die die Erforschung der Gruppenprozesse ermöglicht. Abstinenz, gleichschwebende Aufmerksamkeit, Umgang mit Übertragung-Gegenübertragung und
Widerstand gelten wie in der Einzelbehandlung als technische
Mittel der Arbeit, die die Balintgruppenarbeit strukturieren.
BAURIEDL (1984) sieht den Supervisor als Leiter von Verstehens-
und Bearbeitungsprozessen.

Zusamenfassend kann man feststellen, daß die Strukturierungsfunktion des analytischen Supervisors wohl überall gesehen, aber selten ausdrücklich thematisiert und als stellvetretende
Leitungsfunktion untersucht und gefordert wird. Im wesentlichen

gelten die üblichen Mittel der psychoanalytischen Technik (zum Überblick vgl. die Abschnitte »Regeln« und »Mittel, Wege und Ziele« bei THOMÄ u. KÄCHELE 1989) als auch für Supervision geeignete Instrumente der Steuerung und Strukturierung.

Der Supervisor als Leiter- und Eltern-Substitut

Der Akzent des folgenden Abschnitts liegt im Unterschied zu dem Abschnitt über Supervision als Prozeß vor allem auf einem Verhaltenssegment, das eher als »väterliches« Element der supervisorischen Haltung zu bezeichnen ist: der Strukturierung und Anleitung der Supervision im Verein mit der Stärkung der Selbstwertregulation des (zeitweise ja insuffizienten) Teams.

Die Strukturierung muß bei einer Team-Supervision manifester und aktiver sein als bei der Anwendung der Psychoanalyse im klinischen Rahmen der Einzelbehandlung.

In der klinischen Anwendung tritt dieses Erfordernis nur bei Patienten auf, die ihrerseits handeln statt zu sprechen, das heißt – in diesem Bezugsrahmen –, die agieren, also bei schwerer gestörten Patienten. Bei diesen wird ja auch das Einhalten des analytischen Rahmens als Grundlage des analytischen Raums und der Arbeit in diesem zeitweise wichtig, um überhaupt wieder analytisch arbeiten, das heißt »deuten« zu können.

Dieser Vergleich ist nicht zufällig. In der Regel handelt es sich ja beim Klientel der in Rede stehenden Teams um schwer (psychotisch, dissozial, psychosomatisch) gestörte Menschen – eben deshalb sind ja Teams von Institutionen mit ihnen beschäftigt und nicht ambulante Psychotherapeuten. Die Störungen des Klientels reproduzieren sich im allgemeinen in irgendeiner Form in der Teamarbeit und Teamdynamik vermittels multipler Übertragungs- und Gegenübertragungsprozesse und führen dort zu Arbeitsstörungen.

Ein systematisches Argument für die aktivere Strukturierung ergibt sich aus dem Unterschied von Zweier- zu Dreier- und Gruppensituationen.

Bei Zweiersituationen wird die Funktion des Dritten implizit oder symbolisch wahrgenommen durch die Triangulierung des

Handelns und Sprechens vermittels seiner Bindung an allgemein geltende Regeln. In Dreiersituationen wird die Triangulierung explizit vom jeweiligen Dritten wahrgenommen, der als prinzipiell gleichberechtigter Interaktionspartner immer wieder den Wechsel der Perspektive anbietet und einfordert. Das ist der sozialisatorische Gehalt sowohl der »ödipalen« Triade – egal, ob man sie erst in der entsprechenden Entwicklungsphase für relevant ansieht oder von einem »frühen Ödipus« ausgeht – als auch des interaktionistischen Konzepts der wechselseitigen Perspektivenübernahme durch das »taking the role of the other« (MEAD 1968, BARDÉ 1991).

In therapeutischen und anderen nachsozialisierenden Situationen wird diese Triangulierungsfunktion ausdrücklich wahrgenommen, weil das Interaktionsdefizit der Klienten immer auch eines der intrapsychischen und interaktionellen Triangulierung ist. Insofern muß man ganz wie FREUD davon ausgehen, daß der Ödipuskomplex der Kernkomplex der Neurose und jeder anderen psychischen oder psychisch bedingten Störung ist.

Weil der Vater universell der »Dritte« ist, der die Zwei-Personen-Beziehung zwischen Mutter und Kind symbolisch und pragmatisch triangulierend erweitert, wird diese Strukturierungsfunktion hier als »väterliche« bezeichnet, ohne daß ich damit behaupten möchte, daß nicht Frauen wie Männer durch ihr symbolisches und pragmatisches Repertoire diese Funktion in entsprechenden Rollen (z.B. als Supervisor oder Supervisorin) gleichermaßen wahrnehmen können und im Sinne ihrer Aufgabe auch wahrnehmen müssen.

Die Notwendigkeit der Wahrnehmung dieser »triangulierenden«, die wechselseitige Perspektivenübernahme fördernden und fordernden Strukturierungsfunktion ist noch deutlicher in Gruppen.

Ganz generell werden in Gruppenprozessen »primitivere« Abwehr- und Bewältigungsmuster und -prozesse aktualisiert als bei einzelnen, Paaren oder Triaden. Das haben psychoanalytische Untersuchungen von Kleingruppen ebenso gezeigt wie die von Großgruppen (BION 1971, KREEGER 1977, BARDÉ 1994). Gruppen induzieren bei den Teilnehmern durch die mit der Größe abnehmende intersubjektive Bestätigung ihrer Individualität eine regressive Psycho- und Soziodynamik. Diesem Regressionsdruck wird bei Arbeitsgruppen durch Aufgabenorientierung, Arbeitsteilung und Leitung gegengesteuert. Insuffizienzen der Gruppenstrukturierung aktualisieren diese regressiven Prozesse. Das hat KERNBERG (1988) in seiner Analyse regressiver Prozesse in Gruppen und Organisationen gezeigt, wobei er auch die Regression der Leitung selbst als Ursache solcher Regressionen untersucht.

Das gilt in bestimmtem Maß auch für strukturierte Gruppen wie Organisationen. Jede Organisation, also auch ein Team, weist durch die Differenzierung seiner Arbeitsfunktionen den Mitarbeitern in unterschiedlichem Maße regressive Positionen zu. Davon ausgenommen ist lediglich der Leiter, der aber oft selbst nicht der Leiter der Institution ist, sondern seinerseits einem anderen Leiter unterstellt, von diesem abhängig ist. Institutionelle Beziehungsmuster sind daher stets in gewissem Maße regressiv und disponieren oder stimulieren die Mitarbeiter zur Aktivierung einer regressiven Psycho- und Soziodynamik.

Das bringt den Supervisor in die Situation, einerseits an diesen regressiven Funktionsstil anzuknüpfen, um mit dem Team bewußt und unbewußt in Kontakt zu kommen und zu bleiben, ihm aber andererseits immer wieder Struktur im Sinne einer Arbeitshaltung zu geben, die regressiven Dynamiken in progressive Konfliktbearbeitungsmuster zu transformieren und die Gruppe als Arbeitsgruppe anzusprechen und zu erhalten.

Die Fähigkeit hierzu basiert auf einer persönlich-beruflichen Haltung, die zusammenfassend am besten mit dem für die oben genannten »elterlichen« Funktionen ja auch charakteristischen Ausdruck der »Verantwortlichkeit« für sich, seine Arbeit und sein Klientel bezeichnet wird (WEIGAND 1982).[6] Ihr Erwerb ist,

---

6 Ich möchte noch einmal betonen, daß Voraussetzung für das Wirksam-Werden dieser Haltung ist, daß der Supervisor auch über die beschriebenen (»mütterlichen«) Haltungen des Holding, Containing und Spiegeln verfügt, um auch auf einer regressiven Affekt- und Funktionsstufe des Teamprozesses mit ihm in Kontakt bleiben, es »verstehen« und »halten« zu können und ihm dadurch die Möglichkeit zu geben, mit supervisorischer Unterstützung aus sich heraus eigene Initiativen entwickeln und Neues oder Besserers anfangen zu können. Insofern gehen in die Funktion eines guten Leiters mütterliche *und* väterliche Beziehungsmuster und Verhaltensstile ein.

164

abgesehen von den persönlichen Voraussetzungen, Teil des Erwerbs der professionellen Kompetenz als analytischer Supervisor.

Supervision als Institution
und stellvertretende Leitung

Die Steuerungs- und Strukturierungsfunktion des Supervisors liegt darin, die Arbeitsfähigkeit des Teams im Sinne von dessen Arbeitsauftrag – dekompensierte Kranke wiederherzustellen, Zöglinge gut zu sozialisieren und so weiter – zu fördern (erhalten, wiederherstellen, weiterentwickeln). Das kann er nur, wenn er selbst im Rahmen seiner Institution Supervision gut arbeitsfähig ist, das heißt deren äußere und innere Bedingungen seinen professionellen und beruflich-persönlichen Anforderungen gemäß gestaltet. Dadurch bietet er dem Team allererst – was bei einer Supervision als Krisenintervention immer wieder, zumindest in der Anfangszeit problematisch ist – die Möglichkeit und Erfahrung der Arbeitsfähigkeit, die dann aus der Supervision heraus als positive Erfahrung qua Identifikation mit der supervisorischen Arbeit (und der Arbeitshaltung des Supervisors) auf die Arbeit des Teams übertragen werden kann.

PÜHL (1990a) spricht deshalb von der Funktion des Supervisors als »Lehrer und Leiter«. Während die Funktion als »Lehrer« im wesentlichen in der Ausbildungs-Supervision zum Tragen kommt, ist der Supervisor in Gruppen und Teams auch »Leiter«. PÜHL kann sich allerdings zu dieser eindeutigen Formulierung nicht ganz durchringen. Im einzelnen argumentiert er immer aus der Sicht der Übertragungsphantasien der Gruppe beziehungsweise des Teams, das Wünsche nach Leitung an den Supervisor richte, ihn als solchen phantasiere oder idealisiere. Das Team suche einen »Chef«, der die durch die Unterstrukturierung der Gruppe entbundene Angst wieder bindet und so seine kooperative Arbeitsfähigkeit wiederherstellt.[7] Die konzeptionelle Unsicher-

---

7 Dem liegt PÜHLs Erfahrung aus Supervision mit schlecht strukturierten, oft »alternativen« Teams zugrunde, in denen ein verleugneter und

heit liegt darin begründet, daß PÜHL nicht ein Konzept »stellvertretender Leitung« analog zu dem der »stellvertretenden Deutung« entwickelt, weil er diese Funktionen nicht professionalisierungstheoretisch (OEVERMANN 1990) als stellvertretende Funktionswahrnehmung bei Wahrung der Autonomie der Praxis des Klientensystem (hier: die Supervisanden) faßt.

Der Supervisor ist Leiter der Institution oder des Handlungssystems Supervision. Als solcher und in diesem vermittelt er, wenn er professionell gut arbeitet, in seinem Arbeitszusammenhang einen anderen, nicht-pathologischen Stil der Arbeits und Rollenwahrnehmung, was klärende, differenzierende und beruflich nachsozialisierende Funktion hat. Durch die Unterschiede zur alltäglichen Teamarbeit wird dem Team vermittelt, daß es auch andere Arbeitsweisen gibt als seine bisherige. Das ergibt Lernanreize durch kognitive und affektive Dissonanzen, das Erleben von Modellen zur Identifizierung und Nachahmung wie Verbalisierung, Affektmoderierung, Aufschub, Planung und Sozialisierung von Entscheidungen statt »Handlungssprache«. Hinzu tritt natürlich die explizite Vermittlung von Einsichten in Konflikte, Interaktionsdynamiken, institutionelle Strukturen und Übertragungsprozesse zwischen Arbeitsfeld, Mitarbeitern, Institution und Supervision.

Über diese Einsichten im symbolischen Raum hinaus wird das Team aber auch pragmatisch in der Teilnahme an der supervisorischen Interaktion in seiner Entwicklung gefördert. Man kann den Arbeits- und Kommunikationsstil eines Teams in Analogie zu den psychosozialen Funktionsniveaus von Gruppen beschreiben, wie es SANDLER (1986) vorgeschlagen hat. Sandler unterscheidet ein prääoidipales, ein ödipales und ein reflexiv-interaktionelles Niveau der psychosozialen Kompetenzen und

tabuisierter Wunsch nach Leitung (»Chef«) in aller Ambivalenz auf den Supervisor gerichtet oder zwischen einer »bösen« äußeren Autorität (z.B. einem Geldgeber oder Träger) und dem »guten« Supervisor aufgespalten wird. Ich habe ähnliche Erfahrungen mit Teams gemacht, in denen es zwar eine Leitung gab, die sich aber, wie im sozialpädagogischen Bereich offenbar weit verbreitet, auf die Geschäftsführung beschränkte und nicht bereit oder unfähig war, die pädagogische, therapeutische Arbeit selbst auch mit zu gestalten.

sieht die Entwicklung von (Therapie-) Gruppen darin, diese Niveaus hin zum letzteren zu durchschreiten. Dieses Entwicklungskonzept stimmt strukturell und im großen und ganzen auch inhaltlich mit den oben geschilderten Prozeßmodellen der Verläufe von analytischen Einzeltherapien überein.

RAPPE-GIESECKE (1991) hat diesen Gedanken für ihr Konzept von Gruppen- und Teamsupervision adaptiert, und ich möchte ihn ebenfalls aufgreifen. Teamentwicklung durch analytische Supervision professionalisiert die Arbeit des Teams dadurch, daß sie das Team im Handlungssystem Supervision mit entsprechenden technischen Mitteln und Interventionen konstant beruflich nachsozialisiert beziehungsweise weiterbildet. Die Mitarbeit in der Supervision ist ein Mitwirken an Arbeitsprozessen auf einem im geschilderten Sinne entwickelteren psychosozialen Funktionsniveau und »zieht« so das Supervisionssystem gewissermaßen auf dieses Niveau »hoch«, so wie Kinder in der Kommunikation und Interaktion mit den Eltern oder in Kindergarten und Schule aus ihrem kindlichen Interaktionssystem auf ein hinsichtlich psychosozialer Kompetenzen »höheres« weil differenzierteres, kooperativeres, an breiter geltenden Normen orientiertes Niveau gezogen werden.

Diese letzten Endes sozialisationstheoretischen Überlegungen (vgl. OEVERMANN u.a. 1976) scheinen mir mindestens ebenso plausibel zur Erklärung der Wirkung beruflicher Entwicklungsprozesse wie die Konzepte »Einsicht« über Verbalisierung und Identifizierung mit Haltung und Arbeitsweise des Supervisors. Tatsächlich stellen sie eine interaktionstheoretische Ergänzung und Begründung dieser Konzepte dar, die es erlaubt, auch die neueren psychoanalytischen Erkenntnisse der Objektbeziehungspsychologie und der neueren Säuglings- und Kindheitsforschung fruchtbar zu machen, die allesamt die interaktionelle Dimension der Wirkung psychoanalytischer Verfahren – Psychotherapie, Gruppentherapie und eben auch Supervision – belegen und begründen.

Wenn LOCH (1974) vom Analytiker als »Gesetzgeber und Lehrer« spricht und im Untertitel fragt, ob das »legitime oder illegitime Rollen« seien, meint er meines Erachtens dasselbe. LOCH kritisiert die Vorstellung von Psychoanalyse als Modell herrschaftsfreier Kommunikation im Sinne von HABERMAS. Er

167

bindet, wie es jeder professionell Handelnde tun würde, die fachliche Berechtigung bestimmter therapeutisch-analytischer Aktivitäten nicht an die aktuelle Zustimmung des Patienten, auch wenn er darauf besteht, daß *in the long run* die Analyse als Medium der gemeinsamen Erarbeitung der je persönlichen Wahrheit des Patienten zu einer Übereinstimmung zwischen Analytiker und Patient über diese führen sollte. Bis dahin aber wirke der Analytiker über weite Strecken der Analyse als Vermittler des »Gesetzes« der Sprache im Sinne von LACANS Konzept der Einführung in die symbolische Ordnung, als »Lehrer«, der innerhalb von ihm gesetzter »Rahmenbedingungen« »von Begründungen und Werten überzeugt«, deren Teilen erst die Möglichkeit schafft, dann zum Ende der Analyse über die erarbeitet »Wahrheit« einen Konsens zu bilden.

Die LOCHSchen Vorstellungen sind, wie ich meine, teilweise inadäquat konzipiert, meinen aber, sozialisations- und professioinalisierungstheoretisch reformuliert, das Richtige. Es geht nicht um Normen, sondern um Regeln, die nicht qua Überzeugung vermittelt werden müssen, sondern deren Verständnis vermittelt wird durch den deutenden Hinweis auf ihre ohnehin bestehende Geltung. Die Teilhabe an der symbolischen Ordnung der Sprache und der pragmatischen Ordnung des Handelns ist gegeben, sofern man sich in Sprache und Handeln bewegt, die analytische Arbeit besteht nicht in Überzeugung, sondern im konstanten deutenden Hinweis auf die Selbstmißverständnisse des Neurotikers und seine Art des Umgangs damit.[8] Der Sache nach ist der Analytiker nicht nur stellvertretender Deuter, sondern auch stellvertretender »Lehrer und Leiter« im Auftrag und für den Analysanden. Stellvertretender Leiter nämlich als Leiter des Handlungssystems »psychoanalytisches Setting« mitsamt der in ihm fachlich kompetent eingesetzten Interventionen.

Diese Funktionsbestimmung gilt auch für den Supervisor in bezug auf den oder die Supervisanden. Bei psychoanalytischer Arbeit mit Gruppen, Teams oder Organisationen verschiebt sich

---

8 Das ist der Kern der Kritik OEVERMANNS an LORENZERS und HABERMAS' Konzept der »Privatsprache«, vgl. OEVERMANN 1982.

der Akzent wegen der Komplexität des Geschehens und des Gruppencharakters des »Klientensystems« (FÜRSTENAU 1992) hin zur Rolle des stellvertretenden Leiters. FÜRSTENAU (1992) betont diese strukturierende und anleitende Funktion des analytischen Teamsupervisors. In Kenntnis der regressiven Strukturen und Prozesse in Gruppen wie in Organisationen konzipiert er einen aktiv den Supervisionsprozeß steuernden und leitenden Supervisor, der vor allem auf das Team als Arbeitsgruppe und seine auftragsgemäße Arbeitsfähigkeit und Aufgabenerfüllung abstellt.

Die progressionsorient-entwicklungsfördernde Konzeption von FÜRSTENAU ist besser nachvollziehbar, wenn man sich den Zusammenhang von regressiven Prozessen in Organisationen und Arbeitsstörungen genauer vergegenwärtigt. Regression in Organisationen meint vor allem Entdifferenzierung von aufgabenbezogenen Rollen, also insbesondere der nach Berufsgruppen differenzierten arbeitsteiligen Kooperation und der Entscheidungen ermöglichenden Strukturierung, der Leitung (vgl. KERNBERG 1988). Regression meint auch das in diesem Zusammenhang immer wieder auftretende Phänomen »soziogener Dummheit«, des Ignorierens oder »Vergessens« relevanter Informationen durch diejenigen, die von schlecht strukturierten Entscheidungsprozessen ausgeschlossen sind. Regression meint schließlich ganz allgemein die kollusive Verstrickung der Mitarbeiter in »Feldeffekte«, das heißt in das unbewußte Übertragungs-Gegenübertragungs-Geschehen, das vom Klientel dem Team induziert wird und die Arbeit oft beeinträchtigt, wo doch gerade die Arbeit an und mit diesen Effekten Aufgabe und Gegenstand der Arbeit ist. Dazu bedarf es aber allererst einer intakten Teamstruktur in den Dimensionen Arbeitsteilung und Leitung. Beides fördert die psychoanalytische Teamsupervision, sofern sie kompetent durchgeführt und vom Team angemessen angenommen wird.

Auch hier möchte ich neben den eingeführten Wirkmechanismen »Einsicht« und »Identifikation« eine interaktionstheoretische Ergänzung vorschlagen. Im günstigen Falle ist nämlich beides durch die Supervision als von der Teamarbeit gesondertes, aber mit ihr verknüpftes Handlungssystem und vom Supervisor als dessen Leiter dargestellt. Die arbeitsteilige Funktionswahrnehmung wird repräsentiert vom Supervisor als Repräsentanten einer anderen Funktion im Ensemble der im Team vertretenen Funktionen oder Berufsgruppen mit einer spezifischen andersgearteten Arbeitsweise, die gleichwohl einen sinnvollen Beitrag zur Arbeit des Teams an seinem Auftrag leistet, zum Beispiel zu einem besseren Fallverständnis durch die Einsicht in die Informationen über den Fall, die in der unbewußten Dynamik des Teams oder einzelner Mitarbeiter als Gegenübertragungsreaktion enthalten sind.

Die Wahrnehmung der Strukturierungs- und Leitungsfunktion wird repräsentiert durch den Supervisor als Leiter seines Arbeitsbereichs Supervision, in dem er die professionellen Standards vorgibt, nach denen die Arbeit erfolgt – natürlich wie die Arbeit der anderen Mitarbeiter in Abstimmung und Kooperation mit diesen. Insofern ist der Supervisor auch Teil des Teams in einer besonderen Funktion und Rolle (und muß sich als solches bewähren und akzeptiert werden, wie jeder Kollege und der Leiter auch).

In beiden Funktionen leistet der Supervisor beziehungsweise leistet die Supervision einen Beitrag zu Progression des Teams im Sinne der (Re-) Differenzierung von Funktionen und Rollen in den Dimensionen Arbeitsteilung und Entscheidung beziehungsweise Kooperation und Leitung. Durch die »stellvertretende Leitung« – die »stellvertretende Mitarbeit« soll hier außer Betracht bleiben – gibt er einen bestimmten Arbeitsstil als Leiter vor, der sich auch günstig auf die (Re-) Strukturierung der Leitungsfunktion des Teams auswirken kann.

Typischerweise (vgl. PÜHL 1990a, ebenso auch meine Erfahrungen) sind Leiter von Teams gegenüber dem Supervisor entweder konkurrent, oder sie lehnen sich an ihn an. Das heißt, sie verhalten sich vordergründig gesehen entweder suffizient aber paradox oder insuffizient und konform. Im Handlungssystem Supervision ist beides eigentlich inadäquat, aber natürlich ein charakteristisches Phänomen, unter anderem dessentwegen ja um Supervision nachgesucht wurde und das zur Bearbeitung im Laufe der Supervision ansteht. Das Rivalisieren bestreitet die Kompetenz des Supervisors in Übertragung des Bestreitens der Kompetenz des Leiters seitens der anderen Team-Mitglieder auf die Supervision, das Anlehnen bestreitet die eigene Kompetenz

170

in Übertragung der Selbsteinschränkung der eigenen Leiterkompetenz auf eine Mitarbeiterkompetenz.[9]

Abschließend möchte ich noch einen möglichen Einwand gegen das Konzept der »stellvertretenden Leitung« diskutieren, der sicher erhoben wird und den ich auch mir gegenüber erhoben habe. Die »stellvertretende Deutung« ist ja eine handlungsentlastete Funktion professioneller Tätigkeit, die, weil »nur sprachlich«, anscheinend nicht in die lebenspraktischen Entscheidungen des Klientels eingreift, obwohl auch bei diesem Argument Vorsicht wegen der handlungsvorbereitenden Funktion sprachlicher Deutungsmuster geboten ist.

Die Übernahme der Funktion der »stellvertretenden Leitung« könnte vordergründig als Aufgabe der »Abstinenz«, des für jeden analytischen Prozeß notwendigen Verzichts auf »Mitagieren« mit der Symptomatik des Klientels verstanden werden. Dann wäre es auch eine unprofessionelle Übernahme von Handlungen und Entscheidungen anstelle des Handelns und Entscheidens des grundsätzlich autonomen Klienten und seiner Lebenspraxis, was auch im beruflichen Kontext gilt. Auch Steuerberater oder Wirtschaftsprüfer handeln und entscheiden ja nicht für ihre Mandanten, es sei denn in deren ausdrücklichem Auftrag.

Anders stellt sich die Wahrnehmung der Funktion der stellvertretenden Leitung aber dann dar, wenn man die Insuffizienz der Leitung im oben genannten Sinne als Agieren einer Gegenübertragungsreaktion sieht, die sich, als Gegenübertragung »zweiter Ordnung« (POLLAK in diesem Band) auch auf den Supervisor

---

9 Es scheint nicht hergeholt, vielmehr aufschlußreich, daß man mit diesen beiden Reaktionsweisen zwanglos eine paranoid-schizoide (oder Kampf-Flucht) und eine depressive (Abhängigkeit) Position beziehungsweise Grundannahme (KLEIN, BION) verbinden kann.
Darüber hinaus sind auch geschlechtsspezifische Stile der Konfliktverarbeitung assoziierbar. Nach meiner Erfahrung rivalisieren »männliche« bzw. männlich identifizierte Leiter (und Leiterinnen), während sich »weibliche« eher anlehnen (was ebenfalls für männliche wie weibliche Leiter und Leiterinnen gilt). Meine Erfahrung mit der Supervision in »Frauenprojekten« und in Teams, in denen ausschließlich Frauen tätig sind, haben mich jedenfalls darüber belehrt, daß diese Stile nicht geschlechtsgebunden sind. Ein Unterschied scheint mir lediglich darin

überträgt, und zwar strukturell, nicht nur – was natürlich auch geschieht – akzidentell im Verlauf des supervisorischen Prozesses.

KLÜWER (1983) hat darauf hingewiesen, daß das »Mitagieren« bedeutungshaltig ist, daß es vom Klienten als Gegenübertragungsreaktion induziert wird und daß die Bereitschaft zum »Mitagieren« durch die »intrapsychische Rollenbeziehung« (SANDLER nach KLÜWER) des Klienten dem Analytiker induziert wird. Im Sinne des »szenischen Verstehens« enthalten »die szenischen Angebote des Patienten ... gewissermaßen Einladungen an den Therapeuten, den vakanten Platz des Rollenangebots zu besetzen« (KLÜWER 1983, S. 833). Der Patient aktualisiert in der Übertragung seine intrapsychische Rollenbeziehung und trägt an den Analytiker das Angebot heran, in einem »Handlungsdialog« (KLÜWER) mitzuagieren. Dies nach dem klassischen »Spiegel«-Modell als unanalytisches Agieren (mit der Konfliktdynamik und Abwehrorganisation des Patienten) zu verwerfen, würde den Informationsgehalt über die (unbewußte) intrapsychische Rollenbeziehung des Patienten, die sich ja in der Übertragung entfaltet, verschenken und einer analytischen Bearbeitung unzugänglich machen. Insofern ist ein (begrenztes) Mitagieren des Analytikers oder des analytischen Supervisors als eine Ausgestaltung der »Gegenübertragung zweiter Ordnung« (POLLAK, in diesem Band) ein fruchtbares Geschehen im therapeutischen oder supervisorischen Prozeß, sofern es dann wieder rückbezogen wird auf die Prozeßfunktionen Einsichtsgewinnung oder Entwicklungsförderung.

Ich möchte aber über diese Rezeption der Konzeption des »Handlungsdialogs« und seine Nutzung im supervisorischen Prozeß hinausgehen und zwischen einem akzidentellen und einem strukturellen »Mitagieren« unterscheiden. Ersteres ist als Bearbeitung der »Gegenübertragung zweiter Ordnung« als fruchtbares technisches Mittel analytischer Supervision im Prinzip geklärt. Letzteres aber geht weiter und bezieht sich auf die

zu bestehen, daß in Teams, in denen ausschließlich Frauen arbeiten, eine Pazifizierung der Teamkonflikte entlang einer anerkannten Leitungshierarchie äußerst schwierig ist, es gibt in der Regel entweder »Krieg« oder Identifizierung, oder Trennung.

Einrichtung von Supervision als Teilfunktion der Bearbeitung psychischer oder psychisch bedingter Störungen überhaupt.

Wie ich meine, ist Supervision selbst als Teilsystem der institutionalisierten Behandlung solcher Störungen die Institutionalisierung des »Mitagierens« der (allgemein formuliert) Therapeuten. Es handelt sich ja hier nicht um neurotische Patienten, die im Setting einer klassischen analytischen Einzelpsychotherapie behandelt werden, sondern um Patienten oder Klienten mit erheblich schwereren Störungen, die auch ihr soziales Handeln beeinträchtigen (durch psychische oder [psycho-] somatische Erkrankung, Verhaltensstörungen, Delinquenz etc.). Von daher ist naheliegend, daß ihre Psycho- und Soziodynamik, ihre »intrapsychischen Rollenbeziehungen« nicht im Rahmen der Einzelpsychotherapie behandelt werden können, jedenfalls nicht nur. Diese »schwappen« vielmehr in die sozialen Handlungszusammenhänge über, in denen sie leben, was dazu führt, daß sich medizinische oder psychosoziale, sozialpädagogische, juristische und andere Einrichtungen damit befassen. Die Kraft dieser Übertragungsphänomene überfordert die Mitarbeiter, und deshalb wird Supervision nachgefragt oder, wie durch die »PsychPV« (vgl. BECKER, Einleitung zu diesem Band) institutionalisiert.

Supervision ist so gesehen eine institutionalisierte Gegenübertragungsreaktion zweiter Ordnung, so wie zum Beispiel psychiatrische Einrichtungen, Diagnose- und Klassifikationssysteme institutionalisierte Gegenübertragungsreaktionen erster Ordnung sind (vgl. LEUSCHNER 1985). Auf die These von der Funktion des Supervisors als »stellvertretender Leiter« bezogen heißt das: die ich-strukturellen Defizite des Klientels, die sich als angesichts des Professionalisierungsgrades oder -standes der Mitarbeiter verständliche, nahezu notgedrungen auftretende Arbeitsstörungen der Mitarbeiter, das heißt als unverarbeitete Gegenübertragungsreaktionen manifestieren, erfordern eine ergänzende Ich-Instanz, die Verstehens-, Strukturierungs- und Leitungsfunktionen besser wahrnehmen kann. Sie kann das, weil sie nicht unmittelbar in den pathogenen Prozeß einbezogen ist, der sich zwischen Mitarbeiter und Klient abspielt. Der psychoanalytische Teamsupervisor muß sich über diese Funktion klar sein und sie aktiv wahrnehmen, wenn er nicht ungewollt die Pathologie des Klientels der Supervisanden reproduzieren will.[10]

10 Mir ist klar, daß die vorgetragene Position hinsichtlich der Notwendigkeit von psychoanalytischer Teamsupervision als ständige Reflexion der Behandlung oder Betreuung von Menschen mit schweren psychischen Störungen nicht eindeutig ist. Einerseits wird mit den die Mitarbeiter überfordernden Übertragungs- und Gegenübertragungsreaktionen argumentiert, was für die Institutionalisierung von Supervision als Dauerreflexion spricht. Andererseits wird Supervision als Teamentwicklungsprozeß konzipiert, der Deutungs- und Leitungskompetenzen des Teams so fördert, daß es diese auf Dauer selbst wahrnehmen kann. Die Supervision ist dann erfolgreich und wird überflüssig. Vielleicht hilft hier die Unterscheidung zwischen Supervision als Teilinstitution und Supervsion als Lernprozeß der Supervisanden. In der ersteren Funktion sollte sie in den genannten Fällen als berufliche Selbstreflexion auf Dauer institutionalisiert sein, so wie inzwischen Teambesprechungen institutionalisiert sind und nicht durch Entscheidungen überflüssig gemacht werden können. In der letzteren Funktion vermittelt sie Einsicht und Kompetenzverbesserung an die Supervisanden als einzelne und als spezifisch zusammengesetzte Gruppe, was Supervision für diese auf die Dauer überflüssig werden läßt. Wenn Gruppe und Team bzw. Institution identisch bleiben, bleibt Supervision überflüssig. Wenn sie sich durch Personalwechsel oder organisatorische Umstrukturierungen ändern, kann sie wieder erforderlich werden.

Literatur

ARGELANDER, H. (1968): Der psychoanalytische Dialog. Psyche 22: 326-339.

ARGELANDER, H. (1970a): Das Erstinterview in der Psychotherapie. Darmstadt.

ARGELANDER, H. (1970b): Die szenische Funktion des Ichs und ihr Anteil an der Symptom- und Charakterbildung. Psyche 24: 325-345.

BARDÉ, B. (1991): Supervision – Theorie, Methode und empirische Forschung. Supervision 19: 3-38.

BARDÉ, B. (1992): Rezension von RAPPE-GIESECKE 1990. Supervision 21: 92-96.

BARDÉ, B. (1994): Die Großgruppe. In: R. HAUBE (Hg.), Kompendium der Gruppenanalyse, S. 46-58.

BARDÉ, B. u. MATTKE, D. (Hg.; 1993): Therapeutische Teams. Göttingen.

BAURIEDL, T. (1984): Beziehungsanalyse. Frankfurt am Main.

BAURIEDL, T. (1993): Psychoanalytische Perspektiven in der Supervision. Supervision 23: 9-36.

BION, W. (1971): Erfahrungen in Gruppen und andere Schriften. Stuttgart.

BUCHINGER, K. (1990): Balintgruppe, Gruppensupervision Teamsupervision: Indikation und Methode. In: PÜHL, H. (Hg.; 1990).

BUCHINGER, K. (1993): Die Bedeutung psychoanalytischer Konzepte für Supervision. Supervision 23: 36-47.

CHODOROW, N. (1985): Das Erbe der Mütter. München.

DEUTSCHMANN, M. (1990): Ich-strukturelle und kognitive Störungen chronisch Schizophrener als Gerausforderung an psychiatrische Team-Supervision. In: PÜHL, H. (Hg.; 1990).

DEVEREUX, G. (1976): Angst und Methode in den Verhaltenswissenschaften. Frankfurt/Berlin/Wien.

DORNES, M. (1993): Der kompetente Säuglig. Frankfurt am Main.

EDDING, C. (1985): Supervision – Teamberatung – Organisationsentwicklung. Ist denn wirklich alles dasselbe? Supervision 7: 9-24.

ERIKSON, E. H. (1966): Identität und Lebenszyklus. Frankfurt am Mein 1993.

FLADER, D. et al. (Hg.; 1982): Psychoanalyse als Gespräch. Frankfurt am Main.

FOULKES, S. H. (1974): Gruppenanalytische Psychotherapie. München.

FÜRSTENAU, P. (1979): Institutionsberatung. Ein neuer Zweig angewandter Sozialwissenschaft. In: Ders., Zur Theorie psychoanalytischer Praxis, Stuttgart.

FÜRSTENAU, P. (1979): Zur Theorie psychoanalytischer Praxis. Stuttgart.

FÜRSTENAU, P. (1992): Entwicklungsförderung durch Therapie. Grundlagen psychoanalytisch-systemischer Psychotherapie. München.

GILLIGAN, C. (1984): Die andere Stimme. Lebenskonflikte und Moral der Frau. München/Zürich.

GREENSON, R. P. (1975): Technik und Praxis der Psychoanalyse. Stuttgart.

HABERMAS, J. (1981): Theorie des kommunikativen Handelns. Frankfurt am Main.

KERNBERG, O. F. (1988a): Innere Welt und äußere Realität. Anwendungen der Objektbeziehungstheorie. München/Wien.

KLÜWER, R. (1983): Agieren und Mitagieren. Psyche 9: 826-837.

KREEGER, L. (Hg.; 1977): Die Großgruppe. Stuttgart.

KUTTER, P. (1984): Psychoanalytische, methodische und systemtheoretische Anmerkungen zur Supervision. Supervision 6: 37-47.

KUTTER, P. (1990): Das direkte und indirekte Spiegelphänomen. In: H. PÜHL (Hg.; 1990).

KUTTER, P. (1993): Basis-Konflikt, Übertragungs-Spaltung und Spiegelphänomene. Möglichkeiten und Grenzen einer psychoanalytischen Team-Gruppe. In: B. BARDÉ u. D. MATTKE (Hg.), Therapeutische Teams. Göttingen.

LENZ, G. (Hg.; 1991): MERTENS, W. und H. J. LANG: Die Seele im Unternehmen. Berlin/Heidelberg/New York.

LEUSCHNER, M. (1985): Psychiatrische Anstalten – Ein institutionalisiertes Abwehrsystem Teil I und II. Psychiat. Prax. 12: 111-115 u. 149-153.

LICHTENBERG, J. (1991a): Psychoanalyse und Säuglingsforschung. Berlin/Heidelberg/New York.

LICHTENBERG, J. (1991b): Motivational-funktionale Systeme als psychische Strukturen. Forum der Psychoanalyse H. 2/1991: 85-97.

LOCH, W. (1974): Der Analytiker als Gesetzgeber und Lehrer. Legitime oder illegitime Rollen? Psyche 28: 430-460.

LORENZER, A. (1970): Kritik des Psychoanalytischen Symbolbegriffs. Frankfurt am Main.

LUHMANN, N. (1975): Soziologische Aufklärung 2. Aufsätze zur Theorie der Gesellschaft. Opladen.

MENTZOS, S. (1976/1988): Interpersonale und institutionalisierte Abwehr. Frankfurt am Main.

MENTZOS, S. (1982/1989): Neurotische Konfliktverarbeitung. Frankfurt am Main.

OEVERMANN, U. et al. (1976): Beobachtungen zur Struktur der sozialisatorischen Interaktion. Theoretische und methodologische Fragen der Sozialisationsforschung. In: M. AUWÄRTER et al. Seminar: Kommunikation, Interaktion, Identität. Frankfurt am Main.

OEVERMANN, U. (1979): Ansätze einer soziologischen Sozialisationstheorie

176

und ihre Konsequenzen für die allgemeine soziologische Analyse. In: LÜSCHEN, K. (Hg.), Deutsche Soziologie seit 1945, Sonderheft 21 der KZfSS, S. 143-168.

OEVERMANN, U. (1990): Klinische Soziologie. Konzeptualisierung, Begründung, Berufspraxis und Ausbildung. Ms. Frankfurt am Main.

PARSONS, T. (1951): The Social System. Toronto, Otario 1964.

POLANYI, M. (1958): Personal Knowledge. Towards a Post-Critical Philosophy. London 1962.

PÜHL, H. (Hg.; 1990): Handbuch der Supervision, Berlin.

PÜHL, H. (1990): Der Kollektivmythos als Chef: Supervision für Kollektive, Ms. Berlin.

PÜHL, H. (1990a): Der Supervisor als Lehrer und Leiter. In: ders. (Hg.), Handbuch der Supervision. Berlin, S. 22-34.

PÜHL, H. (1990b): Psychoanalytisch orientierte Supervision. In: ders. (Hg.), Handbuch der Supervision. Berlin, S. 395-405.

RAPPE-GIESECKE, K. (1990): Theorie und Praxis der Gruppen- und Teamsupervision. Berlin.

REINKE, E. (1987): Psychoanalytisches Verstehen im soziotherapeutischen Setting. Ein Modellprofekt mit Straftätern. Psyche 41: 900-914.

ROTH, J. K. (1984): Hilfe für Helfer: Balint-Gruppen. München.

SANDNER, D. (1986): Gruppenanalyse. Theorie, Praxis und Forschung. Berlin.

SEARLE, J. R. (1971): Sprechakte. Ein sprachphilosophischer Essay. Frankfurt am Main.

SHAPIRO, D. (1991): Neurotische Stile. Göttingen.

SPITZ, R. A. (1976): Vom Säugling zum Kleinkind. Stuttgart.

STERN, D. (1979): Mutter und Kind. Die erste Beziehung. Stuttgart.

THOMÄ, H. u. KÄCHELE, H. (1985): Lehrbuch der psychoanalytischen Therapie. Berlin 1989.

WEIGAND, W. (1982): Supervision für eine institutionelle Alternative. Supervision 2: 38-55.

WELLENDORF, F. (1986): Supervision als Institutionanalyse. In: H. PÜHL (Hg.), Supervision und Psychoanalyse. München.

WINNICOTT, D. W. (1965): The Maturational Processes and the Facilitating Environment. London.

WINNICOTT, D. W. (1976): Von der Kinderheilkunde zur Psychoanalyse. München.

WOLF, M. (1990): Psychische und soziale Störung. In: Schriften zur sozialen Therapie Bd. 3: Psychisch Kranke. Kassel.

WOLF, M. (1992): Die weiche Mauer. Die Behandlung des Patienten und der psychiatrischen Einrichtung mit Psychotherapie, Supervision und gemeindepsychiatrischer Intervention. In: S. MENTZOS (Hg.), Psychose und Konflikt. Göttingen 1992, S. 224-252.

WOLF, M. (1994): Institutionsanalyse in der Supervision. In: PÜHL, H. (Hg.; 1994), Handbuch der Supervision, 2. Aufl. Berlin (im Druck).

Zeitschrift der Gesellschsaft für Organisationsentwicklung (ZOE) 4/1984: Schwerpunktheft: Der Kontrakt/die Vereinbarung in der Organisationsentwicklung.

HANSJÖRG BECKER

Angewandte Psychoanalyse in der Teamsupervision als Forschungsansatz

Zur Ethnopsychoanalyse psychiatrischer Institutionen

Einleitung: zum Verhältnis von Theorie, Praxis und Forschung in der angewandten Psychoanalyse[1]

Das Ungleichgewicht von Theorie und Praxis

In der klinischen Psychoanalyse hat man sich das Verhältnis von Theorie und Praxis gerne als »circulus benignus« vorgestellt (FERENCZI und RANK), als sich »gegenseitig fördernde Beeinflussung der Praxis durch die Theorie und der Theorie durch die Praxis«. In diesem idealisierten Bild herrscht tendenziell ein Gleichgewicht: Die erfolgreiche Praxis vermehrt das theoretische Wissen, und die so verbesserte Technik optimiert wiederum die Theorie. THOMÄ und KÄCHELE (1985) haben überzeugend dargelegt, daß es sich bei dieser Vorstellung vom Theorie-Praxis-Verhältnis eher um ein naives Desiderat als um eine Annäherung an tatsächliche Beziehungen handelt.

Für den Bereich der *angewandten Psychoanalyse,* auf den wir uns hier beziehen, sind die Verhältnisse noch unbefriedigender, denn »es gibt keine ausgereiften Konzepte, wie sich die Methode der Psychoanalyse auf diesen nichttherapeutischen, institutionellen Rahmen sinnvoll übertragen läßt« (PÜHL 1990b, S. 395).

---

1 Zu dem Problem der sog. angewandten und der »eigentlichen« oder »reinen« Analyse siehe auch meine Bemerkungen im einführenden Kapitel »Psychoanalyse und Teamsupervision«.

Einem großen Fundus praktischer Erfahrung, den viele Psychoanalytiker als Balint-Gruppenleiter, Supervisoren und Institu-
tionsberater erworben haben, stehen nur geringe theoretische
Anstrengungen gegenüber. Vielmehr kann man den Eindruck
bekommen, daß theoretische und technische Konzepte aus der
klinischen Situation auf die Anwendung der Methode in diesem
ganz anderen Feld umstandslos übertragen werden. Dieses
Moment, daß also keine allgemeinverbindlichen Konzepte existieren, die die Verlagerung und Transformation der psychoanalytischen Methode auf ihre Anwendung außerhalb der klinische Situation betreffen, hat dazu geführt, daß es bei der Konzeptualisierung psychoanalytischer Arbeit in Institutionen zu
einer gewissen Beliebigkeit gekommen ist.

Ein verbindlicher methodischer und theoretischer Bezugspunkt ist jedoch die Methode der Balint-Gruppenarbeit. Fast alle
Autoren erkennen in ihr ein Paradigma psychoanalytischer
Gruppen- und Team-Supervision. Aber ebenso häufig wie die
psychoanalytische Methode der Balint-Gruppenarbeit zur methodischen Begründung der Team-Supervision in Institutionen
herangezogen wird, muß dann konstatiert werden, daß dieser
Ansatz nicht hinreicht, um alle relevanten unbewußten Prozesse
in einer institutionellen Supervisionsgruppe zu erfassen.

Dies hat zu zwei verschiedenen Tendenzen in der Theorie
geführt, einer »differenzierenden« und einer »integrierenden«.
Entweder glaubt man, zwischen verschiedenen Formen der
Gruppen-Supervision unterscheiden zu sollen, oder es wird versucht, in den Supervisionsgruppen noch »andere« als Balint-
gruppen-spezifische Dynamiken zu bearbeiten. So fordert etwa
BUCHINGER (1990), daß zwischen Gruppen-Supervision, Team-
Supervision und Balint-Gruppen deutlich unterschieden wird.
Der je im Vordergrund stehende Fokus soll dabei das wesentliche Differenzierungskriterium abgeben. BUCHINGER gesteht zwar
zu, »... daß es in allen drei Methoden um die Bearbeitung
unbewußter Prozesse geht, die je nach Fokus auf einer anderen
Ebene lokalisiert sind« (S. 144). Die Aufklärung unbewußter
Prozesse verlangt aber in jedem Fall nach der psychoanalytischen
Methode. Diese läßt es nicht zu, daß ein Fokus *von vornherein*
festgelegt wird. Es ist mit der psychoanalytischen Auffassung
unbewußter Prozesse nicht zu vereinbaren, daß man von Anfang

an zu wissen meint, welches die dynamisch wirksamen Elemente in einem Konfliktgeschehen seien und daß man danach sein Vorgehen und die Auswahl eines Fokus festlegt. Vielmehr muß auch jede Form der angewandten Psychoanalyse sich zum unbewußten Material so einstellen, daß eine Haltung entsteht, die derjenigen der gleichschwebenden Aufmerksamkeit in der klassischen psychoanalytischen Situation analog ist. Zur Begründung seines Differenzierungsvorschlags führt BUCHINGER dann auch an, daß er »helfen (soll), den Rahmen für die Durchführung der jeweiligen Beratungsarbeit so abzustecken, daß zu den ohnehin unvermeidbaren Schwierigkeiten nicht unnötige Hindernisse hinzutreten« (S. 143).

Es geht also um den Versuch, Übersichtlichkeit und Klarheit zu schaffen. Hier ist es zu einer Verwechslung von Setting und Methode gekommen. Die Klarheit, die das Setting in der Psychoanalyse zu gewährleisten hat, bezieht sich auf die Rahmenbedingungen, nicht auf den Inhalt des Prozesses. Dieser ist zunächst einmal unübersichtlich, chaotisch und unverständlich. Er kommt ja gerade dadurch zustande, daß eben vorläufig *nicht* fokussiert, sondern via Grundregel und gleichschwebender Aufmerksamkeit, die konventionellen Auffassungen von dem, was wichtig und unwichtig ist, entschärft und für den Geltungsbereich des psychoanalytischen Prozesses wirkungslos gemacht werden sollen. BUCHINGERS Vorschlag zur »Differenzierung« mag aus der Sicht einer allgemeinen Beratungsarbeit durchaus legitim sein. In einer psychoanalytischen Perspektive aber handelt es sich um einen in die Methode eingebauten Widerstand, um eine Kapitulation der Methode vor ihrem Gegenstand.

Die zweite Tendenz verfolgt eine »integrative« Absicht in dem Sinne, daß sie anerkennt, daß es in den Supervisionsgruppen verschiedene unbewußte Konfliktquellen gibt, diese aber dort nebeneinander und abwechselnd aktualisiert und bearbeitet werden sollen. Die Arbeiten von ANNEGRET OVERBECK (1990) mit ihrem Konzept der »bifokalen Team-Supervision« und von PETER KUTTER (1990) mit der Gegenüberstellung der »direkten« und »indirekten Spiegelphänomene« zeigen diese Richtung am deutlichsten.

Diese Ansätze sind meiner Auffassung von einem psychoanalytischen, auf die unbewußten Vorgänge gerichteten Forschungs-

und Entwicklungsprozeß näher als die differenzierende Betrachtungsweise, weil sie die Tendenz enthalten, *alles* auftauchende Material, auch wenn es zunächst störend erscheint, in den laufenden Prozeß einzubeziehen, und es nicht dem plausiblen Wunsch nach Übersichtlichkeit voreilig opfern oder es bestenfalls in eine andere Methode verlagern.

Man kann allerdings noch weitergehen, als diese Autoren es tun, und verlangen, daß die unbewußten Tendenzen, die aus verschiedenen Quellen stammen, nicht nur wahrgenommen und »bearbeitet«, sondern darüber hinaus *aufeinander bezogen* werden. Dadurch ändern sich die Bezüge in der Deutungsarbeit, und zwar, wie noch zu sehen sein wird, in dem Sinne, daß die unbewußten Konflikte und Bestrebungen der Individuen einen dem Anwendungskontext angemessenen Referenzpunkt erhalten. Wird nämlich der klinische Ansatz unreflektiert auf die Anwendung der Psychoanalyse im institutionellen Zusammenhang übertragen, so ergibt sich leicht eine Situation, in der die unbewußten Bestrebungen der einzelnen Personen gleichsam aus Verlegenheit und in falscher Analogie im lebensgeschichtlichen Bezugsrahmen interpretiert werden. Dann ensteht eine Dynamik, die schließlich individuelle und nicht institutionelle Themen an die Oberfläche bringt, und es ensteht der Eindruck, die Gruppe, das Team sei an einer Art von therapeutischer Selbsterfahrung interessiert. Ich glaube allerdings nicht, daß dies eine naturwüchsige Tendenz in Balint- und Supervisionsgruppen ist, wie MICHAEL BALINT selbst dies befürchtete, sondern ein Artefakt, das durch eine falsche, zu sehr an der klinischen Perspektive orientierten Deutungsarbeit erzeugt wird. Zuallererst sollte daher die Frage erörtert werden, welche Besonderheiten die Anwendung der Psychoanalyse in der Supervision mit sich bringt.

Teamsupervision als angewandte Psychoanalyse:
Besonderheiten der Methode

Im Vergleich zur Anwendung der sogenannten psychoanalytischen Standardmethode in der klinischen Dyade ist hier eine Reihe von Besonderheiten zu berücksichtigen.

Die Teamsupervison bezieht sich nämlich nicht auf eine Dyade, sondern auf eine Gruppe. Daraus ergibt sich die Notwendigkeit, gruppenanalytische Gesichtspunkte in Betracht zu ziehen. Diese beziehen sich vor allem auf technische Regeln und auf den Umgang mit den Mitteilungen der einzelnen Team-Mitglieder. In gruppenanalytischer Sicht bedeuten sie nämlich immer und grundsätzlich eine Mitteilung über den inneren Zustand der Gruppe und über die von der Gruppe geteilten unbewußten Phantasien. Kommunikation und Beziehungen innerhalb der Gruppe bilden ein Netzwerk, das als »Matrix« der Gruppe bezeichnet wird und den stets zu beachtenden Hintergrund für die Äußerungen der einzelnen Gruppenmitglieder abgibt.[2]

Eine weitere Besonderheit gegenüber der klinischen Dyade besteht darin, daß die Mitteilungen der Angehörigen eines Arbeits-Teams über weite Strecken Berichte von einem sozialen Geschehen, und nicht, wie in der therapeutischen Situation, Erzählungen aus der inneren »Welt der Objekte« sind. Die im Rahmen der Teamsupervision relevanten Vorgänge konstituieren sich weit mehr in der sozialen Sphäre, in der erlebten und konkreten Interaktion. Konkretes Handeln kann aber nicht einfach und ausschließlich als Ausdruck oder Folge von unbewußten Absichten oder Phantasien gedeutet werden. Ihm kommt schon deshalb ein eigenständiger Status zu, weil Team und Institution sich selbst ja erst durch konkretes Handeln konstituieren. ANNEGRET OVERBECK nimmt auf ähnliche Überlegungen Bezug, wenn sie schreibt: »Äußerungen von Stationsmitgliedern, die in dichtem Dauerkontakt mit Patienten und Kollegen stehen und einer Gruppe mit langjähriger Geschichte angehören, können nicht naiv als Spiegelungen der Störungen eines Patienten interpretiert werden« (1990, S. 8). Die Berichte aus einem Behandlungsteam beziehen sich also immer auch auf einen sozialen Diskurs, dessen latenter Sinn irgendwie in die psychoanalytische Deutungsarbeit mit einbezogen werden muß. Dieses »Irgendwie« wird näher zu bestimmen sein; und wir werden uns darauf

---

2 Eine instruktive und übersichtliche Arbeit zu dem Thema zur Bedeutung der gruppenanalytischen Methode in der Teamsupervision findet sich bei G. R. GFÄLLER (1986).

vorbereiten müssen, einen »ethnographischen Blick« auf den institutionellen Kontext zu werfen, der Rahmen und Hintergrund für die Erzählungen der Gruppenmitglieder abgibt.

Aus diesen Überlegungen ergeben sich dann für die psychoanalytische Forschung in der Supervisison oder, anders ausgedrückt, für den Versuch, Team-Supervision als angewandte Psychoanalyse zu betreiben, zwei Fragen:

– Welche technischen Veränderungen sind im Vergleich zur klinischen Situation erforderlich, um den Prozeß in der Supervision so zu gestalten, daß er diesen veränderten Bedingungen gerecht wird und zugleich Psychoanalyse bleibt, das heißt auf das Unbewußte der Individuen, wie es sich in den Arbeitsbeziehungen äußert, gerichtet ist?

– Welche methodischen Vorrausetzungen und theoretischen Annahmen sind notwendig, um den sozialen Diskurs, den institutionellen Hintergrund so auffassen und einordnen zu können, daß er im psychoanalytischen Prozeß nicht wie ein Fremdkörper erscheint, der dann die Preisgabe der Methode oder das bloß additive Hinzufügen einer zweiten Methode nahelegen würde? Wie ist es möglich, so muß gefragt werden, daß die Daten aus der sozialen Sphäre so begriffen und angeordnet werden, daß sie einen Referenzpunkt bilden, auf den, in Analogie zum genetischen Gesichtspunkt der klinischen Dyade, die unbewußt-psychischen Vorgänge in einem professionellen Team bezogen werden können?

Auch wenn diese Fragen hier in mancher Hinsicht offen bleiben müssen, bilden sie doch einen Teil des Rahmens für die hier dargelegte Arbeit.

Die Bedeutung der »zweiten Perspektive«

Wie schon angedeutet, gilt die Balint-Gruppenarbeit als das methodische Paradigma der psychoanalytischen Gruppensupervision. Ihre klassische Zentralperspektive ist die von der Gruppe auf den Fall. Die latente Beziehungsdynamik, die sich innerhalb der Gruppe im Rahmen einer Fallbesprechung entwickelt, verweist auf die unbewußte Beziehungsangebote des vorgestellten Patienten.

Allerdings machten verschiedene Autoren (u.a. Kutter 1981, 1990; Becker 1991a) die Beobachtung, daß nicht alle Elemente des Gruppenprozesses an der Dynamik des Falls orientiert sind. Ja, man kann diese klassische Perspektive geradezu umkehren und erhält dann eine zweite Perspektive, die vom Fall auf die unbewußte Dynamik der Gruppe verweist.

Ein kurzes Beispiel soll verdeutlichen, was damit gemeint ist:

In der Supervision des Behandlungs-Teams einer psychiatrischen Klinik wurden in drei aufeinanderfolgenden Sitzungen schwer depressive Patienten zur Diskussion gestellt. In diesem Fall ging es um eine fünfzigjährige Frau, die mit ihren verzweifelten Klagen das ganze Team an die Grenzen seiner eigenen Möglichkeiten zu bringen schien. Die Schwierigkeiten des Teams lagen vor allem im Umgang mit der Suizidalität der Patientin und, wie im Verlauf der Sitzung immer deutlicher wurde, mit der eigenen Hoffnungslosigkeit. Die Atmosphäre der Gruppendiskussion wurde immer bedrückender, bis ich mich schließlich daran erinnerte, daß auch in den letzten beiden Sitzungen Patienten mit ähnlicher Diagnose besprochen worden waren. Unabhängig von der fruchtbaren Diskussion der einzelnen Fälle hatte sich offenbar mit der Depression und der Hoffnungslosigkeit ein *unbewußtes Gruppenthema* artikuliert. Als ich schließlich die Gruppe mit dieser Überlegung konfrontierte, wurde klar, daß sich dieses Team infolge zahlreicher personeller Veränderungen und nach dem Suizid einer Patientin in einer schweren Krise befand und diese depressiv zu »lösen« versuchte.

Was also im manifesten Text der Gruppendiskussion zunächst als Rede über die Patienten erschienen war, konnte nun, unter der veränderten, der »zweiten« Perspektive als ein bis dahin unbewußtes Gruppenthema erkannt werden.

Es zeigt sich aber, daß diese *unbewußten Gruppenthemen* im Verlauf eines längeren Supervisionsverlaufs zu einem Prozeß hin *konvergieren,* dessen Inhalte keineswegs zufällig sind. Vielmehr lassen sich darin immer wiederkehrende Themen erkennen, die alle auf die eine oder andere Weise mit Fragen der *beruflichen und institutionellen Identität und Sozialisation* in Beziehung stehen. Diese unbewußten Gruppen-Themen sind also weniger an den persönlichen Verhältnissen von Patienten und Therapeuten orientiert als vielmehr Ausdruck von gerade nicht individuellen, sondern allgemeinen, stereotypen, an den

185

Rollenideologien der jeweiligen Profession und Institution orientierten psychischen Tendenzen. Während die individuellen psychischen Reaktionen von Therapeuten auf ihre Patienten Gegenstand der herkömmlichen Balint-Gruppenarbeit sind, schlage ich vor, Supervisionsgruppen als *Forschungsinstrumente* zu betrachten, mit deren Hilfe *professions- und institutionstypische Haltungen* im psychoanalytischen Sinne aufgeklärt werden können. Genau betrachtet, handelt es sich dabei um unbewußt-psychische Funktionen, die, weil sie von einer Gruppe von Personen geteilt werden, gerade nicht unter einer genetisch-biographischen Perspektive, sondern im Hinblick auf ihren allgemeinen, überindividuellen, das heißt gesellschaftlichen Charakter untersucht werden sollen. Man sieht nun, daß die *psychoanalytische Deutungsarbeit* in solchen institutionellen Gruppen sich auch auf die *soziale Realität,* den *institutionellen Kontext* beziehen muß, gerade so, wie in der klinisch-dyadischen Situation auf die Theorien von der infantilen Entwicklung, auf den genetischen Gesichtspunkt. So kann sich in der psychoanalytischen Supervision einer psychiatrischen Institution ein Forschungsprozeß entwickeln, in dessen Verlauf die unbewußte Entwicklungsgeschichte eines Teams, einer Institution, rekonstruiert werden kann, ein konkretes Stück »Psychoanalyse der Gesellschaft«.

Die Anpassungsmechanismen
und die institutionelle Sozialisation

Nachdem ich also angedeutet habe, auf welchem Wege sich die in der Institution wirksamen psychischen Leistungen der Individuen in den Forschungsprozeß einführen lassen, müssen diese Funktionen nun näher bestimmt werden. Genau betrachtet, untersuchen wir nämlich unbewußte Anpassungsmechanismen, die im Laufe des Prozesses der beruflichen und institutionellen Sozialisation von den Individuen erworben und zu einem für die jeweilige Profession und Institution typischen Ensemble adaptiver Strukturen zusammengefügt wurden.

Der Begriff der Anpassungsmechanismen ist ein Kernstück ethnopsychoanalytischer Theoriebildung. Er wurde von PAUL

PARIN (1977) eingeführt, um unbewußte Ich-Funktionen zu beschreiben, deren hauptsächliche Aufgabe darin besteht, im Ich für einen Zustand relativer Konfliktfreiheit mit der Außenwelt zu sorgen. Vereinfacht ausgedrückt, sollen Anpassungsmechanismen mit den Einflüssen der sozialen Realität fertig werden, gerade so wie die Abwehrmechanismen nach innen, in Richtung auf unerwünschte Triebe und Affekte. Der Gewinn für das Individuum besteht in einer Verminderung der Konfliktspannung mit der sozialen Umwelt, der Preis, den es dafür entrichtet, in einer Einschränkung seiner Wahrnehmungsfähigkeit für die gesellschaftliche Wirklichkeit. Ein Beispiel, das ich im Verlauf einer Analyse erfuhr, soll den Vorgang verdeutlichen.

Wenige Monate, nachdem ein junger Arzt erstmals in seinem Beruf zu arbeiten begonnen hatte, brachte er infolge einer Nachlässigkeit einen seiner Patienten in Lebensgefahr. Er hatte ihm ein Medikament verordnet, von dem in den Unterlagen deutlich vermerkt war, daß er dagegen allergisch sei. Es kam zu einer lebensbedrohlichen Schock-Reaktion, und für einen oder zwei Tage war es unklar, ob der Patient überleben würde. Der Arzt stammte aus streng protestantischem Milieu, und seit seiner späten Adoleszenz gehörte eine strenge, manchmal überstrenge Wahrheitsliebe zu seinen wichtigsten Idealen. Gemäß diesem inneren Leitbild wollte er nun mit den Angehörigen seines Patienten sprechen und ihnen sagen, daß er allein für den Zustand seines Patienten und möglicherweise für dessen Tod verantwortlich sei. Als die Kollegen und Vorgesetzten des Arztes davon hörten, nahmen sie ihn »ins Gebet.« Sie machten ihm deutlich, daß sein Vorhaben dem Ansehen der gesamten ärztlichen Berufsgruppe und des Krankenhauses schaden würde. Schließlich bedrängte man den Arzt erfolgreich, von seinem Vorhaben abzulassen. Wie zur Belohnung konnte er schon am übernächsten Tag auf einen internationalen Kongreß reisen, und der Chefarzt sicherte ihm zu, daß man ihm demnächst interessante wissenschaftliche Aufgaben übertragen werde.

Nach einer kurzen depressiven Reaktion spürte der Arzt in seinem beruflichen Leben einen starken Auftrieb. Während er sich bisher eher als Außenseiter gefühlt hatte, entstand jetzt bei ihm der Eindruck, er sei ein richtiger Arzt. Vor allem empfand er ein intensives Gefühl der Zugehörigkeit zur ärztlichen Profession. In der Folgezeit engagierte er sich neben seiner erfolgreichen wissenschaftlichen Laufbahn in einem Berufsverband. Dort half er eine Zeitlang, seine ärztlichen Berufskollegen zu beraten, welche rechtlichen Möglichkeiten sie hätten, sich gegen »ungerechtfertigte« Klagen und Anzeigen von Patienten und deren Angehörigen zur Wehr zu setzen. Seine ursprüngliche, an den inneren Leitbildern orientierte Haltung war bei ihm selbst bald in Vergessenheit geraten. Jetzt fühlte er sich »wie neu.«

Ich denke, daß es hier unter dem Eindruck der beschriebenen Szene zur massiven Entwicklung einer Anpassungsreaktion gekommen ist. Die Forderungen der persönlichen Ideale wurden fallengelassen und durch die in der ärztlichen Profession üblichen ersetzt. PAUL PARIN nennt diesen Anpassungsmechanismus das »Clan-Gewissen«. Das wohltuende Gefühl der Zugehörigkeit ist die Prämie, welche über das Stück Selbstaufgabe, das in dieser Entwicklung liegt, hinwegtrösten soll. Aber damit ist der Wandlungsprozeß des Arztes noch nicht vollständig beschrieben. Auch seine Denkgewohnheiten hatten sich geändert. Er konnte später gar nicht mehr nachvollziehen, daß er damals »diese merkwürdige Anwandlung« hatte. Seine ehemals idealisierende Wahrheitsliebe war ihm selbst ganz fremd geworden. Der alte, aus der Biografie hergeleitete Denkstil war ersetzt worden durch einen Komplex zusammengehöriger Gedanken, Affekte und Einstellungen. Die neue Auffassung ist nicht denkend entstanden, etwa in Folge einer kritischen Auseinandersetzung mit neuen Leitbildern, sondern auf dem Wege der Identifizierung: Es ist zu einer »Rollenidentifikation« (PARIN) gekommen. Genauer ausgedrückt, handelt es sich um eine *Identifikation mit der Ideologie einer gesellschaftlichen Rolle*. Ein ganzer Komplex zusammengehöriger Vorstellungen, Gedanken, Phantasien und Affekte, das ist hier mit Ideologie gemeint, die mit einer gesellschaftlichen Rolle verknüpft sind, wird vom jeweiligen Rollenträger in sein Ich aufgenommen. Der Gewinn besteht in einer Verminderung der Konfliktspannung mit der sozialen Umwelt, der Preis, den er dafür entrichtet, in einer Einschränkung seiner Wahrnehmungsfähigkeit. Diese und andere adaptive Mechanismen wirken in allen sekundären, nichtfamiliären Sozialisationsprozessen als Organisatoren. Institutionelle und professionale Sozialisation könnte man daher psychoanalytisch beschreiben als eine fortlaufende Serie von Rollenidentifikationen, in deren Verlauf sich das Subjekt eine bestimmte Ideologie zu eigen macht und an deren Ende es zu einem Stück Vergesellschaftung des Individuums und gleichzeitig zu einer Individualisierung von Ideologie gekommen ist. Wenn Abwehr- und Anpassungsmechanismen institutionell abgestützt werden, »so läßt sich von einer *gesellschaftlichen* Produktion von Unbewußtheit sprechen. Sie ist das zentrale Thema der Ethnopsychoanalyse ...« (ERDHEIM 1982, S. 36, Hervorhebung im Original). *Inzwischen können wir also unseren Forschungsgegenstand genauer benennen: Wir untersuchen unbewußte, professions- und institutionstypische Ich-Varianten sowie jene Prozesse und Bedingungen, die zu ihrer Entstehung geführt haben.*

Veränderung und Forschung in der psychoanalytischen Teamsupervision: Die Junktimbehauptung

Die Psychoanalyse hat es von jeher als einen ihrer Vorzüge betrachtet, daß Heilen und Forschen zusammenfallen. »In der Psychoanalyse bestand von Anfang an ein Junktim zwischen Heilen und Forschen, die Erkenntnis brachte den Erfolg, man konnte nicht behandeln, ohne etwas Neues zu erfahren, man gewann keine Aufklärung, ohne ihre wohltätige Wirkung zu erleben« (FREUD 1918b, S. 32). THOMÄ und KÄCHELE (1985) haben untersucht, unter welchen Voraussetzungen diese sogenannte Junktimbehauptung überhaupt Gültigkeit beanspruchen kann. »Das Junktim stellt sich nämlich nicht von selbst ein, wie die Illusion es sich wünscht, die in jeder Analyse sowohl ein therapeutisches wie auch ein Forschungsunternehmen sehen möchte. Das kostbare Zusammentreffen kann der psychoanalytischen Praxis nicht als angeborenes Merkmal zugeschrieben werden. Es gibt Bedingungen, die zu erfüllen sind, bevor das Junktim zu Recht beansprucht werden darf« (S. 369). Diese Einschränkungen haben in vollem Umfang auch ihre Gültigkeit für die Anwendungen der Psychoanalyse außerhalb des klinischen Rahmens. Dies bedeutet zunächst einmal, daß wir die Erfahrungen und Befunde aus unserer Arbeit nicht ohne weiteres zu allgemeingültigen theoretischen Aussagen ummünzen können. Zur weiteren Klärung ist es hilfreich, wiederum THOMÄ und KÄCHELE folgend, auf den Unterschied zwischen *Entdeckungszusammen-*

hang und *Begründungszusammenhang* wissenschaftlicher Erkenntnis hinzuweisen.

Der Entdeckungszusammenhang bezieht sich auf alle jene Erkenntnisse und Wahrheiten, die in der psychonalytischen Situation – bezogen auf die beteiligten Personen – in Deutungen formuliert werden und Heilung beziehungsweise in unserem Zusammenhang der psychoanalytischen Supervision, Veränderung und Entwicklung herbeiführen können.

Der Begründungszusammenhang psychoanalytischer Erkenntnis weist dagegen auf diejenigen Vorgänge hin, bei denen aus den sich ansammelnden spezifischen Erkenntnissen (die aus dem Entdeckungszusammenhang stammen), die in der psychoanalytischen Situation gewonnen wurden, durch Verallgemeinerung psychoanalytische Theorie entsteht. Der Begründungszusammenhang bezieht sich also auf die Bedingungen eines Forschungsprozesses, unter denen es möglich und erlaubt ist, die spezifischen Erkenntnisse in allgemeine, sprich in Theorie, zu transformieren. Demnach bezieht sich die Junktimbehauptung auf zwei voneinander verschiedene Bereiche von Forschung: erstens auf die (klinische) psychoanalytische Situation mit ihrer Heuristik, die, »dyadenspezifische Erkenntnisse« hervorbringt, wie Thomä und Kächele schreiben (S. 370), und zweitens auf einen von der klinischen psychoanalytischen Situation zu unterscheidenden Forschungskontext, der zum Ziel hat, aus den spezifischen Wahrheiten, den dyadenspezifischen Erkenntnissen, allgemeine theoretische Aussagen abzuleiten. Es ist nun leicht einzusehen, daß die Bedingungen, die notwendig sind, um das Junktim wirksam werden zu lassen, für beide Bereiche ganz verschieden sind.

Für den Bereich der psychoanalytischen Heuristik sind es vor allem die Regeln der psychoanalytischen Technik, die Regeln der Kunst, die garantieren sollen, daß emotionale und kognitive Erfahrungen sich in Erkenntnisse umsetzen und diese, als Deutungen formuliert und mitgeteilt, Heilung nach sich ziehen. Der zweite, zum Begründungszusammenhang zählende Forschungskontext bezieht sich auf den allgemeinen Wahrheitsgehalt von Aussagen. Hier geht es also um das Herstellen von Bedingungen und das Aufstellen von Kriterien, unter denen bestimmte Annahmen sich als wahr oder falsch herausstellen können.

Für unseren Versuch, die Team-Supervision als psychoanalytischen Forschungsansatz zu begreifen, bedeutet dies zunächst,
daß wir unser Vorhaben vorläufig ganz auf die Situation in den
einzelnen Gruppen und Institutionen (das Analogon zur Dyade
der klinischen Situation) beschränken und die dort erhobenen
Befunde detailliert beschreiben wollen. Die systematische Beachtung der »zweiten Perspektive« berechtigt uns ein Stück
weit, so zu verfahren, weil sie, zusammen mit der »klassischen«
Sicht auf den Supervisionsprozeß, die Möglichkeit bietet, Veränderung und Forschung *in einem* zu betreiben.

Auch wenn sich uns auf diesem Wege »gehäufte Eindrücke«,
wie FREUD (1933a, S. 163) sich ausdrückte, von bestimmten
Sachverhalten ergeben sollten, werden wir darauf bedacht sein,
keine voreiligen Verallgemeinerungen vorzunehmen, da »streng
zu unterscheiden ist zwischen der Erkenntnis, die dem Patienten
(bzw. in unserem Falle einem professionellen Team; H.B.) in
Deutungen mitgeteilt wird, und jener, die sich aus den ›gehäuf-
ten Eindrücken‹ ergibt und die dann allgemein ausformuliert als
psychoanalytischens Wissen die *Theorie* der Psychoanalyse
konstituiert« (THOMÄ u. KÄCHELE 1985, S. 370, Hervorhebung
im Original).

Fazit

Daraus und aus den weiter oben dargelegten Überlegungen zur
Methode ergaben sich für meine eigene Praxis als Psychoanalytiker und Supervisor in der Psychiatrie eine Reihe wichtiger
Veränderungen. In der Arbeit mit psychiatrischen Behandlungs-
Teams nehme ich die klinische, die patientenzentrierte Perspektive
weiterhin als einen Teil des Supervisionsprozesses zur Kenntnis,
habe mir aber angewöhnt, meine Wahrnehmungseinstellung so
oszillieren zu lassen, daß die vorgestellten Patienten mit ihren
spezifischen Konfliktneigungen sich wie Mitteilungen über die
unbewußte Dynamik im Behandlungsteam verstehen lassen.
Dies entspricht ganz der »zweiten Perspektive«, der Wahrnehmung des unbewußten Gruppenprozesses in der Supervision.

Nach den Supervisions-Sitzungen fertige ich ausführliche
Gedächtnis-Protokolle an, wobei ich meine eigene affektive

Beteiligung am Gruppengeschehen in das Diktat einfließen lasse, mich selbst folglich als einen Bestandteil dieses Prozesses begreife, um mich schließlich wieder zu entziehen, indem ich Hypothesen aufstelle, die wiederum in den weiteren Verlauf des Protokoll-Textes eingewoben, bestärkt oder verworfen und durch neue ersetzt werden können. Spontane Assoziationen während des Schreibens werden nicht der logischen Stringenz des Protokolls geopfert, sie sind vielmehr willkommen und werden – zunächst, ohne besondere Beachtung zu finden – in den Text eingestreut; erst später sollen sie auf ihre Bedeutung hin befragt werden. So entsteht ein tagebuchartiges, im Zustand zerstreuter Wachsamkeit verfaßtes Geflecht von Mitteilungen, Eindrücken und Fakten.[3] Bei der nachträglichen Lektüre dieser selbst verfaßten Protokolle fanden sich immer wiederkehrende Phänomene. Ich habe dann versucht, sie nach bestimmten Gesichtspunkten zu ordnen und genauer zu untersuchen. Daraus ergaben sich die hier vorgelegten Ergebnisse.

Vier Gruppen von Befunden

Die Einteilung in vier verschiedene Gruppen von Befunden folgt zunächst keiner begründeten Systematik, sie ist überwiegend pragmatisch und dient der besseren Übersicht. So kann sie jederzeit variiert, ergänzt oder ersetzt werden.

Zum einen geht es um *manifeste Verhaltensweisen,* die gleichsam im verborgenen kultiviert und organisiert werden und dort ein Geflecht subkultureller Strukturen in der Institution bilden. In diese Gruppe gehören bestimmte, für das therapeutische Team einer psychiatrischen Station typische Stile im Umgang mit immer wiederkehrenden Konfliktkonstellationen. Der Umgang mit Konflikten um das Problem der Kontinuität und Trennung in den therapeutischen Beziehungen wird mir als Beispiel dienen, um zu zeigen, wie sich solche manifesten, aber

---

3 Zur Bedeutung der Protokolle als Ausgangsmaterial für die Forschung siehe auch den Abschnitt »Zur Funktion der Fallbeispiele« in meinem einführenden Kapitel zu diesem Buch.

unbewußt motivierten Handlungsweisen zu einer *Subkultur in der Institution* entwickeln können.

In der zweiten Gruppe will ich auf *Legenden und Alltagsmythen* einer psychiatrischen Institution aufmerksam machen und einige Überlegung zu ihren Funktionen anstellen.

Bei der dritten Gruppe handelt es sich um *unbewußte Phantasien,* die von den Angehörigen eines Stations-Teams geteilt werden und die am Beispiel einer *Größenphantasie* auf ihre Herkunft und ihre Funktionen hin untersucht werden sollen.

In der vierten Gruppe geht es um die Frage, ob es Hinweise dafür gibt, daß in einer Institution auf bestimmte Weise »gedacht« wird. Auch wenn die Institution kein Gehirn hat, so entsteht doch der Eindruck, daß ganz bestimmte *Denkstile* vorherrschen können.

Anpassungsverhalten:
Eine informelle Subkultur in der Institution[4]

Um das Verständnis für das folgende zu erleichtern, soll auf zwei Umstände hingewiesen werden, die den Alltag einer psychiatrischen Klinik nachhaltig prägen. Die Forderung, man müsse den psychisch Kranken Verständnis entgegenbringen, man müsse ihnen einfühlend begegnen, bringt die Mitarbeiter eines Behandlungs-Teams immer in einen mehr oder weniger schweren Konflikt. Die Kontaktaufnahme mit psychisch Kranken bedroht nämlich das innere Gleichgewicht der »Gesunden« sehr tiefgreifend, so daß diese immer auch dafür sorgen müssen, im Lot zu bleiben. Meine folgenden Überlegungen handeln auch davon, wie diese innere Aufgabe bewältigt und institutionell abgestützt wird. Eine dieser ständigen Belastungen bezieht sich auf die Frage von Kontinuität und Diskontinuität in den Beziehungen zwischen Patienten und therapeutischem Team. Ein Beispiel soll dies verdeutlichen:

4 Manche in diesem Kapitel dargestellten Überlegungen wurden bereits an anderer Stelle ausführlicher abgehandelt (s.a. H. BECKER 1991c).

Ein schizophrener Patient kommt mit dem Ausdruck großer Erwartung auf eine Schwester zu, gerade so, als müsse er dringend etwas mitteilen. »Schwester, Schwester ...« ruft er über den Flur, »... ein Moment, warten Sie!« Die Schwester merkt auf, hält in ihrer Arbeit inne, wartet, bis der Patient herangekommen ist, und gerät ihrerseits in einen Zustand gespannter Erwartung. In dem Moment, als der Patient vor ihr steht, wendet er aber seinen Blick ab, dreht sich zur Seite und sagt: »Ach, jetzt habe ich es wieder vergessen.« Dies wiederholt sich in unterschiedlichen Variationen, täglich viele Male, über Wochen und Monate.

Das Beispiel soll zeigen, wie Therapeuten zwar geringfügigen, aber spezifischen Traumen ausgesetzt sind, die zu einer chronisch traumatischen Situation kumulieren können. Psychische Verletzungen, Bedrohungen des inneren Gleichgewichts setzen aber immer protektive und reparative Gegenstrategien in Gang, Abwehrmechanismen also, deren Ziel es ist, die mit dem Trauma verbundenen psychischen Schmerzen zu vermeiden und die Einbußen psychischer Funktionen zu kompensieren. Die folgenden Beschreibungen zeigen, wie solche Strategien entworfen und gleichsam im Verborgenen kultiviert werden.

Das Kaffeezimmer

Auf jeder Station gibt es eine Art Aufenthalts- oder Ruheraum für das Pflegepersonal. Obschon diese Räume zumeist häßlich sind und man sich nur in den Pausen dort aufhalten dürfte, zwingen allerlei Umstände, den Ruheraum auch während der Arbeit aufzusuchen. Die Tür, die eigentlich verschlossen werden darf, muß unter diesen Umständen natürlich offen bleiben. Wenn die Patienten hierher kommen, sind sie schüchterner als sonst, denn sie müssen das Gefühl bekommen, daß sie die Pfleger und Schwestern stören. So wird das Kaffeezimmer zu einer merkwürdig zwielichtigen Einrichtung. Die Schwester, die sich dort aufhält, ist für den Patienten weder eindeutig ansprechbar noch unansprechbar, weder im Dienst noch in der Freizeit. Das Personal ist hier gewissermaßen gleichzeitig anwesend und abwesend.

Diese zwiespältige, uneindeutige Art und Weise, in der das Kaffeezimmer oder ähnliche Räume auf einer Station genutzt werden, ist eine spezifische Antwort auf das, was ich oben als chronisches Trauma für die Therapeuten bezeichnet hatte. Hier wird eine Zone geschaffen, deren Undeutlichkeit und Widersprüchlichkeit Ausdruck ihrer eigentlichen Funktion ist. Indem dieser Raum abwechselnd als Ruhe- und Dienstzimmer benutzt werden kann, ermöglicht er dem Pflegepersonal einen raschen Wechsel in der inneren Einstellung zu den Patienten. Hier können Beziehungen aufgenommen, aber auch plötzlich unterbrochen werden, gerade so, wie ich dies oben aus der Perspektive der Patienten beschrieben hatte. Der äußere Raum, das Kaffeezimmer, entspricht einem inneren Raum, das heißt einem psychischen Funktionzustand, der dazu dient, auf die latenten Beziehungsangebote der Patienten so zu reagieren, daß sowohl die eigene psychische Organisation vor der Traumatisierung durch ständigen Beziehungsabbruch geschützt, gleichzeitig aber auch ein Mindestmaß an Ansprechbarkeit, das heißt Beziehungskontinuität und damit therapeutischer Handlungsfähigkeit gewahrt bleibt. In dieser Sicht ist die Nutzung des Kaffeezimmers durch das Pflegepersonal eine kreative, wenngleich aus der Not geborene Erfindung. Diese »Not« besteht aber im Falle des psychiatrischen Pflegepersonals, außer in der oben beschriebenen traumatischen Situation, in einer spezifischen Unschärfe der professionellen Identität. Obwohl Krankenschwestern und Pfleger in der Psychiatrie einen ganz wesentlichen Anteil der therapeutische Arbeit erledigen, existiert kein fest umrissenes Bild ihrer spezifischen beruflichen Fähigkeiten und Kompetenzen, wie etwa Ärzte, Sozialarbeiter und Psychologen dies für sich in Anspruch nehmen können.

Der Dienstplan

Dienstpläne für das Pflegepersonal werden in der Regel »ausgehandelt«. Wenn der Dienstplan »steht«, geht man, zufrieden oder enttäuscht, auseinander. Obwohl in diesem Dienstplan nun genau festgelegt war, wer, wann und wie lange arbeiten muß, werden im Alltag ständig Veränderungen daran vorgenommen. Diese Veränderungen folgen natürlich gewissen Notwendigkeiten, wie etwa Krankheit, Vertretungen auf anderen Stationen und so weiter. Der Dienstplan muß also einerseits fest vereinbart werden, darf aber andererseits nicht zu unflexibel sein. Wieder finden wir, wie oben für das »Kaffeezimmer« beschrieben, eine Zone des Übergangs zwischen der Klarheit einer bestimmten Struktur und einer gewissen Unbestimmtheit derselben Struktur. Obwohl es einen Dienstplan gibt, weiß man eben doch nicht ganz genau, wer zum Dienst kommt. Man könnte auch sagen, der Dienstplan sei immer für eine Überraschung gut. Plötzlich ist jemand »ausgefallen«. Treten solche unvorhergesehenen Veränderungen ein, so können sie unter bestimmten Umständen in einer Art Domino-Effekt eine ganze Kettenreaktion von Dienstplan-Veränderungen nach sich ziehen.In der Folge müssen dann therapeutische Aktivitäten, die zuvor geplant worden waren, abgesagt, verlegt oder von Vertretern übernommen werden. Der Dienstplan bietet also, wie das Kaffeezimmer auch, vielfältge Möglichkeiten, im Moment krisenhafter Zuspitzung konflikthafter Prozesse zwischen Team und Patienten mit einer plötzlichen Unterbrechung der therapeutischen Beziehungen zu reagieren und diese dann vor dem eigenen therapeutischen Gewissen rationalisierend zu rechtfertigen.

Krankheit

Wenn Angehörige eines psychiatrischen Behandlungs-Teams krank werden, so wird nach meiner Beobachtung in spezifischer Weise damit verfahren. In einem Team hatte man eine bestimmte Sprachregelung erfunden, um den inneren Zustand der kranken Team-Mitglieder differenziert zu beschreiben. Entweder war man »krank« oder »echt-krank«. Mit echt-krank war aber gemeint, jemand sei von seiner Arbeit so überlastet, daß er zu Hause bleiben muß. Einfach »krank« hieß, daß der Betreffende Fieber habe, eine Grippe oder ähnliches. In Umkehr des konventionellen Sprachgebrauchs sollte damit ausgedrückt werden, daß die – im konventionellen Sinne – nicht echte Krankheit in Wirklichkeit aber die ernstere sei. Während man mit den – jetzt wieder konventionell gemeint – richtig Kranken aus den eigenen Reihen eher nüchtern, gelegentlich sogar mitleidslos verfährt, habe ich oft den Eindruck gewonnen, daß es in den Teams einen unausgesprochenen Konsens darüber gibt, daß die »Echt-Kranken«, also die vom psychischen Zusammenbruch bedrohten Mitglieder, die tatsächlich schonungsbedürftigen sind. Gelegentlich kam es mir so vor, als seien die »Echt-Krankheiten« wie das Ergebnis einer unbewußten Entscheidungen der ganzen Gruppe, die, in Sorge um eines ihrer Mitglieder, diesem gleichsam eine psychische Regeneration verordnet hätte. Auch hier bietet sich die Möglichkeit zum plötzlichen Beziehungsabbruch, zum überraschenden Rückzug aus dem Geflecht von Ansprüchen, Wünschen und Verpflichtungen, wie sie aus den Beziehung zur Gruppe der Patienten erwachsen.

Eine informelle Subkultur

Das Gemeinsame der drei beschriebenen Phänomene besteht aber nicht nur darin, daß einzelne Personen aus einem Team sich aus den Beziehungen zu ihren Patienten plötzlich zurückziehen können und daß dieser Rückzug dann rationalisierend abgesegnet wird; vielmehr wird hier, quasi naturwüchsig, eine Art von Institution geschaffen, deren eigentliche Aufgabe darin besteht, im Hinblick auf die Beziehungs- und Kontaktaktaufnahme zu den Patienten eine Übergangszone zu schaffen, die in ihrer Funktion gerade *nicht* festgelegt, sondern mehrdeutig ist. Kaffeezimmer, Dienstplan und der Umgang mit den Krankheiten der Therapeuten und andere vergleichbare Handlungsbereiche eines Teams sind eine Art von informellen, also halboffiziellen Institutionen, die auf einer Ebene »unterhalb« der offiziellen Vereinbarungen und Absprachen innerhalb einer Institution organisiert und zu einer Subkultur miteinander vernetzt sind. Dort bilden sie ein Geflecht unsichtbarer, aber für die Institution lebensnotwendiger Strukturen.

Alle hier beschriebenen Bereiche haben auch »offizielle« Aufgaben im Rahmen der deklarierten Institutions-Ziele. Dann werden sie aber, wie beschrieben, von den Angehörigen eines Behandlungs-Teams in spezifischer Weise umgestaltet und zur Lösung unbewußter Konflikte, wie sie sich in den Beziehungen eines Teams zu seinen Patienten zwangsläufig ergeben, benutzt.

Schließlich kann man beobachten, wie die offizielle Institution die Existenz der »informellen« Einrichtungen duldet, gerade
so, als gäbe es eine gemeinsame, aber unbewußte Kenntnis von
den hier beschrieben Abläufen und einen Pakt zwischen den
verschiedenen Ebenen der Hierarchie, der die halboffiziellen
Institutionen gleichsam absegnet; ein »geheimes Zusatzprotokoll«
zum Arbeitsvertrag gewissermaßen.[5]

Dieser letzte Umstand weist aber darauf hin, daß die offiziösen
Institutionen mit der Beschreibung ihrer Funktion als Regulatoren
der therapeutischen Beziehung noch nicht hinreichend charakterisiert sind. Die Tatsache, daß die beschriebenen Vorgänge sich
in der Regel der Kenntnis der Akteure entziehen, verlangt nach
einer Erklärung. Ich gehe davon aus, daß solche und ähnliche
Strukturen bei der *Ausübung und Aufrechterhaltung von Macht*
eine wichtige Rolle spielen. Sie sind eine Art vermittelnder
Elemente, die es den beteiligten Hierarchien einer Institution
ermöglichen, den Neigungswinkel des jeweils vorherrschenden
Machtgefälles mehr oder weniger konstant zu halten. Bislang
hatten wir, wenn vom »therapeutischen Team« die Rede war,
von einer handelnden und funktionalen Einheit gesprochen.
Dabei hatten wir vernachlässigt, daß sich ein solches Team aus
Angehörigen verschiedener Berufsgruppen zusammensetzt, die
sich nicht nur im Hinblick auf ihre berufliche Kompetenz voneinander unterscheiden, sondern auch in bezug auf Einfluß,
Prestige und Macht. Damit ein Team im Rahmen einer vorgege-
benen, ebenfalls durch spezifische Machtverteilung definierten
Klinik-Hierarchie funktionieren kann, bedarf es einer Anpas-
sungsstruktur, die das Machtgefälle der nächsthöheren Instituti-
ons-Ebene widerspiegelt und nach unten fortsetzt. Auftretende

5 In der erweiterten Neuausgabe seines Buches über »Interpersonale und
Institutionalisierte Abwehr« (1988) spricht S. MENTZOS in einem allge-
meineren, kulturtheoretischen Sinne von ähnlichen Phänomenen: »Ich
nenne sie Institutionen zweiter Ordnung. Gemeint sind vorwiegend
Funktionen zweiter Ordnung, weil es in vielen Fällen nicht um die
Gründung neuer Institutionen geht, sondern um die Umfunktionalisierung
vorhandener.« ... »In anderen Fällen aber handelt es sich auch um
Institutionen, welche offiziell eine andere Funktion innehaben und nun
die hier genannten Aufgaben (gemeint sind der Abbau von neurotischen
Spannungen der Individuen, H.B.) übernehmen« (S. 126-127).

Widersprüche und Konflikte müssen reguliert, das heißt mit den vordefinierten Strukturen in Einklang gebracht werden. So können informelle Institutionen etwa von den Angehörigen einer bestimmten hierarchischen Ebene in einer Weise »bedient« werden, daß die Vertreter der nächsthöheren Hierarchie-Stufe blockiert oder angegriffen werden. Beispielsweise können Krankenschwestern und -pfleger die therapeutischen Erfolge des Arztes oder Psychologen ständig zunichte machen, indem sie durch ihren Rückzug aus dem Geflecht therapeutischer Beziehungen die Patienten ins Leere laufen lassen und so die Atmosphäre der gesamten Station chaotisieren. Solche »Maßnahmen« habe ich oft dann beobachten können, wenn zuvor etwa ein Arzt durch das Überziehen seines Machtspielraums die Positionen der Pflegepersonen besonders aggressiv mißachtet hatte. Entsprechendes gilt für die Beziehungen zu den Patienten. Auch hier herrscht ein vorgegebener Rahmen von mehr oder weniger deutlichen Verhaltensregeln, die definieren, wer zu welchem Zeitpunkt was tun oder lassen darf oder muß. Es ist eine der ganz wesentlichen Aufgaben der Krankenschwestern und Pfleger, über diesen informellen Kodex zu wachen. Wenn bestimmte Grenzen überschritten werden, wenn etwa Patienten sich zuviel »herausnehmen« oder der übersichtliche Ablauf des Stationslebens auf andere Weise beeinträchtigt wurde, können informelle Institutionen in einer Weise aktiviert werden, daß entweder die Gruppe der Patienten dirket zur Ordnung gerufen oder eine höhere Hierarchie-Ebene zum Eingreifen gezwungen wird. Die informellen Institutionen dienen also auch dazu, die Machtverteilung innerhalb einer Institution auf einem bestimmten Niveau einzupendeln und dort stabil zu halten. Sie sind einerseits flexible Beziehungskonstellationen, die durch ihre Unbestimmtheit einen Freiraum schaffen, der je nach Bedarf in unterschiedlicher Weise genutzt werden kann; andererseits haben sie durch ihren engen Bezug zur Macht-Regulierung einen stark konservativen Charakter. Mit ihrer Hilfe wird auch dafür gesorgt, daß alles so bleibt, wie es ist.

In psychiatrischen Einrichtungen erzählt man sich – wie vielleicht in allen gesellschaftlichen Institutionen – bestimmte Begebenheiten und Geschichten.[6] Sie werden immer und immer wieder kolportiert, wobei sie jedesmal in Details variiert werden können, ein bestimmter Kern aber stets unverändert bleibt. Häufig existieren mehrere Varianten einer Geschichte. Man kann sie auch als Alltagsmythen oder -legenden bezeichnen. Oft beziehen sich solche Geschichten auf ganz bestimmte Personen, häufig auch auf ehemalige Vorgesetzte. Überhaupt weisen sie einen engen Bezug zur Vergangenheit der Institution auf, meist haben sie »bessere Zeiten« zum Inhalt.

Unter den Pflegern der Suchtstation eines ehemals sehr großen und berüchtigten, jetzt aber sozialpsychiatrisch reformierten Landeskrankenhauses erzählte man sich folgende Geschichte: Der alte Pförtner, der heute nur noch gelegtlich im ehemaligen Wachhäuschen sitzt, war früher ein zünftiger Kerl. Wenn er »Wache« hatte und seine Runden drehte, ging er von einer Station zur anderen. Unter seinem Umhang trug er stets eine Milchkanne, die immer mit Bier gefüllt war. Dann ging es fröhlich zu. Die Pfleger waren sich damals noch kameradschaftlich verbunden, man hielt zusammen, und überhaupt war das Leben fröhlicher und schöner.

Die Pfleger der Suchtstation lassen in dieser Geschichte erkennen, daß sie ihrer eigenen Arbeit gegenüber recht zwiespältig eingestellt sind. Gemeinsames Trinken ist doch so schön! Möglicherweise geht es hier um den Versuch einer Bewältigung von solchen inneren Konflikten, die bei den Einzelnen und in der Gruppe der Pfleger durch den engen professionellen Kontakt mit Trinkern erzeugt werden. Die Lösung, die in der Geschichte steckt, lautet etwa so: »Wir sind auch in der Versuchung zu trinken, wir kennen das Problem, das unsere Patienten haben, nur zu gut! Aber statt zu trinken, erzählen wir uns eine lustige Geschichte.«

6 Siehe auch T. POLLAKs Bemerkungen zum »Mythos« eines Teams, das er dem »habituellen Unbewußten« zurechnet.

Man kann sich vorstellen, daß das Erzählen dieser Geschichte eine gewisse, wenn schon nicht feuchte, doch zumindest fröhliche Belustigung hervorruft und damit in der Gruppe eine dem gemeinsamen Trinken analoge affektive Situation erzeugt wird. So gesehen, handelt es sich um eine Ersatzbildung und zugleich um eine Sublimierung und damit Überwindung der oralen Lust. Die Versuchung des Trinkens wird aber nicht verurteilt, sondern in Form einer Legende gleichsam in die Vergangenheit verlagert und damit unschädlich gemacht.

Für den Bedeutungsgehalt einer solchen Geschichte ist aber nicht nur ihr Inhalt wichtig, sondern auch der Kontext, in dem sie erzählt wird. Zwei verschiedene Situationen waren mir dabei aufgefallen: Zum einen waren es Augenblicke, in denen sich die Pfleger als Gruppe einem Vorgesetzten, in der Regel dem Arzt oder der Stationspsychologin, unterlegen gefühlt hatten. Das Erzählen der Geschichte bedeutete in diesem Zusammenhang eine Art von Auflehnung, ein kämpferisch-aggressives »Zusammenrotten«, ein Bestärken der eigenen Identität als Pfleger gegen die anderen Professionen.

Oft hatte ich auch den Eindruck, daß dieser Anstalts-Mythos immer dann erzählt wurde, wenn im Team der Pflegekräfte eine Stimmung der Mutlosigkeit und Resignation vorherrschte und wenn man auf Grund therapeutischer Rückschläge annehmen konnte, daß die eigenen professionellen Anstrengungen doch allzu mühselig und am Ende enttäuschend sein würden. Der Mythos vom alten Pförtner beschwor bessere Zeiten herauf, und die Gefühle von Versagen und Bedeutungslosigkeit wurden so, zumindest kurzfristig, kompensiert.

In einer anderen Klinik erzählte man sich in unterschiedlichen Varianten die tollsten Geschichten von der therapeutischen Kompetenz des früheren Chefarztes, der die Klinik mit aufgebaut hatte. Dieser alte Chef verkörperte in den Augen der jetzigen Mitarbeiter einen psychotherapeutischen Anspruch, während der jetzige Leiter »nur« sozialpsychiatrisch orientiert war. Es gehörte zum Mythos aus der Gründerzeit der Klinik, daß eine für ideal gehaltene Kombination von Psychiatrie und Psychotherapie infolge der Unfähigkeit des neuen Leiters leichtfertig verspielt worden sei. Dabei war bemerkenswert, daß die meisten der jetzigen Mitarbeiter den alten Chef, für den sie heute so schwärmten, gar nicht mehr persönlich kannten. Es handelte sich also ganz offensichtlich um ein in der Institution erzeugtes, mit Affekten der Hochschätzung und Idealisierung verbundenes Bild, das unter den Mitarbeitern aber wie ein evidentes Faktum gehandelt wurde. Alle schienen wirklich in dem Glauben zu sein, daß die Lage viel besser wäre, wenn nur der alte Chef wieder da sei! Es geht hier um die Projektion der eigenen professionellen Ideale auf den alten, der eigenen Enttäuschung auf den neuen Chef, mithin also um eine Spaltung, wobei der ganze Vorgang sich dem Bewußtsein der Institutionsangehörigen entzieht. Wie in dieser Geschichte geht es möglicherweise in vielen Psychiatrie-Mythen um gute und böse Mächte. Darin gleichen sie den klassischen Märchen.

In einem Fall konnte ich die Entstehung eines solchen Mythos über insgesamt 5 Jahre hinweg verfolgen. Das Team, bei dem ich sechs Jahre als Supervisor war, hatte, als ich dorthin kam, die Gewohnheit, in unregelmäßigen Abständen gemeinsam zu kochen und zu essen; man tat dies nicht abends, in der Freizeit, sondern mittags, in Gegenwart der Patienten, in der Stations-küche; gelegentlich auch direkt vor der Supervision, so daß ich manchmal noch unmittelbar wahrnehmen konnte, mit welcher Freude und zur Schau gestellten Lust man soeben gegessen hatte. Das Ganze hatte durchaus einen demonstrativen Charak-ter. Den Patienten wie dem Supervisor sollte hier ein gewisses Selbstbewußtsein gezeigt werden, als wolle man sagen: »Schaut her, wir haben auch ein Recht, uns wohl zu fühlen; wir haben keinerlei Schuldgefühle, wenn wir in Gegenwart der armen Patienten uns ein gutes Essen gönnen.« Was im ersten Augen-blick als Demonstration nach außen erscheint, könnte aber in Wahrheit ein Apell an das eigene Gewissen, an das professionelle Ich-Ideal sein, ein Versuch, mit Schuld- und Schamgefühlen, die im Kontext der beruflichen Arbeit entstehen, fertig zu werden. Diese Vermutung wurde bestätigt, nachdem die Gruppe infolge eines Suizids auf Station in eine Krise geraten war. Die Schuld-gefühle und Selbstvorwürfe, die aus der Verarbeitung schwerer Aggressions-Konflikte resultierten, drohten den Zusammenhalt der Team-Gruppe zu zerbrechen. Nach einem schweren Zer-würfnis entschloß man sich aber eine Woche später zu einem demonstativen Versöhnungs-Akt. Ich weiß nicht mehr genau, was gekocht wurde, sehr südländisch war es jedenfalls, mit viel Knoblauch und sehr scharf. Unmittelbar nach diesem Essen war Supervision. Ich kann mich noch gut an die Stimmung erinnern, die in jener Sitzung herrschte. In meinem Protokoll von damals heißt es: »... die Gruppe ist heute ungewöhnlich herzlich und freundlich zu mir; fast könnte man sagen, ich fühlte mich von ihr geliebt! Das Ganze hatte etwas Rauschhaftes, die Fallvorstellung heute war ... wie ein Flirt ... oder noch mehr! Wie ein ritueller Versöhnungs-Akt ... Aber wir hatten doch gar keinen Streit! Oder doch?«

Erst im Nachhinein wurde mir die Sache klar. Der Supervisor wurde von der Gruppe unbewußt erlebt wie das verkörperte Gewissen, Über-Ich und Ich-Ideal des Teams. Nach dem Suizid übertrug sich die Angst vor Strafe auf den Supervisor, vor dessen kritisch-verurteilendem Blick man sich jetzt fürchtete, dessen Liebesentzug man erwartete. In einer plötzlichen Kehrtwendung wurden die latenten aggressiven Impulse zurückgenommen und eine heftige, die eigene Schuld gleichsam überrumpelnde Versöhnungsaktion unternommen. Obschon dieser Vorgang gewisse verleugnende Elemente enthielt, hatte ich den Eindruck, daß er der Krise im Ganzen eine konstruktive Wende gegeben hatte.

Nach einem Wechsel in der Stationsleitung hörte das gemeinsame Essen schlagartig auf. Die neue Stationsschwester war vollkommen irritiert, als sie zum ersten – und zum letzten – Mal mit dem gemeinsamen Kochen auf der Station konfrontiert wurde. Sie hielt es für einen Auswuchs mangelhafter Professionalität, wenn sich privates Vergnügen derart mit den beruflichen Aufgaben vermischte, und sie machte deutlich, daß sie solche Exzesse in Zukunft nicht mehr zulassen würde. Drei Jahre lang hörte man nichts mehr von dem gemeinsamen Essen. Die Atmosphäre im Team war aber rauher geworden, es entstand eine »Ablehnungsfront« gegen die Stationsschwester, was sich darin äußerte, daß in der Supervision nur in ihrer Abwesenheit über sie gesprochen wurde. Es kam nun nicht mehr zu einem Austragen von Konflikten und zu einem Aushandeln unterschiedlicher Positionen, sondern zu einer sehr weitgehenden Unterwerfung des Teams unter die Stationsleiterin, deren neuer puristisch-protestantischer Leitungsstil eben nicht wirklich – um im Bild zu bleiben – verdaut, sondern bloß geschluckt und immer wieder ausgespuckt wurde! Dieser Weg ist für jede Team-Arbeit kontraproduktiv und im Grunde anachronistisch. Er kopiert ein autoritäres Führungsmodell, indem die Leitung eines Teams von den übrigen Mitarbeitern nicht adaptierend und modifizierend angenommen wird; vielmehr kommt es infolge einer »Identifikation mit dem Aggressor« zur Imitation des Leitungsstils und zur gleichzeitigen Unterwerfung. Daraus resultiert dann eine Erstarrung in gegenseitiger Pseudo-Feindschaft, die in Wirklichkeit eine hochgespannte Ambivalenz ist. Fortan galt die Stationsleiterin als die böse Frau schlechthin, und die Supervision wurde immer wieder dazu benutzt, dieses Arrangement dadurch zu stabilisieren, daß man den Supervisor zum »Guten« idealisierte und versuchte, mich gegen die böse Stationsleiterin zum Verbündeten zu gewinnen. Hier wurde also eine Spaltungslinie markiert, und es war in dieser Zeit tatsächlich äußerst schwierig, mit diesem Team zu arbeiten, da alle Konflikte sogleich mit Hilfe dieses projektiven und spaltenden Mechanismus »erledigt«, zugleich aber auch zementiert wurden.

Nach etwa vier Jahren wurde erstmals wieder von dem gemeinsamen Koch- und Eßritual gesprochen. Inzwischen hatte die Stationsleitung erneut gewechselt, und der bisherige Stellvertreter der Stationsschwester, der früher zur »Ablehnungsfront« gehört hatte, war auf die leitende Stelle gerückt. Obwohl aus der damaligen Zeit nur noch zwei Mitarbeiter im Team waren, erzählte man von den früheren Essen so lebendig und plastisch, als hätten alle Beteiligten sie selbst erlebt.

Eine Krankenschwester, die erst ein halbes Jahr im Team war, erzählte: »Ich habe gehört, früher habt ihr hier zusammen gekocht, gell? Und daß die X. (die alte Stationsleiterin) das dann verboten hat, ja? Das kann ich mir schon vorstellen, bei der, da konnte man ja gar nicht mehr frei atmen, da hatte man immer Angst gehabt, daß man gleich so ... verurteilt wird, ja?

Also, das mit einem gemeinsamen Essen, vielleicht ... wäre das auch jetzt wieder ... wir könnten doch, oder? Jetzt sind doch alle erleichtert, man kann wieder richtig durchatmen, ja?« In dieser Weise sprach die Krankenschwester einige Minuten. Dabei blickte sie, Zuspruch heischend, in der Gruppe umher und erntete immer dann ein zustimmendes Nicken, wenn sie eine abfällige Bemerkung über die ehemalige Leiterin machte, wobei ihre Anregungen, das gemeinsame Essen wieder aufzunehmen, ganz ohne Resonanz blieb. In dieser Szene wurde deutlich, daß es dem Team gar nicht mehr um das gemeinsame Essen ging, sondern um die Möglichkeit, die alte Abwehrmodalität der Spaltung und Projektion aufrecht zu erhalten. Zu diesem Zweck mußte man das böse Bild der alten Stationleiterin noch weiter akzentuieren und lebendig halten. Im Zusammenhang mit dem Namen von Frau X. hörte ich dann mehrfach die Bemerkung, das sei doch die, die damals das gemeinsame Essen verboten hätte! (Diese Geschichte erinnert in frappierender Weise an gewisse Märchen, in denen arme und hungrige Kinder infolge der Machenschaften einer hartherzigen Mutter in die Fänge einer bösen Hexe geraten, derer sie sich aber, zum guten Ende, entledigen können.) Statt gemeinsam zu essen und zu kochen, erzählte man sich nun eben den Mythos von der bösen Frau X.; das Erzählen der Geschichte hatte jetzt die identitätssichernden und stabilisierenden Funktionen übernommen, die früher einmal von dem gemeinsamen Essen ausgegangen waren. Man kann es auch so sagen: Das gemeinschaftliche, ritualisierte Kochen und Essen war nach langer Zeit ersetzt worden durch das Erzählen einer Geschichte über das Kochen und seinen Verlust durch die böse Frau X. Dies verweist auf eine generelle Funktion der Alltags-Mythen: Sie sind identitätsstiftend und identitätssichernd. Sie sind wie ein gemeinsamer Besitz der jeweiligen Institution oder Teil-Institution; sie werden in der Erinnerung aufbewahrt wie Insignien und Embleme der Macht und der Zugehörigkeit; wie diese werden sie gelegentlich »vorgezeigt«, indem sie erzählt und ausgetauscht und dabei aufgefrischt und erneuert werden; in ihrem Kern enthalten sie wesentliche Elemente der institutionsspezifischen Abwehr- und Anpassungskonfigurationen; und im Prozeß der institutionellen Sozialisation dienen sie als Identifizierungs-Vorlagen. So sehr diese Mythen auch im einzelnen variiert werden, behalten sie doch einen unveränderlichen, primitiven Kern. Im letzten Fall lautete die Botschaft einfach so: »Früher, als die Zeiten noch besser waren, hielten wir noch alle zusammen. Dann kam eine böse Frau, und sie bekam Macht über uns und hat uns alles weggenommen. Jetzt, wo sie wieder weg ist, gottseidank!, ist alles wieder so wie früher!« In fast allen

Fällen enthält der Kern des Mythos einen Hinweis auf gute alte Zeiten, die durch das Auftreten böser Gestalten unwiderbringlich verloren gegangen sind. So entsteht eine mündlich überlieferte, naive Historie der Institution, die sich aber weniger von einem historischen als von einem affektiven Interesse leiten läßt.

»In den alten Zeiten, als das Wünschen noch geholfen hat ...«, so beginnt ein berühmtes Märchen, und so könnten die meisten der Alltags-Mythen der psychiatrichen Institutionen eingeleitet werden. Sie erzählen nämlich davon, daß die guten alten Zeiten – und diese bedeuten nichts anderes als die reine, ungetrübte Herrlichkeit der unbewußten, in der Institution belebten Hoffnungen und Ideale – vergangen, das heißt nicht (mehr) gegenwärtig sind. Sie entwerfen also ein Bild dessen, was man verloren hat, und sofern sie den Gedanken nahelegen, daß man sich mit diesem Verlust abzufinden hat, können diese Geschichten dazu dienen, mit den allfälligen Enttäuschungen der therapeutischen Ambitionen und anderer, allzu ehrgeiziger Ziele besser fertig zu werden. Andererseits haben die Mythen aber Funktionen im Sinne der klassischen Abwehr. Sie sind auch Geschichten in dem Sinne, daß die Personen, die sich ihrer bedienen, sich mit ihrer Hilfe etwas vormachen lassen, Lügenmärchen also, die man sich nur allzugerne vorgaukeln läßt, weil die Illusionen, die sie erzeugen, nicht nur schmerzhafte Wahrheiten erträglicher machen, sondern diese überhaupt der bewußten Wahrnehmung entziehen können.

Das Unbewußte in der Institution: Größenphantasien

Während in den Abschnitten über die offiziösen Institutionen und die psychiatrischen Alltagsmythen Verhaltensweisen beschrieben und ihre Bezüge zu latenten Bedeutungen hervorgehoben wurden, geht es im folgenden um unbewußte Phantasien, die im Kontext unserer Überlegungen deshalb von besonderem Interesse sind, weil sie von den Angehörigen einer ganz bestimmten Institution geteilt werden.

Um den Prozeß der analytischen Aufklärung nachvollziehbar zu machen, will ich mit einem Beispiel beginnen. Es handelt sich um die Supervision eines psychiatrischen Behandlungs-Teams, bei der mir erstmals die Bedeutung unbewußter Größenphantasien in der Institution klar wurde.

Das Team wollte in der betreffenden Sitzung über ein »besonders heikles Problem« sprechen, was ich aber zu hören bekam, waren zunächst nichts anderes als Klagen über die eigene Erschöpfung. Man war am Ende seiner Kräfte, alle fühlten sich leer und ausgelaugt. Oft arbeitete man länger als vorgeschrieben, und jeder einzelne wie auch die Gruppe als Ganzes schien sich aufzureiben. Dieser Bericht war begleitet von Klagen über die eigene professionelle Inkompetenz, über schlechte Ausbildung, zu wenig Zeit für die Patienten. Ein depressives Klima voller Selbstzweifel und Selbstanklagen breitete sich in der Gruppe aus. Bald gesellte sich zu diesem Phänomen noch ein weiteres. Man beneidete den Supervisor um seine berufliche Identität! Als Analytiker sei er doch hervorragend ausgebildet, um andere zu verstehen. Bald geriet die ganze Gruppe ins Schwärmen für die Psychoanalyse.

Ich blieb skeptisch, denn bislang hatte ich dieses Team als eine professionell kompetente und sehr engagierte Gruppe kennengelernt. Die Selbstzweifel schienen mir ebenso unangemessen wie auch die plötzliche Bewunderung für die Psychoanalyse. Bald wurde auch klar, daß es für die Überarbeitung und Erschöpfung einen ganz realen Grund gab.

Es kamen nämlich viele der ehemaligen Patienten »zu Besuch« auf die Station, um einen Rat zu holen, »einfach so«. Manch einer, dem es schlecht ging, rief bei den Pflegern an, konnte sich dort ein Medikament abholen, bekam einen Trost, einen Kaffee oder einfach nur einen kurzen Moment ungeteilter Aufmerksamkeit. So entstand im Laufe der Zeit, zusätzlich zur normalen Stationsarbeit, eine »graue Ambulanz«, die ja, weil immer neue Patienten aufgenommen und entlassen wurden, ständig wuchs!

Erstaunlich war also nicht die Erschöpfung des Teams, sondern allein die Tatsache dieser anscheinend freiwilligen Zusatzarbeit; denn schließlich gehörte die ambulante Betreuung der entlassenen Patienten nicht zu den Aufgaben eines Stations-Teams. Was waren die Ursachen dieser Entwicklung? Ich mußte nicht wenig Neugierde und Hartnäckigkeit aufwenden, um schließlich dahinter zu kommen. Jeder Patient bekam zur Entlassung einen kurzen Arztbrief. Nun gab das Pflegepersonal noch einen kleinen Zettel dazu, auf dem die Telefon-Nummer der Station stand, und man pflegte zum Abschied eine Bemerkung zu machen wie: »Wenn es Ihnen schlecht geht, rufen Sie ruhig mal an, ja?!« Mit der Entlassung war also eine unverhohlene Aufforderung zur Rückkehr verbunden!

An dieser Stelle will ich die Wiedergabe des Supervisions-Verlaufs abkürzen und gleich das Ergebnis mitteilen. Am Ende wurde klar, daß der Hintergrund dieses Verhaltens in einer ganz bestimmten Phantasie zu finden war, die von den Team-Angehörigen geteilt wurde: Man dachte, nur dieses Team – und nur diese Klinik – könne die Patienten angemessen versorgen, die Nervenärzte hätten zu wenig Zeit und seien inkompetent. Im Grunde glaubte man, niemand als diese Institution sei so etwas wie eine ideale, allmächtige und alles heilende Super-Psychiatrie. So war es nur folgerichtig, daß alle Patienten sich hier versorgen ließen; und umgekehrt konnte man die Tatsache, daß so viele Patienten zurückkehrten, als Beweis für die eigene unerschöpfliche Kompetenz und therapeutische Allmacht heranziehen.

Erinnern wir uns: Die Sitzung hatte mit depressiven Klagen über die eigene professionelle Unzulänglichkeit und der Idealisierung des Supervisors und seiner Methode begonnen. Beides können wir nunmehr begreifen als *Abwehr bislang unbewußter Größen- und Allmachtsphantasien.*

Omnipotenzphantasien sind Derivate des Narzißmus, jener unbewußt-psychischen Konstellation, die mit Empfindungen, Wahrnehmungen und Gedanken in bezug auf das eigene Selbst, seine Verletzungen, Kränkungen und Zurücksetzungen in Verbindung steht, wie auch mit den korrespondierenden Wünschen nach Vollkommenheit, Unverwundbarkeit und Allmacht.[7]

Ihre Bedeutungen sind zu vielfältig, um hier ausführlich erörtert zu werden, aber auf zweierlei will ich hinweisen.

Größenphantasien und die mit ihnen verbundenen Gefühle der Unverwundbarkeit und der Allmacht sind eine Art innerpsychisches Allheilmittel gegen jegliche Kränkung und Verletzung des Stolzes, der Selbstachtung und der Selbstgefälligkeit. Sie können immer dann mobilisiert werden, wenn das jeweils vorherrschende Niveau psychischer Organisation durch Kränkungen beeinträchtigt ist, das heißt wenn innere oder äußere Erfahrungen mit Gefühlen der Ohnmacht, der Bedeutungslosigkeit, der Schmach oder der Scham verbunden sind. So betrachtet, fungieren die Größenphantasien als Regulatoren, die immer dann auf den Plan gerufen werden, wenn andere Abwehrmechanismen relativ insuffizient geworden sind oder wenn entspre-

7 Bemerkenswerte Arbeiten zu diesem Thema finden sich bei M. ERDHEIM (1982) sowie U. HÄFLINGER (1989).

chend kränkende Erfahrungen gemacht werden. Diese Sicht ist eine auf die Individuen und deren inneres Gleichgewicht bezogene, gewissermaßen eine klinische. Es können aber sehr verschiedene Erfahrungen sein, die Allmachtsphantasien wirksam werden lassen. Es bedarf dazu keineswegs besonders aggresiver traumatisierender Einflüsse. So kann etwa die realistische Wahrnehmung der eigenen Lebenssituation oder des sozialen Standorts innerhalb einer Gesellschaft mit einer zunächst ganz angemessenen Ohnmachtserfahrung verknüpft sein. Werden die psychischen Folgen dieser Wahrnehmung aber mit Hilfe von Größenphantasien aus dem Bewußtsein verbannt und der psychische Schmerz gänzlich ausgelöscht, so kommt es zur Verleugnung oder Zerstörung der ursprünglich richtigen Wahrnehmung. Die psychische Lücke, die durch die Verleugnung entstanden ist, wird nun durch Größenphantasien gleichsam aufgefüllt. Dieser Abwehrvorgang bleibt aber nicht ohne Folgen für das Ich. Dieses wird ein Stück weit in die Regression gezwungen und genötigt, eine seiner wichtigsten Funktionen, die Realitätsprüfung, einzuschränken. Es wendet sich ein Stück weit von der Außenwelt ab und läßt sich nunmehr, in Gestalt der Allmachtphantasien, ein X für ein U vormachen. Wo zunächst die realistische Erfahrung von Ohnmacht war, herrscht jetzt die illusionäre Vorstellung von Größe und Macht. Es ist zu einem Stück Realitätsverlust gekommen.

Ist diese Form der »Realitätsabwehr« erst einmal installiert, neigt sie dazu, das psychische Geschehen in einem sich selbst verstärkenden Kreislauf mehr und mehr an sich zu ziehen, das Verhältnis der Individuen zur äußeren Realität zu lockern und sie immer stärker an die eigenen, nunmehr an die Stelle der Realitätswahrnehmung getretenen Phantasien zu binden.

Mit der Regression und der partiellen Preisgabe der Wahrnehmungsfähigkeit werden aber auch die Denk-Funktionen beeinträchtigt. Der so entstandene Mangel an Orientierung und Eigenständigkeit verlangt nach Ersatz von außen. Das Ich »weiß« zwar noch, daß etwas fehlt, »sucht« das Vermißte aber in der Außenwelt. Wo Wahrnehmung und eigenständiges Denken eingeschränkt sind, herrscht nunmehr eine auf die Außenwelt gerichtete Erwartung. Jetzt ist die Person zum Beispiel bereit, Befehlen zu gehorchen oder, in milderer Form, etwa soziale

Tatbestände als »Sachzwänge« zu interpretieren und sie als gegeben hinzunehmen. Damit verstärkt sich die Manipulierbarkeit des Individuums durch äußere Einflüsse. Soziale Lethargie und eine gesteigerte Empfänglichkeit für die tröstenden Produkte der Kulturindustrie können weitere Folgen sein.

Dies alles bezieht sich aber nicht auf die bloße Existentz von Größenphantasien – als Erben des frühkindlichen Narzißmus sind sie ubiquitär –, vielmehr geht es um den Grad ihrer Unbewußtheit. Je vollständiger sie sich der Herrschaft des bewußten Ich entziehen, um so eher geraten sie unter den Einfluß des im Unbewußten herrschenden Primärvorgangs und bestimmen von dort aus, dem Lustprinzip folgend, das Denken, Fühlen und Handeln. So betrachtet sind die unbewußten Größen- und Allmachtvorstellungen gleichsam ein Negativ im Psychischen der Individuen zu der von ihnen gemachten Ohnmachtserfahrung.

Am Fall des Teams, von dem ich oben berichtet habe, läßt sich dies verifizieren. Wie sich nämlich später herausstellte, hatte es einen Konflikt um die Neubesetzung der Stelle des Stationspflegers gegeben. Das Team hatte einen Kandidaten aus den eigenen Reihen favorisiert, aber letztlich setzte die Pflegedienstleitung, hinter der der Chefarzt stand, einen anderen Bewerber durch. Ohnmacht und Wut über die eigene Einflußlosigkeit hatten sich eingestellt, aber eine chronische und äußerst langlebige Ambivalenz gegen die hierarchischen Elemente der Teamarbeit hatte verhindert, daß es zu einer einvernehmlichen Regelung des Konflikts und zu einer Akzeptanz der getroffenen Entscheidung kommen konnte. Was blieb, war das Gefühl von Ohnmacht und Hilflosigkeit.

Nun setzten die beschriebenen Abwehrvorgänge ein, die man jetzt, vom Resultat her betrachtet, als *Anpassungsmechanismen* beschreiben kann. Die Konfliktspannung zwischen dem Ich der beteiligten Einzelpersonen und der Außenwelt wurde in gleichsinniger Weise reduziert. Die Größenphantasien sind dann die Prämie, die, einer Droge vergleichbar, für den Verlust des Realitätsbezuges entschädigen. Schließlich blieben die eingefahrenen, ambivalent verstrickten Verhältnisse zwischen dem Team und den verschiedenen Ebenen der Institutionsleitung unverändert.

Ebenso wie bei den bisher dargelegten Befunden geht es bei den »Denkstilen« um psychische Funktionen, die üblicherweise als individuelle Leistungen betrachtet werden. Gerade die Funktion des Denkens gilt uns ja als als Ausgeburt des einzelnen Gehirns; aber auch diese Sichtweise ist nur die Folge eines Denkstils, einer gemeinschaftlich – oder sollte man sagen: gesellschaftlich? – erzeugten Richtung der individuellen Denkvorgänge.[8]

Im folgenden möchte ich zeigen, wie einzelne Denk-Funktionen unter dem Einfluß der Institution auf jeweils ganz bestimmte Wege gelenkt werden können.

Erinnern und Vergessen

Ein überaus häufiges Phänomen, dem man bei der Patientenvorstellung durch psychiatrische Behandlungs-Teams begegnet, ist das »Vergessen« von biographischen Daten und Zusammenhängen aus dem Leben der vorgestellten Patienten (s.a. ULRICH ERTELS Bemerkungen über den »Mangel an biographischen Daten« und das »Unwissen über die Krankengeschichte des Patienten).

Besonders bemerkenswert ist dabei, daß die Vergeßlichkeit um so größer wird, je länger der Patient sich auf der Station befindet, je länger seine Krankheit andauert und je ausgeprägter der Prozeß der Chronifizierung ist. Es werden aber nicht nur die

---

8 Begriff und Theorie des »Denkstils« und des »Denkkollektivs« stammen von LUDWIK FLECK, der in seiner erstmals 1935 erschienen Arbeit »Entstehung und Entwicklung einer wissenschaftlichen Tatsache. Einführung in die Lehre vom Denkstil und Denkkollektiv« am Beispiel der Wissenschaft die soziale Bedingtheit von Denkvorgängen und ihren grundsätzlich interpersonalen Status herausgearbeitet hat. Wenn man also der Frage nachgeht, »Wie Institutionen denken« (MARY DOUGLAS 1991), so muß klar sein, daß es nicht um die imaginäre Annahme eines institutionellen Super-Gehirns geht, um eine Art Gruppen-Psyche oder ähnliches. Vielmehr stellt sich für die Ausrichtung und Qualität von Denkvorgängen in einer bestimmten Institution die Frage nach denjenigen Prozessen, die dem Denken der einzelnen ganz bestimmte Prägungen verleihen können.

Krankheitsdaten vergessen, sondern, und dies ist weit schwerwiegender, auch die eigene affektive Erfahrung der Angehörigen des therapeutischen Teams mit diesem konkreten Patienten. Es geht also nicht um eine herabgesetzte Merkfähigkeit, vielmehr um den erstaunlichen Vorgang, daß gerade solche Zusammenhänge, die man normalerweise leicht erinnert, nämlich Beziehungs-Erfahrungen, dem Vergessen anheimfallen.

Der ganz Vorgang selbst wird, wenn er zutage tritt, mit dem Gefühl der Peinlichkeit erlebt, und wenn dann ein entsprechender Patient in der Supervision vorgestellt werden soll und wenn deutlich geworden ist, daß man zunächst gar nichts von diesem Patienten zu erzählen weiß, obwohl er schon seit Monaten auf der Station lebt, wird häufig schon im Vorfeld versucht, diese Vergeßlichkeit durch ein intensives Studium der Krankenakte auszugleichen. Pikanterweise kann sich dann etwa herausstellen, daß gerade diese Akte nicht mehr aufzufinden ist, oder, was häufiger ist, daß der Inhalt der Krankenblätter im Hinblick auf die gewünschten Auskünfte ausgesprochen nichtssagend ist. Die Arztbriefe vergangener stationärer Aufenthalte beginnen oft mit der Floskel: »Die Vorgeschichte des Patienten ist Ihnen ja bekannt ...« Dies heißt aber nichts anderes, als daß über die »Vorgeschichte« – und das ist die gesamte Krankheits-, Behandlungs- und Lebensgeschichte eines Kranken – kein Wort mehr verloren wird. Das »Vergessen« hat sich also auch in die Dokumentation eingeschlichen, es ist institutionalisiert!

Wenn ein Team sich nun entschlossen hat, einen Patienten in der Supervision vorzustellen und die peinlichen Erinnerungslücken durch einige Anstrengungen aufzufüllen, dann bekommen die Erzählungen über diese Patienten bald eine ganz bestimmte Tendenz. Sie entwickeln sich nämlich zu einem monotonen Aufzählen von Fakten, die wie nichtssagende Daten aus einem medizinischen Labor anmuten. Dabei ist die Verlegenheit der Akteure unübersehbar, man ringt nach Worten, sucht nach Fakten, und versteht gar nicht, warum einem nichts einfallen will. Schließlich kapituliert man beschämt vor den offenkundigen Tatsachen und stellt, in psychoanalytischer Supervision schon geübt, fest, daß dieses nicht Erinnern-Können wahrscheinlich etwas mit dem Patienten zu tun habe! Häufig gehen dann einzelne Team-Angehörige dazu über, zu überlegen, was man denn nun, angesichts dieser Ratlosigkeit, mit dem Patienten machen könne. Unter der Hand verwandelt sich dann die Patientenvorstellung in ein ermüdendes Aufzählen und Abwägen des Für und Wider sozialpsychiatrischer Therapieansätze.

Beim Analytiker als dem Zuhörer solcher Berichte stellt sich dann anstelle des anschaulichen Bildes einer Person mit ihren Beziehungen und Konflikten die Empfindung quälender Leere ein sowie der anstrengende Eindruck, daß er sich nun besondere Mühe geben müsse, um die Einzelheiten des vorgetragenen Falles im Gedächtnis zu behalten. Diese Reaktion ist aus verschiedenen Gründen bemerkenswert.

Zum einen handelt es sich ganz offensichtlich um eine Art Kopie, eine Identifikation mit dem Stil, in welchem das Team selbst denkt: angestrengt und krampfhaft bemüht, »wichtige« Details zu erinnern, wird das wirklich Wichtige geflissentlich übersehen und übergangen: nämlich Gefühle unerträglicher Leere, lähmender Interesselosigkeit und quälender Spannung.

Es zeigt sich dann nämlich regelmäßig, daß der gemeinsame Entschluß des Teams, gerade über diesen Patienten zu sprechen, sich unbewußten Scham- und Schuldgefühlen verdankt. Das Gefühl etwa, daß man mit diesem Patienten am liebsten überhaupt nichts zu tun haben möchte, daß man ihn loswerden will oder ähnliches, wird so bedrängend und gerät derart in Widerspruch zum therapeutischen Ich-Ideal eines Teams, daß dann mit der Vorstellung dieses Patienten in der Supervision gleichsam die Flucht nach vorne angetreten wird.

Wie schon bemerkt, gerät der Analytiker also, was den Zustand seiner Aufmerksamkeit und seiner Denktätigkeit betrifft, in eine Identifikation mit der spezifischen Konfliktneigung dieses Teams und zwar derart, daß er die Erzählung des Teams nun als so langweilig, leer, quälend und bedeutungslos erlebt, daß er seinerseits im Hinblick auf die Supervision in Gefühle der Resignation und der Hoffnungslosigkeit gerät. Diese werden dann abgewehrt durch die schon beschriebene Tendenz zu besonders beflissenen Denk-Anstrengungen. Ich möchte hier nicht eingehen auf die naheliegende und im Grunde auch richtige Vermutung, daß diese Phänomene einen Reflex auf die unbewußte Abwehrstruktur chronisch psychotischer Patienten enthalten.

Hier kommt es mir vielmehr darauf an zu zeigen, daß in einem Team, in einer Institution, eine so elementare Denk-Funktion wie das Vergessen von Erlebtem nicht zufällig und individuell erfolgt, sondern organisiert und gerichtet ist. Unter dem Einfluß der Institution verändern sich individuelle Denkgewohnheiten. Das, was vergessen wird, richtet sich nicht in erster Linie nach den Möglichkeiten und Notwendigkeiten individueller Konfliktverarbeitung. Zwar wird das Vergessen selbst von den einzelnen Team-Angehörigen wie ein persönliches Versagen erlebt, aber dies zeigt nur, daß der Einfluß der Institution auf das Denken den Individuen selbst verborgen bleibt.

Das Gesagte gilt im übrigen auch für die Funktion des »Erinnerns«. Es wird nämlich keineswegs alles vergessen. Ganz bestimmte Daten aus der Biografie eines Patienten sind so gut wie immer verfügbar. Beispielsweise kennt man in einem Team fast immer die Wanderungs-Bewegungen eines Patienten durch die Stationen therapeutischer Netzwerke. Auch die Anlässe, aus denen er jeweils wieder zur Behandlung kam, sind geläufig, ob er etwa aggressiv und bedrohlich war, ob er nicht mehr zur Arbeit ging oder ob er schon Suizidversuche gemacht hat.

Daß das Vergessene eigentlich Verdrängtes oder sonst Abgewehrtes ist, zeigt sich, wenn es einem Team unter ganz bestimmten Bedingungen möglich wird, sich zu erinnern. Zu diesen »ganz bestimmten Bedingungen« gehört an erster Stelle die psychoanalytische Supervision, vorausgesetzt, es gelingt dem Analytiker, sich der oben beschriebenen Identifizierung zu entziehen: Er muß seine eigene Neigung zum Vergessen als Folge einer unbewußten Gegenübertragung erkennen. Dann kann er gegen die Verführungen des Vergessens das beharrliche und geduldige Festhalten der emotionalen Erfahrung von Leere, Hoffnungslosigkeit und Sinnlosigkeit stellen und, davon ausgehend, die Team-Angehörigen ermutigen, ihrerseits die entsprechenden affektiven Erfahrungen in Worte zu fassen; dies führt nämlich mit schöner Regelmäßigkeit dazu, daß nun doch, wenn auch zunächst gleichsam fast punktförmig und mikroskopisch klein, einzelne Episoden von erlebten Interaktionen aus der Versenkung auftauchen. Diese bilden, nach und nach, die Bezugspunkte für die (Re-) Konstruktion einer Beziehungsgeschichte von Behandlungs-Team und Patient und damit eine

Grundlage, die verlorene und durch »Leere« und Sinnlosigkeit gleichsam ersetzte Lebens- und Leidensgeschichte des Patienten wieder einzuholen.

Wenn man den Vorgang des Erinnerns in einer Team-Gruppe genauer untersucht, so wird man die Feststellung machen, daß er im Grunde *dialogisch* organisiert ist. Die Erinnerung der Einzelnen taucht »im Gespräch« auf, ein Wort gibt das andere, manchmal wird dann ein einziger Satz von zwei, drei oder vier Personen gesprochen, gerade so, als verfügten sie zusammen über einen einzigen Denkapparat. Der ganze Prozeß wird begleitet vom Gefühl der Erleichterung, die Leere und die Empfindung der Sinnlosigkeit weichen, dies wirkt im Sinne einer positiven Verstärung motivierend und anregend auf die Gruppe zurück, und schließlich zeigt sich, daß in diesem Team ein lebendiges und differenzierte Bild dieses Patienten existiert, daß es immer existiert hat, daß es aber vergessen, das heißt ins Unbewußte abgedrängt war. Zwei oder vier Wochen später aber kann alles wieder »vergessen« sein. Beim Beobachter entsteht dann der Eindruck, daß »das Team sich erinnert«, daß »das Team vergißt.« Dabei erscheint die Gruppe tatasächlich wie ein einziger Organismus mit Herz und Verstand. Aber es darf nicht übersehen werden, daß dieser Eindruck eine Schimäre ist, eine Kurzformel im besten Falle für ein sehr dynamisches und komplexes interaktives Zusammenspiel der Individuen, dessen Ergebnis uns dann als »das Team« und »die Institution« erscheinen will.

Erinnern und Vergessen in einer Institution sind also kollektive Leistungen. In ihrer Selektivität sind sie spezifisch für die jeweilige Institution. Was vergessen und was erinnert wird, richtet sich nicht so sehr nach den idealen Vorstellungen von einem therapeutischen Prozeß oder nach den humanen Leitbildern einer umfassenden Behandlung, sondern ist vielmehr an den kruden Notwendigkeiten psychischen Überlebens und professionellen Handelns orientiert. Die Institution stützt diejenigen psychischen Mechanismen bei ihren Angehörigen, von denen sie »weiß«, daß sie gebraucht werden. So bietet sie ihren Angehörigen ein Minimum an »Schutz«, das die aus ihrer Arbeit resultierenden spezifischen Belastungen abfedern soll.

Damit sind aber die Funktionen des kollektiven Vergessens und Erinnerns noch nicht hinreichend beschrieben. Zu »verges-

215

sen« und im Zustand des Nicht-Wissens zu verharren kann nämlich auch im Hinblick auf andere institutionstypische Konfliktpotentiale ausgesprochen entschärfend wirken. So interpretiert auch ULRICH ERTEL in seinem Beitrag, wenn er die »Art und Weise der Fallpräsentation« untersucht, das »Unwissen über die Krankengeschichte« als Folge einer »Angst, sich ein eigenes Urteil, einen eigenständigen Zugang zu dem jeweiligen Fall zu erlauben«. In der herkömmlichen Hierarchie bleibt nämlich das »eigene Urteil« der ärztlichen Berufsgruppe vorbehalten. Die moderne Auffasung von der Arbeit im therapeutischen Team läßt jedoch viele Fragen in bezug auf die Hierarchie und die Verteilung von Kompetenzen offen. Das Team schafft sich dann informelle, aber allgemeingültige Regeln für den Umgang damit; aber im Zweifelsfall überläßt man das Denken eben immer noch denen, »die es auch gelernt haben«, also den akademischen Berufsgruppen. Das demonstrative Nicht-Wissen, abgesichert durch eine habituelle Vergeßlichkeit, ersetzt also die herkömmliche Unterwerfung der ehemals so genannten medizinischen Hilfsberufe und trägt damit zur Stabilität der Institution bei. (Wenn die so gewonnene Stabilität dann kontraproduktiv geworden und die Ruhe zur Friedhofsruhe verkommen ist, so stellt sich ein Unbehagen ein, das nicht selten im Ruf nach Supervision mündet.)

Das Phänomen des kollektiven Vergessens und Erinnerns könnte noch unter vielen Gesichtspunkten untersucht werden. In diesem Rahmen aber muß der Hinweis genügen, daß es, wie andere adaptive Strukturen auch, um sich in einer Institution durchzusetzen, verschiedenen und möglichst vielen Konfliktpotentialen dienlich sein muß, und zwar mehr im Sinne der latenten als der vordergründigen Strukturen dieser Institution. Außerdem muß eine solche adaptive Funktion mit anderen Anpassungsmechanismen »kooperieren«, das heißt sich ihnen zu einem möglichst harmonischen Ensemble zusammenfügen lassen.

Gerade diese letzte Forderung erfüllt ein Mechanismus in besonderer Weise, der in psychiatrischen Institutionen so geläufig ist,
daß er in der Regel gar nicht mehr auffällt. Es ist die Tendenz zur
Anonymisierung aller Entscheidungen und Verantwortlichkeiten.
Damit ist eine Denk- und Sprechgewohnheit gemeint, die sich in
den Fallpräsentationen so äußert, daß der Zuhörer zu keinem
Zeitpunkt etwas darüber erfährt, wer, zu welchem Zeitpunkt, mit
welchen Folgen, welche Entscheidung getroffen hat. Die Verantwortlichkeit auch für den kleinsten Vorgang bleibt im Dunkeln.
Ein Patient »wird« aufgenommen, untersucht, behandelt und
verlegt; er »bekommt« Medikamente, Massagen, Pflege und
Gespräche; er »geht« in die Beschäftigungstherapie, »hat«
Wochenendurlaub und »wird« schließlich wieder entlassen. Am
Ende »wird« dann auch noch eine Epikrise geschrieben und ein
Arztbrief verschickt.

Irgendeine erste Person Singular kommt hier nicht vor. Niemand spricht im eigenen Namen; dem Anschein nach laufen die
Dinge nach den undurchschaubaren Gesetzen einer höheren
Rationalität ab. Auf der Suche nach einer verantwortlichen
Person mag man seine Hoffnung zunächst in dieses »höhere
Wesen« setzen, das da durch die dunklen Berichte schimmert.

Aber bald wird man, ähnlich wie Herr K. in Franz Kafkas
Roman »Das Schloß«, die Erfahrung machen, daß die einzelnen
Abläufe keine persönlich Verantwortlichen kennen. Wie gesagt,
ein »Ich« existiert nicht in diesen Berichten, bestenfalls ein
ominöses »Wir«, das sich aber auch nicht genau umreißen läßt.
Zwei Umstände lassen mich vermuten, daß es sich bei der
Tendenz zur Anonymisierung um einen sehr zählebigen Mechanismus handelt. Zum einen habe ich als Supervisor die Erfahrung gemacht, daß auch hartnäckiges Fragen nicht geeignet ist,
für diese oder jene Entscheidung einen Verantwortlichen dingfest zu machen. Einmal erlebte ich, wie ein Arzt die Verantwortung für den Suizidversuch einer Patientin übernehmen wollte.
Er gestand ein, daß er der Beurlaubung an einem Wochenende zu
den Eltern, wo sich der Suizidversuch ereignet hatte, nur zugestimmt hatte, weil er sich von der Patientin unter Druck gesetzt
fühlte. Er habe sich gar nicht mehr die Zeit genommen, mit

seiner Patientin in Ruhe die Sache zu besprechen. Sogleich eilte ihm das ganze Team energisch »zu Hilfe« und versuchte ihm sein schlechtes Gewissen auszureden. Die Schwestern wurden regelrecht ärgerlich auf ihren Arzt, als er auf seiner Sichtweise bestand. Offensichtlich hatte er, indem er von seiner persönlichen Verantwortung sprechen wollte, ein ungeschriebenes Gesetz verletzt.

Ich selbst habe diesen nämlichen Druck immer dann zu spüren bekommen, wenn irgendetwas Unvorhergesehenes geschehen war, etwa ein Suizidversuch, oder wenn infolge einer Nachlässigkeit ein Patient aggressiv und tätlich geworden war.

Bei der entsprechenden Fallpräsentation spürte ich die starke Tendenz, die einzelnen Team-Mitglieder pauschal von jedem Vorwurf zu entlasten. Niemand soll hier mit dem Finger auf einen anderen zeigen!

Wahrscheinlich ist die Tendenz zur Anonymisierung der Verantwortung gar nicht spezifisch für die Psychiatrie. MICHAEL BALINT beschrieb etwas ganz Ähnliches (1964, 1965, S. 104-109). Er stellte nämlich fest, daß es im medizinischen Betrieb ganz generell zu einer »Verzettelung der Verantwortung« kommt und daß diese Uneindeutigkeit die Folge einer bestimmten »Denkungsweise« sei, der eine »geheime Klausel zur Wahrung der Anonymität« zugrunde liege. Diese besteht »in dem stillschweigenden Abkommen, daß niemand die Verantwortung trägt. *Es werden lebenswichtige Entscheidungen getroffen, ohne daß irgend jemand sich voll verantwortlich dafür fühlt*« (S. 113, Hervorhebung im Original). BALINTs Qualifizierung der Anonymitätsklausel als »geheim« entspricht ganz meiner Erfahrung, daß es sich um etwas Undurchdringliches handelt. Vermutlich ist dieser Pakt zur Wahrung der Anonymität ein fester und habituell gewordener Bestandteil professioneller Anpassungsstrategien, oder genauer gesagt, des Versuchs, Entstehung und Wirkungsweise des institutionellen »Clan-Gewissens« (PARIN) abzusichern und zu verschleiern.

Der Mechanismus der Anonymisierung der Verantwortlichkeit arbeitet Hand in Hand mit der spezifischen institutionell geförderten Neigung zum Vergessen und bewirkt nach außen – und in Richtung auf das Über-Ich der Individuen – den Eindruck des Unverfänglichen. Er fördert so den Zusammenhalt der Institution und entlastet die einzelnen, jedenfalls vorläufig, von den Beunruhigungen und Verwicklungen, die sich in der Konfrontation mit den psychisch Kranken regelmäßig ereignen. Die so hergestellte Anonymität und institutionelle Vergeßlichkeit erzeugen dann jene glatte und spiegelnde, gleichsam aus Unkompliziertheit bestehende Oberfläche, die jeden Versuch, tiefer zu blicken, damit enden läßt, daß der Betrachter immer nur das sieht, was ihm schon bekannt ist.

Das Erzeugen von »Selbstverständlichkeit«

Es scheint mir überhaupt das Gemeinsame der hier beschriebenen Denkstile zu sein, daß sie samt und sonders darauf hinauslaufen, den gerade erwähnten Eindruck des Unverfänglichen, des Unkomplizierten, und mehr noch: des Selbstverständlichen, zu erzeugen. Wenn die wesentlichen Stationen aus der Lebensgeschichte eines Patienten vergessen worden sind, wenn die eigenen, zum Teil heftigen und schmerzhaften Erfahrungen der therapeutischen Mitarbeiter mit diesem Patienten der Verdrängung anheim gefallen sind, dann ist seine Gegenwart ebenso selbstverständlich geworden wie seine Abwesenheit.

Dann gibt es keine Fragen mehr nach dem Woher und Wohin, niemand forscht nach Gründen und Ursachen, und das Anonymitäts-Gebot trägt dazu bei, daß kein Akteur auf der Bühne erscheinen und mit irgendwelchem persönlichen Ansinnen stören kann. Es werden keine mehr Fragen gestellt, warum auch? Die Dinge sind nun einmal so, wie sie sind, und was sich von selbst versteht, bedarf weder einer Begründung, noch ist Raum für irgendeinen einen Zweifel.

Im Grunde läßt sich mit diesen knappen Worten eine Art von »Endzustand« beschreiben, in den eine psychiatrische Institution um so eher geraten kann, je mehr sie zur Chronifizierung neigt. Damit meine ich nicht nur die klinische Befindlichkeit von chronisch Kranken, sondern darüber hinaus mit dieser Befindlichkeit korrespondierende Zustände bei den Mitarbeitern psychiatrischer Institutionen. So betrachtet ist »Chronifizierung« immer eine gemeinsamer Anpassungsprozeß von Patienten, therapeutischem Personal und Institution.

Vor Jahren habe ich einmal als Psychiater auf einer sogenannten Langzeitstation gearbeitet, wo Patienten zum Teil zehn, zwanzig oder dreißig Jahre zugebracht haben. Auch die Pfleger und Schwestern waren schon lange da, und alle hatten sich aneinander gewöhnt. Als ich zum ersten Mal auf die Station kam, fiel mir gleich ein Mann auf, der mehr den Eindruck eines scheuen und wilden Tieres auf mich machte: Stumm und voller Angst wich er jedem Kontakt aus. Als ich ihn ansprechen wollte, floh er in Panik und war für Tage völlig verstört. Der Stationspfleger klärte mich dann auf. Der Mann war nicht wirklich stumm, aber seit mindestens zehn Jahren hatte er mit niemandem mehr gesprochen. Genau wußte es keiner, aber früher soll das anders gewesen sein. Nach langem Suchen fand ich dann eine Krankenakte. Sie umfaßte sieben Seiten. Auf einem Blatt war im Durchschnitt der »Verlauf« von vier Jahren zusammengefasst. Weil dieser Patient aber keine außergewöhnlichen Dinge tat, wie etwa auszureißen oder andere anzugreifen, war stets nur vermerkt, daß er »ruhig, angepaßt und zurückgezogen« sei. Mit peinlichster Genauigkeit war dagegen die Dosis der täglichen Medikamente verzeichnet, aber es fehlte jeder Hinweis darauf, warum und mit welchen Ziel er sie verabreicht bekam. So ging das über knapp dreißig Jahre.

Der Mann interessierte mich, und ich versuchte Kontakt mit ihm aufzunehmen. Das war mühevoll, aber nicht ohne Erfolg. Nach und nach registrierten die Pfleger kleine Veränderungen, was sie beunruhigte. Sie bedrängten mich, meine, wie sie meinten, doch völlig sinnlosen Bemühungen einzustellen. Aber auch mein Patient war bestürzt. Oft reagierte er verstört, gelegentlich wurde er böse auf mich, einmal spuckte er mich an, als ich ihn begrüßen wollte.

Auf einer Teambesprechung geriet der Stationspfleger so über mich in Rage, daß er sich mit der flachen Hand dreimal heftig gegen die Stirn schlug und laut ausrief: »Ja, ist der denn verrückt, der neue Doktor?, Ja, weiß der denn noch, was er da macht?«

Verrückt ist, wer den *common sense* in Frage stellt. Mit meinem Interesse für diesen Patienten hatte ich einen Konsens gebrochen, der darin bestand, daß alles, wie es war, einschließlich der Stummheit des Patienten, für selbstverständlich gehalten wurde. Damit ist ganz automatisch jedes Verhalten unsinnig, das darauf hinausläuft, Fragen zu stellen oder nach Gründen zu suchen. Hier gibt es keine »Gründe« für irgendetwas, die Dinge verstehen sich von selbst.

Das Verschwinden der gesamten Lebensgeschichte des Mannes, das Versiegen und Versickern der Erinnerungen des Pflegepersonals, das Nicht-Sprechen, dies alles wurde von *allen* Beteiligten, also auch vom Patienten selbst, als gegeben hingenommen. Interessanterweise stellte sich im Laufe der Zeit heraus, daß der Patient niemals völlig verstummt war. Er hatte zu allen Zeiten gesprochen; leise zwar, manchmal flüsternd und schwer verständlich, aber er hatte immer wieder versucht, einem Pfleger oder einem Mitpatienten etwas zu sagen. Aber man überging das einfach, der Patient galt weiterhin für stumm. Und der Mann selbst war in einem gewissen Sinne damit ganz einverstanden. Es bestand eine geheime Übereinkunft darüber, daß es in seinem Leben und in seiner Befindlichkeit nichts Auffälliges oder Beunruhigendes gab. Irgendwann war ein Zustand erreicht worden, zu dem alle Beteiligten sich so verhielten, als verstehe er sich von selbst. Und dieses »Alles ist so, wie es ist« war zum Credo der ganzen Station geworden.

Die Tendenz zum Erzeugen von Selbstverständlichkeit läßt sich aber auch an weit weniger drastischen Fällen demonstrieren. Sie ist im Grunde auch kein besonderer Mechanismus neben anderen, sondern eine Quintessenz der institutionsspezifischen Denkstile in der Psychiatrie. Sie durchdringt das Denken »der Institution« wie der Individuen, die ihr angehören. Auch in den Fallpräsentationen in der Supervision kann sie beobachtet werden.

Eine etwa fünfzigjährige Patientin ist seit kurzem zur stationären Behandlung auf der Station. Sie leidet unter extremen Wasch- und Putzzwängen. Sie ekelt sich nicht nur vor imaginären Bakterien und Viren, sondern auch vor einer unsichtbaren »Fettschicht«, von der sie sich vorstellt, daß sie alle Dinge überzieht. Die Zwänge gehen manchmal so weit, daß sie sich sämtliche Körperöffnungen mit scharfen Desinfektionsmitteln ausspült und sich dabei schwer verletzt. Auch die Luft ist in ihrer Phantasie so sehr verseucht, daß sie die dort befindlichen Partikel durch das Versprühen von Lösungsmitteln bekämpfen muß. Einmal, als sie über ein Wochenende nach Hause wollte, konnte sie nicht durch die Türen ins Freie gehen, weil ihr dort der Dreck in der Luft besonders konzentriert erschien. Sie bedrängte mehrere Schwestern, jeweils mit einer Sprüh-Flasche mit Desinfektionsmittel in der Hand vor beziehungsweise hinter ihr herzugehen und die ganze umgebende Luft zu besprühen. Unter dem Schutz dieses desinfizierenden Trommelfeuers konnte sie sich dann ins Freie begeben. Die Schwestern sträubten sich nur anfänglich gegen diesen Auftrag, fühlten sich unter starkem Druck, und schließlich bildete sich ein kleiner Trupp: Voran zwei Schwestern, die nach vorne sprühten, eine mehr nach oben, die andere nach unten; dann die Patientin, die Hände voller Gepäck und schließlich die »Nachhut«, wieder eine Schwester, die das Terrain nach hinten »sicherte«. Ich beschreibe die Szene mit diesen Worten, weil mir beim Erzählen sofort der Aufbau eines militärischen Spähtrupps, der im Feindesland operiert, einfällt. Die Schwestern erzählen diese Begebenheit zögernd, bedrückt und mit viel Scham. Als sie zu Ende sind, muß ich laut lachen; die Analogie mit der militärischen Formation hat sich mir so sehr aufgedrängt, daß bei mir der Eindruck des Absurden und Unwirklichen entstanden war. Mein Affekt reißt jetzt die ganze Gruppe mit, es gibt ein großes Gelächter, man entspannt sich, und schließlich wird »ernsthaft« an dem Fall gearbeitet.

Die Patientin war wohl früher, nach der Geburt ihres ersten Sohnes schon einmal in der Psychiatrie, Genaueres weiß man aber nicht. Zwanzig Jahre hatte sie als OP-Schwester gearbeitet, vor kurzem aber ihre Arbeit verloren. Vor etwa einem Jahr hatte sich, nach langen und oft heftigen Streitigkeiten, ihr Mann von ihr scheiden lassen. Von einer Schwester der Patientin hatte man gehört, daß sie von ihrem Ehemann schrecklich drangsaliert worden war, vor allem im Hinblick auf den Zustand und die Sauberkeit der Wohnung. Daher also das ewige Putzen?

Es entstand ein Bild, in welchem ein strenger, manchmal brutaler Mann seine überforderte Frau kalt und ohne Einfühlung ständig zum Putzen anhielt, während er selbst keinen Finger rührte. So konnten sich die Schwestern das Verrücktwerden vorstellen: daß ein bösartiger und sadistischer Ehemann seine ohnehin hilfsbedürftige Frau durch ständiges Kritteln und Herabsetzen in den Wahnsinn treibt!

Man hatte auch noch herausgefunden, daß der inzwischen erwachsene Sohn der Patientin erst kürzlich von zu Hause ausgezogen war, derselbe, nach dessen Entbindung die Patientin schon einmal psychiatrisch behandelt werden mußte.

Nun schien sich, Schritt für Schritt, alles einem plausiblen Verständnis zu fügen. Vom Ehemann drangsaliert, vom einzigen Sohn verlassen, inzwischen auch ohne Arbeit, lag da nicht eine »Flucht in den Wahnsinn« nahe? »Das ist ja kein Wunder ...« oder: »... das kann ich mir gut vorstellen, bei dem Mann ...« sind oft zu hörende Bemerkung in dieser Supervision.

Unvermittelt stellt sich der Eindruck her, als sei nun alles klar. Natürlich! Man brauchte nur ein paar markante Ereignisse aus dem Leben der Patientin zu addieren, eines reimt sich dann bald aufs andere, und schon fügt sich der ganze Fall unserem Verständnis!

Man sieht, hier hat der gesunde Menschenverstand den Wahnsinn überwältigt! Das Gefühl, den Fall verstanden zu haben, ist nämlich eine Selbsttäuschung der allergröbsten Art. Vielmehr hatte sich ein *common sense,* bestehend aus ein paar wohlfeilen Alltagsweisheiten, wie eine dicke, klebrige Schicht über das Komplizierte und Beunruhigende gelegt und so den Eindruck des Selbstverständlichen erzeugt. Alles Unverständliche war plötzlich verschwunden. Obschon man jetzt, aus der Position des distanzierten Lesers dieser Zeilen, den Eindruck haben kann, das Ganze leicht zu durchschauen, bin ich überzeugt, daß der Mechanismus des Selbstverständlich-Machens eine sehr große Anziehungskraft besitzt und daß es nicht leicht ist, sich seinem Einfluß zu entziehen, wenn man sich erst einmal in seinem Gravitationsfeld befindet. Wenn man nämlich die Entwicklung der beschriebenen Supervisionssitzung noch einmal nachvollzieht, dann wird deutlich, daß die »Wende« in dieser Sitzung durch mein lautes Lachen eigenleitet wurde. Bis dahin hatte ja das dumpfes Klima aus Scham und Ängstlichkeit bestanden. Auf einer bewußtseinsnahen Ebene bedeutete das Lachen sicher einen Versuch der Distanzierung, um das Groteske der gemeinsamen Zwangshandlungen von Patientin und Schwestern sichtbar zu machen. Auf einer tieferen, affektiven Ebene ist das Lachen ein Versuch, eine unerträglich Spannung auf dem kürzesten Wege abzuführen. Zugleich bedeutet Lachen aber auch das Gegenteil von Distanzierung, weil es nämlich ansteckend und vereinnahmend ist. Der affektive Zustand des Lachers überträgt sich unmittelbar auf die anderen. Indem mein Lachen in ein allgemeines Gelächter überging, wurde ein Gefühl der Gemeinsamkeit erzeugt, ohne daß dadurch irgend etwas geklärt worden wäre. Man erinnere sich auch an das Beispiel von der Legende vom gemeinsamen Trinken der Krankenpfleger. Auch dort wurde gemeinsam über die selbst erzählte Geschichte gelacht und so eine affektive Gemeinsamkeit in der Gruppe erzeugt.

Vom Lachen schreibt WOLFGANG WURM (1991), es sei »ein unverzichtbarer Akt kollektiver Bewältigung von Grenzsituationen an der Grenze zu kulturellen Tiefenstrukturen« (S. 23). »Wir lachen über Grenzüberschreitungen im Verhältnis real und fiktiv ...« »Lachen bestätigt die Grenze, ohne sie zur Kenntnis zu bringen. Lachen ist selbstevident« (S. 172).[9] So betrachtet, kann das Lachen immer dann einsetzen, wenn eine bevorstehende Erkenntnis zu bedrohlich ist. An der Grenze zur Wahrnehmung des Beunruhigenden wird gelacht, und im Handumdrehen ist die Gefahr verschwunden. In dem Fallbeispiel hatte sich das Konflikthafte zu einer bizarren Szene verdichtet, in welcher die Krankenschwestern, die ja eigentlich therapeutische Funktionen wahrnehmen sollen, sich aktiv handelnd in Symptom-Träger verwandelten. Hier kam die enorme Gewalt und Aggressivität einer Zwangserkrankung zum Vorschein, und das offensichtlich Irrsinnige wurde von den Schwestern akzeptiert, als sei es das Normale. Dafür empfanden sie heftige Schamgefühle, die die affektive Situation in der Supervision anfänglich bestimmten. An der Stelle der größten Peinlichkeit setzte mein Lachen ein, das man rückblickend als Auftakt zu einer großartigen Abwehr-Bewegung erkennen kann. Plötzlich, mit dem gemeinsamen Lachen, waren alle unguten Gefühle verschwunden, und schlagartig hatte sich die innere Situation der ganzen Gruppe so verändert, daß alle beunruhigenden und bizarren Eindrücke sich verflüchtigten. Und auch darüber wunderte sich niemand. Nun war das Feld frei für das ungehinderte Herstellen von Selbstverständlichkeiten. Ohne dies zu wissen, hatte ich mit meinem Lachen ein Signal gesetzt, das, ebenso unbewußt und automatisch, von der übrigen Gruppe verstanden und aufgegriffen wurde. Mit dem Erzeugen von Selbstverständlichkeit gelingt es also, Wahrheiten, die unerträglich sind, von der Wahrnehmung auszuschließen, ohne daß es sich dabei um echte Verdrängung handelt. Es sind auch nicht nur, wie im Falle der Verdrängung, Erinnerungen und subjektive Erfahrungen, vom Bewußtsein ausgeschlos-

---

9 Das hier von mir beschriebene »Erzeugen von Selbstverständlichkeit« fügt sich vorderhand ganz zwanglos ein in die von WOLFGANG WURM entwickelte Theorie einer »Evolutionären Kulturwissenschaft«. In diesem interdisziplinären Entwurf wird der Mechanismus der »Vergewisserung« oder des »making obvious« als der entscheidende Vorgang bei der kulturellen Bewältigung »gefährlicher Wahrheiten« betrachtet. Obschon aus der psychoanalytischen Sicht nicht alle seine Auffassungen, vor allem wenn er sich über die Verdrängung äußert, geteilt werden können, erscheint mir der Ansatz bemerkenswert, weil er den Zusammenhang von Psyche, Kultur und Erkenntnis in den Mittelpunkt stellt.

sen. Vielmehr bezieht sich der hier beschriebene Mechnismus auf einen ganz besonderen Umgang mit der Wirklichkeit, und zwar sowohl mit der äußeren, objektiven, wie mit der inneren, psychischen Realität. Damit bekommt der hier beschriebene Vorgang einen engen Bezug zum Abwehrmechanismus der Verleugnung.

Das Erzeugen von Selbstverständlichkeit, das »making obvious«, wie Wurm es nennt, ist auf der kollektiven Ebene und in der Interaktion das, was erfolgt, wenn im Psychischen der Individuen in Folge der Verleugnung eine Lücke entstanden ist.

Fazit und weitere Perspektiven

Hier wurden einige Befunde mitgeteilt, die mit der Methode der psychoanalytischen Team-Supervision im Laufe längerer Beobachtungen in verschiedenen psychiatrischen Institutionen erhoben worden sind. Die beschriebenen adaptiven Strukturen – institutionalisierte Subkultur, Mythen und Legenden, unbewußte Phantasien und Denkstile – zeigen nun eine bemerkenswerte Reihe von Gemeinsamkeiten.

So spielen sie in allen Beziehungen eines psychiatrischen Behandlungs-Teams die Rolle von Regulatoren, und zwar in der therapeutischen Dyade, in der Beziehung des Teams zur Gruppe der Patienten und im Verhältnis zu anderen Teil-Institutionen wie auch zu den hierarchisch übergeordneten Institutions-Bereichen.

Die Mitarbeiter psychiatrischer Einrichtungen, und in besonderer Weise die Angehörigen des Pflegeberufs, sind tagtäglich über viele Stunden mit einer großen Zahl psychisch schwer gestörter Menschen in engem psychischen, oft körperlichen Kontakt, und weil diese beruflich geforderte Intimität Beunruhigungen und Gefahren mit sich bringt, für deren Bewältigung die herkömmlichen und »offiziellen« professionellen Strategien nicht ausreichen, werden im therapeutischen Alltag Regulatoren entwickelt, die, teilweise im Verborgenen, einen gewissen Schutz der Individuen gegen allzu heftige Verstrickungen gewähren und damit ein Mindestmaß an therapeutischer Handlungsfreiheit garantieren sollen.

Als Beziehungs-Regulatoren sind die hier beschriebenen Mechanismen auf eine gewisse Flexibilität angewiesen, das heißt, sie müssen in der Lage sein, variable Einflüsse, zum Beispiel die Beziehungsangebote verschiedener Patienten oder einen raschen Wechsel in der Zusammensetzung der Patienten einer Station und damit plötzliche Veränderungen des affektiven Gruppenklimas, angemessen zu beantworten. Auch unerwartete Entscheidungen einer höheren Hierarchie-Ebene gehören zu den Wechselfällen im Alltag einer Institution, auf die im günstigen Fall eben flexibel reagiert wird.

Am Beispiel der institutionalisierten Subkultur läßt sich das Flexible am besten demonstrieren, weil diese Strukturen immer auch Handlungsspielräume zur Bewältigung unvorhergesehehner Ereignisse eröffnen. Sie tun dies zwar in einem relativ starren und engen Rahmen, dennoch scheinen sie das Ergebnis relativ kreativer und autonomer Tendenzen im Team zu sein; auch können sie ihrerseits den Erfindungsgeist anregen und spontane Bewegungen fördern. Sie stehen also im Dienste der Anpassungsfähigkeit einer ganzen Institution, nicht nur der Individuen.

Diesen flexiblen Elementen stehen aber auffällig starre Mechanismen gegenüber. Am Beispiel der Anonymisierung von Verantwortlichkeit wurde bereits auf den undurchdringlichen und anscheinend unveränderbaren Charakter des Phänomens verwiesen.

Dieses Starre, man kann auch sagen: Stabile, verweist auf eine weitere Funktion der beschriebenen Mechanismen: Sie sind Elemente der beruflichen und institutionellen Identität.

Sie werden in der institutionellen und beruflichen Sozialisation erworben und von den Angehörigen einer bestimmten Institution beziehungsweise Berufsgruppe geteilt. Den Individuen vermitteln sie das Gefühl der *Zugehörigkeit,* im Binnenraum der Institution fördern sie das Gefühl der *Zusammengehörigkeit,* und nach außen ermöglichen sie ein gewisses Maß an *Abgrenzung.*

So könnte man etwa die oben beschriebenen »Geschichten, Mythen und Legenden« mit einer Erkennungsmelodie vergleichen. Durch das Erzählen einer Geschichte gibt man sich als Angehöriger einer ganz bestimmten Institution oder Teil-Institution zu erkennen. Zugleich hat das Erzählen einen auffordernden

Charakter gegenüber den Zuhörern. Sie werden durch die affektive »Melodie«, die latente Botschaft, die in jeder dieser Geschichten steckt, eingestimmt, das heißt an das Gemeinsame, an ihre Zugehörigkeit zur Gruppe erinnert und ermahnt, durch entsprechende Reaktionen auch ihrerseits diese Zugehörigkeit zu bestätigen. Durch solche Erzähl-Rituale, und andere Mechanismen, wird von Zeit zu Zeit der affektive Zusammenhalt von institutionellen Gruppen aufgefrischt und befestigt.

Und dies verbindet tatsächlich alle hier beschriebenen adaptiven Strukturen: Sie verstärken die Bindungskräfte der Individuen an die Institution und befördern damit ihren Zusammenhalt. Sie sind wie Kitt in den Fugen der Institutionen. Und indem typische und spezifische Abwehrstile einer Institution bestimmte Eigenarten und Charaktere verleihen, grenzen sie sie nach außen hin, gegen andere Institutionen, ab.

Mit diesen Überlegungen wird aber auch klar, daß wir in bezug auf unsere Untersuchung eine Grenze erreicht haben. Solange sich die Aussagen auf institutionell abgestützte Abwehr- und Anpassungsvorgänge beschränken, sind sie durch die Methode hinreichend abgesichert. Aber es ist auch die Versuchung erkennbar geworden, daraus allgemeinere Schlußfolgerungen über das Wesen gesellschaftlicher Institutionen zu ziehen. Ihr muß vorläufig widerstanden werden. Statt dessen ist zu klären, in welcher Richtung der begonnene Forschungsprozeß vorangetrieben werden kann.

Von den möglichen Wegen, auf denen sich das hier dargestellte Vorhaben weiter entwickeln ließe, möchte ich einen herausgreifen und an einem Beispiel verdeutlichen.

In dem Abschnitt über unbewußte Phantasien hatte ich an einem konkreten Fall gezeigt, wie eine bestimmte unbewußte Phantasie von den Angehörigen einer Institution geteilt wird. In der Tat ging ich davon aus, daß gemeinsame Größenphantasien ein dynamisch wirksames Charakteristikum dieser psychiatrischen Einrichtung seien. Möglicherweise war es kein Zufall, daß ich gerade in *dieser* Klinik auf die Bedeutung unbewußter Größenphantasien in der Psychiatrie aufmerksam wurde. Die Entstehung dieser Einrichtung wurde nämlich von LEUSCHNER bereits (1985) beschrieben, und schon ihm waren therapeutische

227

Omnipotenzvorstellungen als ein maßgebliches Charakteristikum in der Haltung der Mitarbeiter dieser Einrichtung aufgefallen. Wenn meine und LEUSCHNERS Beobachtungen richtig sind, dann muß man davon ausgehen, daß in der Institution Mechanismen existieren, die ganz speziell die Produktion von Größenphantasien abstützen und gezielt fördern. Zwischen meiner Untersuchung und dem von LEUSCHNER beschriebenen Zeitabschnitt liegen rund 10 Jahre. Wenn es zutrifft, daß ganz bestimmte Konfliktlösungs-Strategien, im konkreten Fall also die Aktivierung von Größenphnatasien, in einer Einrichtung mit hoher Personal-Fluktuation konstant bleiben und geradezu zu einem Charakteristikum der jeweiligen Institution werden können, so stellt sich die Frage nach den *Mechanismen der Tradierung*. Es muß dann nämlich erklärt werden, wie es überhaupt zustande kommt, daß ganz bestimmte unbewußte Phantasien tendenziell von allen Angehörigen einer Institution geteilt werden. Es ist nicht gut möglich, daß ursprünglich alle diese Personen die gleiche individuelle Konfliktneigung besitzen, obwohl manche psychonalytische Theorien diese Annahme nahelegen. Wenn aber eine spezifische Modalität der Anpassung in der Institution erzeugt wird, so ergibt sich ein interessantes Forschungsfeld. Üblicherweise werden solche Phänomene mit dem Begriff der »Identifikation« erklärt. Auch ich habe in dem Kapitel über die Wirkungsweise der Supervision davon Gebrauch gemacht. Letztlich ist aber die Identifikation, beziehungsweise sind die sich unter diesem Terminus zusammengefaßten Prozesse selbst erklärungsbedürftig, denn man muß annehmen, daß unter dem Begriff eine Vielzahl verschiedener und differenzierter interpersonaler und intrapsychischer Vorgänge vereinigt wird, die darauf hinauslaufen, daß psychische Inhalte ausgetauscht und Verhalten angeglichen wird.

Diese interaktiven und kommunikativen Prozesse genauer zu erkennen ließe dann auch Verallgemeinerungen zu, die den hier gesteckten Rahmen überschreiten könnten.

Literatur

BALINT, M. (1964, 1965): Der Arzt, sein Patient und die Krankheit. Stuttgart.

BECKER, H. (1991a): Balint-Gruppen. Eine psychoanalytische Kritik. Psyche 45: 37-60.

BECKER, H. (1991b): Team-Supervision in der Psychiatrischen Klinik. Methoden und Praxis. Psychiatrische Praxis 18: 167-172.

BECKER, H. (1991c): Konfliktverarbeitung in Psychiatrischen Institutionen. Psychiatrische Praxis 18: 149-154.

BUCHINGER, K. (1990): Balintgruppe – Gruppensupervision – Teamsupervision: Indikation und Methode. In: PÜHL, H.(Hg.; 1990): Handbuch der Supervision.

DOUGLAS, M. (1991): Wie Institutionen denken. Frankfurt am Main.

ERDHEIM, M. (1982): Die gesellschaftliche Produktion von Unbewußtheit. Frankfurt am Main.

FERENCZI, S. u. RANK, O. (1924): Entwicklungsziele der Psychoanalyse. Wien.

FINDEKLEE, R. M. (1986): »Stellungswechsel« – oder das Babel-Phänomen. Erfahrungen aus dem Arbeitsfeld Psychiatrie. Supervision 9: 25-38.

FREUD, S. (1918b): Zur Geschichte einer infantilen Neurose. GW, Bd. 12, S. 27-157.

FREUD, S. (1919a): Wege der psychoanalytischen Therapie. GW, Bd. 12, S. 183-194.

FREUD, S. (1933a): Neue Folge der Vorlesungen zur Einführung in die Psychoanalyse. GW, Bd. 15.

FLECK, L. (1935,1993): Entstehung und Entwicklung einer wissenschaftlichen Tatsache. Einführung in die Lehre vom Denkstil und Denkkollektiv. Frankfurt am Main.

GFÄLLER, G. R. (1986): Team-Supervision nach dem Modell von S. H. Foulkes. In: H. PÜHL und W. SCHMIDTBAUER (Hg.; 1986), Supervision und Psychoanalyse. München.

HÄFLINGER, U. (1989): Überlegungen zum Thema Größenphantasie. Zschr. psychoanal. Theorie und Praxis 4: 17-54.

KUTTER, P. (1981): Zur Praxis psychoanalytischer Supervisionsgruppen. In: DERS. und J. K. ROTH (1981), Psychoanalyse an der Universität. München.

KUTTER, P. (1990): Das direkte und indirekte Spiegelphänomen. In: PÜHL, H. (Hg.; 1990), Handbuch der Supervision. S. 291-301.

LEUSCHNER, W. (1985): Psychiatrische Anstalten – ein institutionalisiertes Abwehrsystem; Teil I u. II. Psychiatrische Praxis 12: 111-115 (I) und 149-153 (II).

MENTZOS, S. (1988): Interpersonale und Institutionalisierte Abwehr. Erweiterte Neuausgabe. Frankfurt am Main.

OVERBECK, A. (1990): Die Entfaltung eines therapeutischen Raumes auf kinder- und jugendpsychiatrischen Stationen mit Hilfe der bifokalen Team-Supervision. Psychosozial 41: 7-17.

THOMÄ, H. u. KÄCHELE, H. (1985): Lehrbuch der Psychoanalytischen Therapie, Bd. I. Berlin/Heidelberg/New York.

PARIN, P. (1977): Das Ich und die Anpassungsmechanismen. Psyche 31: 481-515.

PÜHL, H. (1990a): Handbuch der Supervision. Beratung und Reflexion in Ausbildung, Beruf und Organisation. Berlin.

PÜHL, H. (1990b): Psychoanalytisch-orientierte Supervision. In: Ders. (Hg.; 1990a): Handbuch der Supervision. Berlin.

PÜHL, H. u. SCHMIDTBAUER, W. (Hg.; 1986): Supervision und Psychoanalyse. München.

WURM, W. (1991): Evolutionäre Kulturwissenschaft. Die Bewältigung gefährlicher Wahrheiten oder über den Zusammenhang von Psyche, Kultur und Erkenntnis. Stuttgart.

Die Autorin und die Autoren

HANSJÖRG BECKER, Dr. med., Psychoanalytiker (DPV) und Psychiater; war nach der Tätigkeit in verschiedenen psychiatrischen Kliniken fünf Jahre wissenschaftlicher Mitarbeiter an der Abteilung für Psychotherapie und Psychosomatik an der Universitätsklinik in Frankfurt; seit 1988 Psychoanalytiker in eigener Praxis; langjährige Tätigkeit als Supervisor in Institutionen; Publikationen zur Balint-Gruppenarbeit, Supervision und zu klinischen Themen.

ULRICH ERTEL, Dipl.-Psychologe und Psychoanalytiker (DPV); langjährige klinisch-praktische und theoretische Tätigkeit an der Abteilung für Klinische Psychologie des Psychologischen Institutes Marburg, an der Psychiatrischen Universitätsklinik Marburg und an der Psychotherapeutischen Beratungsstelle für Studierende der Abteilung für Psychotherapie und Psychosomatik der Universität Frankfurt; arbeitet jetzt als niedergelassener Psychoanalytiker in eigener Praxis; Interessenschwerpunkte: Theorie, Methode und Technik der psychoanalytischen Supervision, Psychoanalytische Psychosentherapie, Verhältnis Psychoanalyse und Sozialpsychiatrie.

BRITTA HEBERLE, Dr. med., Nervenärztin, niedergelassene Psychoanalytikerin (DPV) in Frankfurt. Arbeiten zu Sucht und Suizid, Ethnomedizin; Rezensionen.

THOMAS POLLAK, Dr. med., Arzt für Psychiatrie, niedergelassener Psychoanalytiker (DPV). Supervisionstätigkeit im Bereich der Psychiatrie, der Psychotherapie und der Sozialpädagogik. Publikationen zu Fragen der psychoanalytischen Ausbildung und der psychoanalytischen Theorie. Lehrauftrag für Psychiatrie an der Fachhochschule Darmstadt.

MICHAEL WOLF, Dr. phil., Dipl.-Psychologe, Psychoanalytiker, Professor für Psychosoziale Beratung und Gesundheitsförderung an der Fachhochschule Fulda, Privatdozent für Soziologie an der Freien Universität Berlin. Arbeitsschwerpunkte: Psychoanalyse, Psychotherapie, Supervision, Organisationspsychologie, Sozialpsychologie, Politische Psychologie, Psychohistorie.